BOOKS on DEMAND

Südwest Ansicht der Ruine Lobdeburg.

Die Lobdeburg

bei Jena.

Nach Urkunden und sichern Nachrichten

geschichtlich dargestellt

von

Eduard Schmid.

Pfarrer zu Jenapriesnitz mit Ziegenhain.

Mit Plan und Ansicht.

Jena,
Friedrich Frommann.

1840.

Bibliografische Information der Deutschen Nationalbibliothek:
Die Deutsche Nationalbibliothek verzeichnet diese Publikation in
der Deutschen Nationalbibliografie; detaillierte bibliografische Daten
sind im Internet über http://dnb.dnb.de abrufbar.

Diese Ausgabe ist eine Reproduktion der Originalausgabe von Eduard Schmid aus dem Jahr 1840. Durch die Umsetzung in eine moderne Schriftart verschiebt sich das Layout. Die orignalen Seitenzahlen sind an den Außenrändern mit angegeben, um Referenzen nachverfolgen zu können. Alles Andere wurde möglichst originalgetreu übernommen.

Herstellung und Verlag: BoD – Books on Demand, Norderstedt

ISBN: 978-3-7460-4748-5

Vorrede.

Als ich vor neun Jahren die Geschichte der Kirchberg'schen Schlösser herausgab, sprach ich in der Vorrede den Wunsch aus, daß auch bald die Geschichte der Lobdeburg bearbeitet werden möchte, ohne daran zu denken, die Bearbeitung selbst zu übernehmen. Als ich aber vor drei Jahren von dem leider zu früh verstorbenen Herrn Hofrath Zenker zu Jena aufgefordert wurde, die historisch-topographische Beschreibung von Jena für das bei Gelegenheit der Zusammenkunft der Naturforscher und Aerzte daselbst herauszugebende Taschenbuch zu übernehmen, fand ich eines Theils, daß die früheste Geschichte von Jena noch sehr im Dunkeln liege, andern Theils, daß die früheste noch nicht aufgehellte Geschichte der Lobdeburg nähern Aufschluß geben könne. Dazu kam, daß ich, selbst in Lobeda geboren, eine gewisse Anhänglichkeit an diese alten Burgen hatte und eine Pflicht der Pietät zu erfüllen glaubte, wenn ich ihre früheste Geschichte zu erforschen suchte. Meine Bemühungen sind auch nicht ohne Erfolg gewesen. Wenigstens glaube ich bestimmt nachgewiesen zu haben, daß die Herrn von Lobdeburg aus Franken stammen und daß ursprünglich nur zwei Linien, Leuchtenburg und Burgau, bestanden haben, von denen die erstere Jena allein besaß; daß aber die Linie Leuchtenburg später sich nochmals theilte, doch so, daß die Linien Arnshaug und Elsterberg nur die Hälfte der Besitzungen der Linie Leuchtenburg erhielten und sie sich wieder gegenseitig abtheilen mußten. Denn die Linie Leuchten- burg besaß die Hälfte von Jena und jede der Linien Arnshaug und Elsterberg nur ein Viertheil. Dagegen verschwindet die Grafschaft Arnshaug aus dem Reiche der Wirklichkeit, da nirgends Grafen von Arnshaug urkundlich nachgewiesen werden können.

Übrigens glaube ich, wie aus einigen Spuren hervorgeht, ohne es mit Gewißheit behaupten zu können, daß die ganze Herrschaft Lobdeburg ehemals ein Theil der Grafschaft Orlamünde war, und daß sie im J. 1140 nach dem Aussterben der Grafen von Orlamünde von dieser Grafschaft losgerissen wurde. Die zwar sehr gelehrte, aber auf einen unrichtigen Grund bauende Abhandlung über die Burggrafschaft Orlamünde (Jena 1722) von G. F. Löber giebt darüber nicht hinreichende Auskunft. Aber eine mit Urkunden belegte Bearbeitung der Grafschaft Orlamünde würde dies vielleicht zur Gewißheit erheben, wozu die handschriftlich hinterlassene und im geh. Staatsarchive zu Weimar befindliche Geschichte der Grafen von Orlamünde vom Archivar Heydenreich reichliche Ausbeute darbieten würde.

Auch bei Ausarbeitung dieser Geschichte, wobei allein über hundert noch nicht bekannte, im Urkundenbuch mitgetheilte Urkunden benutzt worden sind, bin ich von vielen Seiten bereitwillig und fördernd unterstützt worden, wofür ich den gebührenden Dank hier auszusprechen nicht unterlassen kann.

Außer den vielen Schriften und größern Sammlungen, in welchen sehr zerstreute Nachrichten über die Lobdeburg enthalten sind, und welche die Universitäts-Bibliothek zu Jena und in einigen Fällen die Großherzogliche Bibliothek zu Weimar darboten, ward mir höchsten Orts gestattet, das geheime Staatsarchiv zu Weimar benutzen zu dürfen. Durch die Güte des Herrn geheimen Staats-Archiv-Secretairs Kreuter daselbst, dessen Gefälligkeit in Aufsuchung von Urkunden und andern handschriftlichen Nachrichten ich nicht genug rühmen kann, wurde es mir möglich, nicht nur sehr viele noch nicht bekannte Urkunden aus diesem Archive mitzutheilen, sondern auch Copialbücher und andere Nachrichten zu benutzen.

Auf diese Weise wurden von mir benutzt: 1) und 2) Copialbücher des Klosters Bürgel, von denen das zweite meistens Abschriften neuerer Urkunden enthält. 3) Das Copialbuch des Klosters Heusdorf, eine Abschrift des in Gotha aufbewahrten Heusdorfer Copialbuchs, aus welchem der Abdruck der in der Thuringia sacra mitgetheilten Heusdorfer Urkunden besorgt worden ist. 4) Diplomata Jenensia, von mir oft auch unter: Documenta Jenensia angeführt, welche meistens Abschriften der Urkunden des Michaelisklosters zu Jena enthalten, welches die Herrn von Lobdeburg selbst gestiftet hatten. 5) Chronologisch-diploma-

V

IV

tisches Verzeichniß der Urkunden, die Herrn von Lobdeburg betreffend, extrahirt Plassenburg, den 1. Dec. 1770 von Phil. Ernst Spieß, Brandenburg. Hof- und Reg.-Rath und erstem geh. Archivar. Die aus dem Plassenburger Archiv erwähnten, noch nicht öffentlich mitgetheilten Urkunden habe ich größten Theils durch die Güte des Herrn Hofr. und geh. Archivars Dr. Hesse zu Rudolstadt in Abschrift erhalten.

Auch das Archiv des Stadtraths zu Jena, in welchem sich manche nicht unwichtige Urkunde vorfand, wurde mir zu benutzen gestattet.

Aus dem Archiv des Justizamts zu Jena erhielt ich: 1) Die Abschriften der brieflichen Urkunden des Michaelisklosters zu Jena, in zwei Foliobänden mit einem sehr vollständigen Register vom Hofr. Friedr. Hortleder, welches Copialbuch mit den im Weimar'schen geh. Staatsarchiv befindlichen, oben angeführten Diplomat. Jenens. meistens übereinstimmt, aber abweichende, oft bessere Lesarten hat. 2) Beschreibung des Amtes Jenas vom Hofrath Günther um das J. 1755 gefertigt, von welcher aber das Ende fehlt; sie ist eine Fortsetzung der tabellar. Beschreibung des Amtes Jena, vom Hofrath Fr. Hortleder, welche sich im geheimen Staatsarchiv zu Weimar in Abschrift befindet; die Urschrift aber ist in den von ihm hinterlassenen Handschriften in neun Foliobänden auf der Reg.-Bibliothek zu Eisenach enthalten (s. Zollmann: Catalog. Mscptor. p. 79. Nr. XLVI. in der Großherzogl. Bibliothek zu Weimar), wo sich auch eine Ansicht der Lobdeburg vor etwa 200 Jahren befindet.

Aus dem Archiv des Stadtraths zu Lobeda ward mir mitgetheilt: 1) Copialbuch des Stadtraths das., welches besonders Urkunden aus der Zeit enthält, als das Pustersche Geschlecht die Lobdeburg besaß, die aber auch im 6. Band der Hortleder'schen Handschriften enthalten sind. 2) Deduction wegen Grenzberichtigung zwischen Lobeda und Drackendorf im J. 1780, vom geheimen Rath Gottlieb Voigt, mit einer Specialcharte der Gegend der Lobdeburg. Die übrigen Urkunden sind vermuthlich in dem Brande im J. 1640 mit untergegangen.

Durch Vermittelung des Herrn Bau-Commissairs Heilmann zu Schön-Gleina, von dem wir, sobald ihm seine Dienstgeschäfte einige Mußestunden gewähren, geschichtliche Nachrichten von Gleine und Umgegend, so wie von der Herrschaft Altenberga nach Urkunden und sichern Quellen zu erwarten haben, erhielt ich nicht nur die Abschriften einiger Urkunden aus dem Archiv zu Altenburg, sondern es ward mir auch die Benutzung der Sammlung von Urkunden (in fünf Foliobänden) möglich, welche Aug. Schultes, der für vaterländische Geschichtforschung zu früh verstorbene Herausgeber des schätzbaren Directorium diplomaticum, hinterlassen hat und jetzt dessen Sohn, Herr Gerichtsdirector Schultes zu Roda, besitzt, so wie die Benutzung der alten Copialbücher, die in den Archiven der Justizämter zu Kahla und Roda aufbewahrt werden.

Aus der fürstlichen Bibliothek zu Rudolstadt theilte mir gütigst Hr. Hofr. und geh. Archivar Dr. Hesse das. „Annalen der Herrn von Lobdeburg von Ad. v. Schultes" mit, welche eine Sammlung von schon bekannten Urkunden enthalten, zu denen aber hie und da einige geschichtliche und topographische Bemerkungen hinzugefügt worden sind.

‚Endlich ward mir „die Lobdeburg und ihre Besitzer. Ein kurzer histor. Abriß von Dr. Herzog 1831", damals in Jena, jetzt Prof. in Bern, zu Theil, welcher sich in den Händen der von Ziegesar'schen Familie befindet und besonders in der Einleitung von mir benutzt worden ist.

Den Situationsplan der Lobdeburg mit nächster Umgebung verdanken wir der eifrigen Bemühung des Herrn Bau-Commissairs Heilmann, der ihn der Flurkarte von Lobeda, von Herrn Meusezahl, Geometer und Mechanikus in Jena, bereitwilligst reducirt, und der von Drackendorf entnommen hat.

Herr Möbius aus Hainbücht im Altenburg'schen, der sich mit regem Eifer der Zeichnenkunst widmet, hat, veranlaßt vom Herrn Bau-Commissair Heilmann, die Lobdeburg von der Südseite aufgenommen, so wie das durch seinen Baustyl charakteristische Fensterpaar, welches möglicher Weise auch dem Prunksaal angehört hat (S. 3.), und den gewölbten Erker gegen Norden, beide Ansichten im größeren Maßstabe, hinzugefügt.

Das vermeintliche S. 3 und 47 erwähnte Burgverließ ist, genauern Erforschungen zu Folge, jedenfalls der Thurm gewesen, in welchem das Regenwasser auf der Burg gesammelt und welches vermuthlich durch den räthselhaften Rinnstein hineingeleitet wurde.

Durch patriotische Unterstützung und hinreichende Unterzeichnung auf dieses Schriftchen über die Lobdeburg, von der wir noch keine befriedigende Beschreibung besitzen, ist es möglich worden, die Herausgabe desselben noch zu bewerkstelligen.

Ein Beitrag zur Aufklärung der frühesten Geschichte der Stadt Jena und Umgegend sollte es sein. Mancher wird sich aber in der Form, in der es erscheint, getäuscht sehen. Aber allen Wünschen und allen Anforderungen zu entsprechen, war unmöglich. Manchem mag es überhaupt eitle Mühe scheinen, so genau in solche Gegenstände sich einzulassen. Ich schließe daher mit den Worten von Pahl über teutsche Geschichte und ¸Historio- graphie [1]: „In unsern bürgerlichen Einrichtungen begegnet uns überall der schaffende und ordnende Geist der Väter, und in unsern Gesetzen vernehmen wir ihre Stimme. Der ganze Charakter der Enkel ist, sei es auch hie und da mißtönend, der Nachklang des Sinnes der Voreltern, so wie ihre Lage und ihr Schicksal das Resultat dessen, was diese vorbereitet hatten; und es war dem Verderben und der edlen Kultur auf gleiche Weise unmöglich, die ursprünglichen Formen zu zerbrechen, in welche die Zeit das Gute und Böse ergießt. Noch stehen auf unsern Felsen die Burgen der Alten, noch umgeben ihre Thürme unsre Städte; noch beten wir in ihren für die Ewigkeit erbauten Tempeln die Gottheit an; und dies Alles weis't uns hin auf eine untergegangene Welt, deren Genossen unsre Verwandte und unsre Brüder waren, und auf eine Zeit, in der gute und böse Menschen sich anstrengten, um das geliebte heimische Land für uns zuzubereiten und die Anstalten und Ordnungen zu gründen, die uns aufnehmen und in denen unser Leben sich bewegen sollte. Wir verleugnen den Charakter der Vernunft, wenn wir die Gelegenheit verschmähen, die uns gegeben wird, um zu sehen, wie die Gegenwart in der Vergangenheit sich gebildet hat; und es ist nur dem kalten Herzen und dem starren Sinne möglich, gleichgiltig bei den Monumenten derjenigen vorüber zu gehn, welche vor uns und zu unserm Besten auf dem Boden, der uns und unsre Kinder nährt, gelebt und gewirkt haben."

1) Herda (1811). I, 5.

J., den 15. October 1839.

E. Schmid.

Subscribentenverzeichniß.

Altenburg.

S. Durchlaucht, der regierende Herzog Joseph von S. Altenburg. 30 Expl.

Hr. Landes-Reg.- u. Konsist.-Rath Dr. Back. 2 Expl.

„ L.-Regier.- u. Kammerrath von der Gabelenz

„ L.-Regier.- u. Obersteuer-Rath Geutebrück

„ Geheimerath u. L.-Reg.-Präsident Hermann.

„ Konsist.-Rath u. Gen. Superint. D. Hesekiel

„ Kammerherr, geh. Konsist.- u. Landes-Justiz-Rath von Minckwitz.

„ Justizrath u. Kreisamtmann Müller.

„ Rath Römer, Reg.-Sekretair.

„ Konsist.-Rath u. Hofprediger Sachse.

„ Dr. Schmid, Advocat u. Stiftssyndicus

„ L.-Regier.- u. Steuerrath Wagner.

„ M. Wolf, Privatgelehrter.

„ Kammerrath, Freiherr von Ziegesar.

Altstedt.

Hr. A. Baßler, Buchbinder. 3 Expl.

„ Amts-Actuar Gust. Bohm.

„ Bürgermeister Demelius, Amts-Advocat.

„ Candidat Domrich.

„ Sporteleinnehmer Rich. Gabler.

„ Medic.-Rath Dr. Kaiser, Amts-Physicus

„ Konsist.-Rath und Superint. D. Köthe.

„ Ruppe, Stadtmusicus.

„ Seudel, Kauf- und Handelsherr.

Apolda.

Hr. Assessor Börner.

Bamberg.

Die K. B. öffentliche Bibliothek.

Bergsulza.

Hr. Pf. Schwabe.

Berka a. d. Ilm.

Hr. Dr. Eydam, Amtsphysicus.

Blankenhain.

Hr. Archidiaconus Schmid.

Buchfahrt.

Hr. Pf. Stöckel.

Burgau.

Die Kirche das.

Hr. Amtsschulth. Herrmann.

„ Lautenschläger, Ökonom.

„ Pf. Roth.

Fr. Partzel, Wittwe.

Hr. Wiegund, Pachter.

Clodra.

Hr. Pf. Bogenhard.

Dornburg.

Hr. Superint. Buhler.

Dorndorf.

Hr. Pf. und Adj. Lossius.

Dothen.

Hr. Pf. Dr. Schumann.

Drackendorf.

Hr. Pf. Seiling.

„ Kammerherr von Helldorf.

„ Schullehrer Heyner.

Eisenberg.

Hr. Louis Baumgarten, Hofmaurer-
meister.

„ Hoforganist Feller.

„ Kirchenrath Dr. Klein.

„ Scheibe, Hofzimmermeister. 2
Expl.

Etzdorf.

Hr. Pf. Frommelt. 2 Expl.

Frauenpriesnitz.

Hr. Dr. Becker, Amtsphysicus.

Geilsdorf.

Fr. Pf. Krause.

Gera.

Hr. Past. K. Limmer.

Golmsdorf.

Hr. Amts-Schultheiß Weidner.

Gotha.

Hr. Prof. Dr. Schulze.

Halle.

Hr. Hartmann, Apotheker und Guts
besitzer.

Die von Ponickau'sche Bibliothek.

Hildburghausen.

Hr. Hof-Advocat und Gerichtsdirector K. Mücke.

Hottelstädt.

Hr. Pf. Wesselhöft.

Hummelshain.

Hr. Berthold Heilmann, Forstvermes-
ser.

Jena.

Hr. Bartels, Rathsapotheker.

„ Geh. Kirchen-Rath D. Baumgar-
ten-Crusius, Prof.

Fr. Reg.-Räthin Böttger. 2 Expl.

Fräul. Brandis.

Hr. Prof. Dr. Danz.

„ Geh. Hofrath Dr. Döbereiner,
Prof.

„ Hofrath Dr. Göttling, Prof. und
Biblioth.

„ D. Grimm, Prof.

„ O.-App.-Ger.-Rath Dr. Guyet.

„ Kirchenrath D. Hase, Prof.

„ Kirchenrath D. Hoffmann, Prof.

„ Geh. Hofrath Dr. Huschke, Prof.

„ Kanzlei-Rath Dr. Kerl.

„ O.-App.-Ger.-Rath Dr. Ko-
nopack, Prof.

„ Körner, Tischlermeister.

„ Lindemann aus Eutin, Stud. j.

„ Geh. Hofrath Dr. Luden, Prof.

Fräul. Clotilde Martin.

Hr. Amts-Kommissar Mirus.

„ Hofrath u. O.-App.-Ger.-Rath
Dr. Ortloff.

„ Rath Dr. j. Paulßen.

„ Dr. j. Röhlig.

„ Geh. Rath D. Schmid, Prof.

„ Missionar D. B. Schmid. 4 Expl.

„ Geh. Hofrath Dr. Stark, Prof.

„ Geh. Hofrath Dr. Suckow, Prof.

„ D.-App.-Ger.-Rath Dr. Walch,
Prof.

„ Prof. Dr. Wolff.

Ilmnitz.

Hr. Christian Kranz, Ökonom.

Kahla.

Hr. Medicinal-Rath Dr. Collenbusch.

„ Friedr. Jecke, Amtsmaurermeis
ter.

„ K. F. Leidholdt, Bau-Rapporteur.

„ Kreisamtmann Pierer.

„ Forst- und Rentactuar Reißland.

„ Rentamtsaccessist Undeutsch.

Kamburg.

Hr. Brauer, Mühlen-Verwalter.

Klosterlausnitz.

Hr. Brendel, Forstamtszimmermann.
„ Landjägermeister von Keßel.
„ Rolsch, Handels-Concessionist.
„ Schnake, Maurermeister.

Koburg.

Hr. Hofadvocat und Gerichtsdirector
H. Mücke.

Kunitz.

Hr. Pf. M. Schillbach.

Lobeda.

Hr. J. F. H. Arper, Bäckermeister.
„ G. F. Baumann, Böttchermeister.
„ Adj. Burkhart, Oberpfarrer.
Ernestine von Griesheim.
Hr. F. S. Hase, Seilermeister.
„ Ch. Hoffmann, Gastwirth.
„ C. A. Kämpfe, Glasermeister.
„ C. F. Kirscht, Seilermeister.
„ C. F. Koch, Oekonom.
„ F. F. Letsch, Seilermeister.
„ Friedr. Lincke, Kaufmann.
„ Diaconus Dr. Rausche, Pf. zu
Wöllnitz
Die Schule.
E. E. Stadtrath.
Hr. Kirchner u. Mädchenlehrer Stö-
ckel. 2 Expl.
„ F. W. Thierbach, Gutsbesitzer.
„ C. Thurm, Schuhmachermeister.

Löberschütz.

Hr. Pf. Bauer.

Löbstedt.

Hr. Cantor Gräfe.

Magdeburg.

Hr. Prof. Wiggert.

Naumburg.

Hr. Conrect. Dr. Schmidt.

Neustadt a. d. Haide.

Hr. Justizamtmann Appunn.

Niederrosla.

Hr. Pf. Steinert.

Oldisleben.

Hr. Cantor Zöllner.

Penig.

Hr. Päller, Druckerei-Factor.

Pfuhlsborn.

Hr. Pf. Kormann.

Plauen.

Fr. Karoline Krause, Kaufmanns-
frau.
Hr. Alfr. Schmid, Kaufmann.

Remda.

Hr. H. Leutluff, Stadtältester u.
Kaufmann.

Roda.

Hr. Stadtschreiber Fritzsche.
„ Accessist Rud. Lotze.

Rudolstadt.

Hr. Prof. Obbarius.

Rutha.

Hr. D. Biertümpel, Ökonom.
„ G. Letsch, Ökonom.
„ M. Kirchhof, Ökonom.
„ G. Rödiger, Ökonom.

Schiebelau.

Hr. Esche, Rittergutsbesitzer.

Schleusingen.

Fr. Reg.-Räthin, Freifrau von Gärtner.
Hr. Hellmuthhäuser, Rentamtsassis-
tent.
„ Tertius Ed. Mücke.
„ Müller von Raueneck, Ritter,
Rechtsconsulent. 2 Expl.

Schlöben.
Hr. Schlosser, Pachter.

Schön-Gleina.
Hr. Bau-Commissair Heilmann. 2 Expl.

„ Pf. Schwabe.

Schrebitz.
Hr. Pf. Mücke.

Sulza am Berge.
Hr. Bock, Ökonom.

„ Weise, Ziegler.

Thalbürgel.
Hr. Pf. Dr. Andreä.

Weimar.
J. K. K. Hoheit, die regierende Groß-
herzogin Maria Paulowna von S.
Weimar-Eisenach. 4 Expl.

Excellenz, Dr. Freiherr von Fritsch,
Staats-Minister.

Excellenz, Dr. Freiherr von Gers-
dorff, wirklicher geh. Rath u.
Staats-Minister.

„ Gräfin Henckel von Donners-
marck, Ober-Hofmeisterin. 3
Expl.

Die Großherzogliche Bibliothek.

Hr. Hof-Advokat und Gerichtsdirek-
tor Blume.

Hr. Wirkl. Geh. Hofrath Helbig.

„ Bergrath Dr. Hoffmann.

„ Kommissions-Rath u. Hofbuch-
händler Hoffmann.

„ Hauptlandschafts-Kassirer Horn.

Das Landes-Industrie-Comptoir.

Hr. Lotterie-Sekretair C. Mack.

„ Kanzlei-Rath Ernst Müller. 2
Expl.

„ Ober-Konsistorial-Präsident
Peucer

„ Prof. Dr. Putsche.

„ Rentamts-Accessist Putsche.

„ Dr. Röse.

„ Landes-Direktions-Rath Wirth.

Wetzdorf.
Hr. Pf. Krause.

Wormstedt.
Hr. Cantor Mohnhaupt.

Würzburg.
Der histor. Verein für Unterfranken
u. Aschaffenburg.

Zwäzen.
Hr. Cantor Gerhardt.

„ Pf. Dr. Tod.

XII

Inhalt.

Nachweisung der auf dem Situationschärtchen befindlichen Zahlen.

1.	Die Johannesberge.	20.	Marienlust.
2.	Das Wasserthal.	21.	Das Mäuerchen.
3.	Der Läuseberg.	22.	Der Ärmel.
4.	Der Pfaffenberg.	23.	Das Vorwerk.
5.	Die Sandgrube.	24.	Der Löbentapf.
6.	Selzdorf (Seligsdorf).	25.	Die Nordkeule.
7.	Die Leimgrube.	26.	Der Elsterbrunn.
8.	Der Buttstädter.	27.	Der Freiberg.
9.	Der Gräfenberg.	28.	Der König.
10.	Der Bünauer.	29.	Der große Hähner.
11.	Der Spitzberg.	30.	Der Bünroth.
12.	Der Läuseberg.	31.	Im Nikolaus.
13.	Der Mahlmann.	32.	Der Neuberg.
14.	Der Wachtelberg.	33.	Die Fuchslaus.
15.	Das Kreuz.	34.	Der Theuerling.
16.	Der Spitzberg.	35.	Das Himmelreich.
17.	Der Schafberg.	36.	Die untere Lobdeburg (Haus Lobeda)
18.	Der Juniberg.		
19.	Hirschdorf.	37.	Der obere Weg in die Penicke.

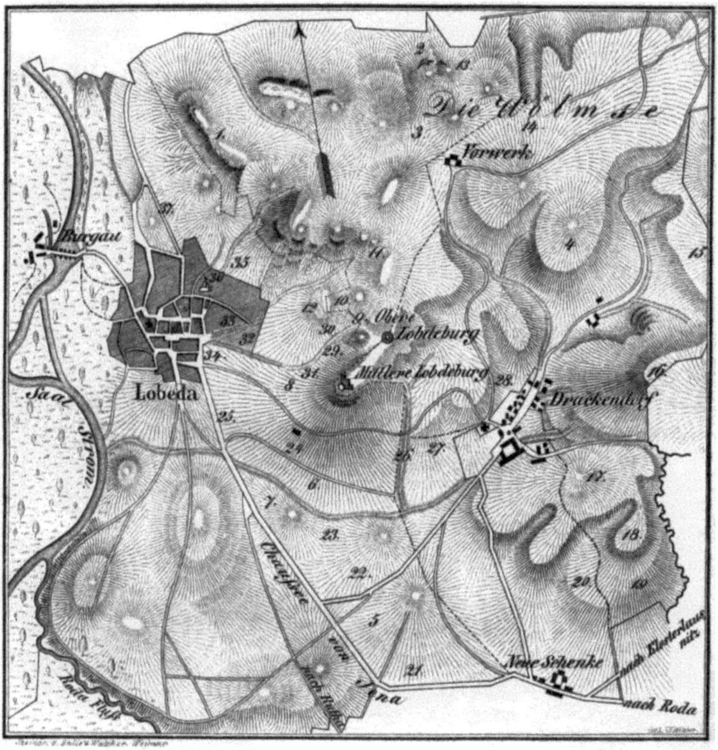

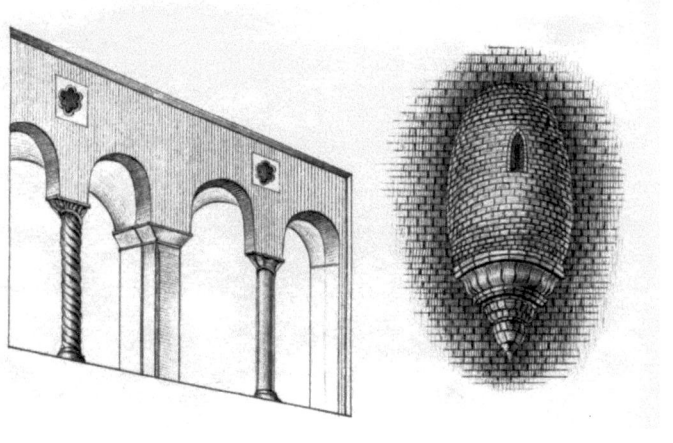

XVII

Geschichte der Lobdeburg.

Es ist dem Adel löblich und ziemt wol dem Weisen und bringt Frommen dem gemeinen Mann, alter löblicher Dinge gedenken, die gegenwärtigen zu ordnen, die künftigen zu betrachten, und wer die drei für sich nimt, dem bringt es Lob, Ehre und Nutzen.

Jac. Unrest: Chron. v. Kärnthen.

Einleitung.

1) Auf einer mäßigen Anhöhe, einem Vorsprunge der Bergfläche, die Wölmisse genannt, liegen malerisch die wenigen Überreste der Lobdeburg, des ursprünglichen Sitzes eines edlen Geschlechts aus dem Herrnstande, das hier drei Burgen besaß. — Gegen Morgen erhebt sich ein Gebäude, das im obern Stock zwei kleine runde Fensterwölbungen hat, die mit byzantinischen Säulen verziert sind und dafür zu sprechen scheinen, daß hier die Burgkapelle — die bekanntlich auf keiner größern Burg fehlen durfte — gewesen sei. Den Kaminen im Innern nach zu schließen war hier das Hauptgebäude. An dieses Gebäude schließt sich gegen Norden ein altes vestes Gemäuer mit einem schönen gewölbten Erker und Fensteröffnungen an, und, nach der Bauart jener Zeit zu schließen, war hier ebenfalls ein Wohngebäude. Gegen Abend sind noch einige Mauern mit einer Pforte übrig, die jedenfalls zur Umgebung und Bevestigung der Burg dienten. An deren Ende befindet sich der Thurm, welcher das eilf Ellen hohe Burgverließ enthielt, in welches die Gefangnen von oben hereingelassen wurden. Gegen Südost ist noch der Überrest eines starken viereckigen Thurmes bemerkenswerth. Der Anblick des Ganzen beweist, daß es einst eine sehr stattliche Burg war. Auf der schmalen Bergkante gelangt man von da zur obern Burg. Nur wenige Mauerreste und zwei Wallgraben bezeichnen die Stätte, wo einst das längst zerstörte Schloß gestanden hat.

Der Burg zu Füßen liegen rechts gegen Abend das Weimar'sche Städtchen Lobeda, mit der noch bewohnten, aber halb zerfallenen untersten Burg, Haus Lobeda, und links gegen Südost das Altenburg'sche Dörfchen Drackendorf mit dem Rittergute gleichen Namens, dem die Burgruinen selbst gehören. ₄

Vor der Burg breitet sich das freundliche Saalthal aus, das dem spähenden Blick im mannichfachen Wechsel den herrlichsten Genuß gewährt. Rechts folgt das Auge dem Laufe der Saale bis in die Gegend von Jena, dem ehrwürdigen Sitze der Wissenschaften, der treuen Pflegerin sittlicher und politischer Freiheit, ehemals auch den Herren von Lobdeburg gehörig, und gegen Mittag blickt in einiger Ferne die weithin stralende Leuchtenburg auf hohem Waldgebirge herüber, ehemals selbst der Wohnsitz einer Linie aus diesem edlen Geschlechte.

2) Die Entstehung der Lobdeburg liegt, sowie die der meisten alten Schlösser im grauen Dunkel der fernen Vorzeit. Nur die Vermuthung liegt sehr nahe, daß auch sie entstanden ist, als den immer tiefer eindringenden Soraben die Saale als Grenze zwischen Thüringen und Sorabien gesetzt wurde. Denn sie lag auf derselben Linie, welche die sorabische Mark (limes sorabicus) bildete, und zwar im Sorbenland (Swurbelant Nr. 3) selbst, am rechten Ufer der Saale [1]).

3) Dafür spricht schon der Name. Lobede und Lobedeburg liegen am Fuße des Gebirges, auf welchem ein Wald, Louba genannt, sich ausbreitete. Denn Kaiser Lothar sagt, als er im J. 1136 das Kloster Burgelin (Thalbürgel) bestätigte (Nr. 3), daß es neben dem Walde Louba liege. Loube ist ein wendisches Wort, welches ein Waldgebirg bezeichnet, und kommt in den ehemals von Slaven bewohnten Gegenden sehr häufig vor. In der Gegend von Reinhardsbrunn nach Schmalkalden ist noch die blose Loibe bekannt [2]). Zwischen Salfeld und Ilmenau lag ebenfalls ein Wald, Loube, auch der slavische Wald (saltus sluvicus) genannt. Hohenleuben bei Greiz, Langenleube und Windischleube bei Altenburg sind vermuthlich ebenfalls von Loube herzuleiten. Lobeda heißt noch im gemeinen Leben Loube. Liegt es daher nicht sehr nahe, daß Lobede und Lobdeburg von Lou-

1) Schon Eginhard sagt im Leben Karl des Großen (ed. Reuber. cap. 15. p. 17.): Sala fluuius, qui Thuringos et Sorabos diuidit.

2) Kaiser Conrad übergiebt im J. 1039 dem Grafen Ludwig partem vastae solitudinis Loibae, und König Heinrich erlaubte im J. 1044 demselben zu erbauen castellum Scouuonburg (Schauenburg) in confinio Loibae siluae. Otto in seiner Thuringia sacra (p. 47) sagt bei dieser Gelegenheit: Loiba, Loybe, Louba vel Louia: solitudo vastissima seu sylua, est vox slavica. Und

4

be herzuleiten sei und Lobedeburg die Burg am Waldgebirg, die Waldburg bezeichnet? [1])

So wie nun die Sorbenburg bei Salfeld [2]), Rudolfsburg, erste Anlage von Rudolstadt, Orlamünde, Dornburg und andere Burgen längs der Saale gegen den Andrang der Sorben zum Schutz des Landes angelegt worden sind, so mag auch die Lobdeburg als Grenzveste in dieser Zeit entstanden sein.

4) Den Gau näher zu bestimmen, in welchem die Lobdeburg lag, ist darum schwer, weil die Soraben die Gaueintheilung erst von den Teutschen angenommen haben, verschiedene Zeitabschnitte zu unterscheiden sind, die Soraben die Grenze oft überschritten, so daß auch Weimar eine Zeitlang als windische Mark (Winmar) galt, und überhaupt die ältesten Nachrichten in dieser Hinsicht sehr sparsam sind und ungewiß lassen.

Als im J. 1136 Kaiser Lothar das am Fuße desselben Gebirges liegende Kloster Burgelin (Thalbürgel) bestätigte, sagt er in der schon angeführten Urkunde (Nr. 3), daß es im Gau Stuprenice liege. Nicht unwahrscheinlich ist es, daß dieser hier zuerst genannte Gau sich bis an die Saale erstreckte und die Lobdeburg mit in sich begriff.

In seiner beinahe 200 Jahre spätern Nachricht vom J. 1320, in welcher über die Räubereien in hiesiger Gegend geklagt wird, wird der hier ebenfalls zuerst genannte Brisengowe erwähnt (Nr. 176). Doch wird die Lobdeburg und Tautenburg so in Verbindung gebracht, daß es ungewiß bleibt, ob dieser Gau sich von Tautenburg bis Lobdeburg erstreckte, oder ob nur das eine oder das andere dieser Schlösser im Brisengowe lag, zumal in der Nähe beider Schlösser ein Brisenitz liegt [3]).

Was die umliegenden Gaue betrifft, so grenzten gegen Osten und Süden die Gaue Geraha [4]) und Orlan daran. Dieser er-

eine thüring. Chronik sagt: —— Der andre Strich hebet sich an auf der blosen Loibe gegen Franken herab, wo die Gera entspringet. Struve: hist. Archiv. 2, 267.

1) Daß Adrian Beier (Geogr. Jen. 2. A. 267. 272) Lobdeburg von löblich herleitet, führe ich nur in historischer Hinsicht an.

2) J. A. v. Schultes: Hist. Schriften (Hildburgh. 1798. 4.) 1, 39.

3) Frauenpriesnitz bei Tautenburg und Jenapriesnitz bei Lobdeburg.

4) Meibom. s. g. 3, 100. Chron. Gotwic. 2, 603.

streckte sich längs der Orla bis zum Ausfluß derselben in die Saale. Daran schloß sich jenseits der Saale, im eigentlichen Thüringen, die Grafschaft Orlamünde, der die ganze Gegend untergeben war. Im weitern Umkreise lagen gegen Westen und Norden die kleinen Gaue Lancwizzi [1]), Ginnaha [2]), Husitin [3]) und Ostergau [4]). Zunächst gegen Norden, am rechten Ufer der Saale, grenzte die Burggrafschaft Kirchberg daran, von der der benachbarte Fuchsthurm der Überrest ist.

5) Unsere Lobdeburg ist aber wol zu unterscheiden von Lobdenburg im Lobdengau. Derselbe erstreckte sich an beiden Ufern des Neckars von Heidelberg bis an dessen Ausfluß in den Rhein [5]). Er führte seinen Namen von der Hauptstadt und kaiserlichen Pfalz, ehemals Lubodunum bei Ausonius genannt, später Lobdenburg, dann Laudenburg, jetzt Ladenburg am Neckar und umfaßte 70 Ortschaften [6]), welche das Chronicon Gotwicense (2, 664) namentlich aufführt. So kommen auch viele von Lobdenburg vor, die sich von diesem Orte schreiben, sie sind aber nicht vom Herrnstande, sondern nur Dienstmannen [7]). Daher darf auch Regenbodo von Lobdenburg im J. 1150 unter die Herrn von Lobdeburg nicht gerechnet werden, wie Aug. Schultes seinen Direct. dipl. (2, 83) thut. Vermuthlich sind die beiden Zeugen in der Urkunde vom J. 1180 (Nr. 16) aus diesem

---

1) Spuren dieses Gaues sind noch das große Dorf Langenwiesen bei Amt Gehren, der Bach Lengwitz bei Stützerbach, die Gegend Längwitz zwischen Ilmenau und Arnstadt, das Längwitzer Thor von Arnstadt und der Marktflecken Ichtershausen, der sonst Langwig hieß. S. Chronic. Gotwicens. 2, 654. Büsching: Erdbeschr. 3. 2, 1189. von Wersebe: Vertheilung Thüringens 2, 115.

2) In der Gegend von Nerkewitz und Altengönne. Wenck: Hess. Ldesgesch. 3, 54. Nr. 56. v. Wersebe, das. 2, 143.

3) Auch Usiti; er umfaßte die Orte Wormstedt, Utenbach, Münchengosserstedt und Hohlstedt. S. Gercken: cod. dipl. Brandenb. 1, 23. — Mon. Germ. ed. Pertz. 1, 368. not. 26. — v. Wersebe, das. 2, 144.

4) In der Nähe von Gebstedt bei Buttstedt. Lepsius: der Dom zu Naumburg 47. v. Wersebe, das. 2, Anh. 21.

5) Andr. Lamey: hujus pagi descriptio in Actis acad. Theod. 1, 215. E. J. Kremer: Gesch. des rhein. Franziens (Mannh. 1778. 4) 101.

6) C. L. Toluer: hist. Palatina (Frcof. 1700. F.) 53.

7) Val. de Gudenus: Sylloge varior. dipl. 1, 8 — 196 in den Jahren 1150 — 1240.

Geschlechte.

6) Das Wappen der Herrn von Lobdeburg bestand ursprünglich in einem meistens dreieckigen Schild mit einem weißen Balken im rothen Felde. Die Linie Arnshaug und Elsterberg unterschied sich durch einen rothen Balken im weißen Felde. Die Linie Burgau hatte dagegen im Schilde und oft auf dem Helm einen geflügelten Fisch, vielleicht wegen der fischreichen Saale, aufgenommen [1]. Später erscheint im Lobdeburg'schen Wappen ein geschlossener Helm mit Pfauenfedern besetzt, auf beiden Seiten je ein kleines Schild mit dem Balken, oft auch ohne Schild. Das Arnshaugische Wappen ist in das S. Weimarische Wappen, und das Burgauische in das alte Jenaische Amtssiegel aufgenommen worden. Das Arnshaugische Wappen, im Weimarischen Archiv abgemalt, besteht in einem Schilde mit einem schwachen Balken, rechts ein Löwe, links ein altes Schloß und Mauerwerk; auf dem Helm über einem spitzigen Hut ein Pfauenschwanz [2].

7) Noch sind drei Münzen zu erwähnen, die den Herrn von Lobdeburg zugeschrieben werden.

Die erste befand sich ehemals in der Münzsammlung des Grafen Anton Günther zu Arnstadt und ist mit derselben nach dessen Tod im J. 1716 in das Münzcabinet nach Gotha gekommen, soll sich aber seit 1808 daselbst nicht mehr vorfinden. Es war ein Brakteat und ihn erwähnt zuerst Christoph Olearius [3], __8__ Prediger und Bibliothekar zu Arnstadt, als er eine Anleitung zur Brakteatenkunde herausgab [4]. Er beschreibt ihn als etwa einen sächs. Gulden groß, mit einer gerüsteten Figur, haltend in der Rechten ein Schwert, in der Linken einen Lilienscepter, sitzend unter einer Halle mit Thürmen überbaut, mit der Umschrift: Farman de Lopdeburc (vielleicht Hartman de Lobdeburg). Später theilte Christian Schlegel zu Arnstadt eine Abbildung dieser

---

1) In Struve's hist. polit. Archiv. Th. 2. sind 3 Burgauische Siegel abgebildet.

2) S. das Wappenbuch im Weimar'schen Archiv (Zollmann: Catalog. Msc. S. 107) Nr. 25 u. 46. Hönn: sächs. Wappenunters. 200. Nr. 28 — 34.

3) Ersch u. Gruber: Encykl. unter Olearius.

4) Isagoge ad numophylacium bracteatorun. Jen. 1694. S. 32. Nr. 31.

Münze mit [1]), welche mit der Zeichnung genau übereinstimmt, die Graf Anton Günther von Schwarzburg im J. 1706 hat fertigen lassen und in den beiden Bänden befindlich ist, welche Nachbildungen dieser Münzsammlung enthalten und mit derselben ebenfalls nach Gotha übergegangen sind. Schlegel hat später selbst in seinem in der Gothaischen Bibliothek befindlichen Handexemplar des erwähnten Schriftchens die Vermuthung niedergeschrieben, daß diese Münze vielleicht der Stadt Ladenburg am Neckar zuzuschreiben sei [2]).

Eine zweite angeblich Lobdeburg'sche Münze gedenkt der Schläger'sche Katalog des Gothaischen Münzcabinets auf folgende Weise: comes inter duas terras sedens, utraque manu in sinum reposita. Supra aedificum cum duabus turribus. Ad utrumque latus bis conspicitur :: et ⁝

Eine dritte Münze hat um's J. 1698 ein Bauer aus Linda bei Neustadt a. O. bei'm Ackern gefunden. Sie gleiche an Größe, sagt Christian Schlegel in demselben Schriftchen (S. 11), einem böhmischen Groschen und stelle auf der einen Seite einen behelmten Grafen, einen Stab in der Rechten haltend, dar, mit der Umschrift: Conrat. Com. Arnshag; auf der andern Seite sei ein Wappen mit sechs Balken, auf welchem ein offner Helm mit Pfaufedern sitze, in der Mitte ein Löwe, mit der Umschrift: Dns. in Auma. Posn. et Triptis. Leider ist aber diese Münze wieder verloren gegangen, als im J. 1700 im Mon. Aug. ein Blitzstral im Dorfe Linda zündete und das ganze Dorf zerstörte. Ein Conrad von Lobdeburg kommt in den beiden Jahren 1195 und 1203 (Nr. 21 u. 25) vor, aber nicht als Graf von Arnshaug, wenn auch das Wappen mit dem Lobdeburger übereinstimmt.

Was von diesen Münzen zu halten sei, lasse ich unentschieden.

Endlich darf, nicht unerwähnt bleiben, daß im J. 1797 alte silberne und kupferne Brakteaten von thüringischen Landgrafen, so wie verschiedene Pfeilspitzen, auf der Lobdeburg gefunden worden sind [3]).

---

1) in epistola ad And. Schmidium de nummo comitis Blanckenburg. Jen. et Arnst. s. a. (1701) S. 14. Tab. II. Nr. 22.

2) Jen. allg. Lit.-Zeit. 1834. Nr. 33. S. 264.

3) Sächs. Provincialblätter. 1798. 1, 447.

1. Erste Kunde.

1) Hartmann aus Franken [1]), Vasall des Kaisers, ein Vorahn der Herrn von Lobdeburg, wie die spätern Zeugnisse beweisen, erscheint zuerst urkundlich im J. 959. Demselben überläßt der König Otto I. zwei Dörfer Ahusen und Westheim, unweit der Wernitz in Baiern, welche der Graf Ernst wegen Ungehorsam verwirkt hatte (Nr. 1). Dieser Ernst war ein Graf von Truhendingen und Gaugraf von Sualafeld, in welchem Gau diese beiden Dörfer lagen. 37 Jahre später, im J. 996, überläßt der König Otto III. auf Fürbitte desselben Hartmanns oder dessen Sohnes gleichen Namens ein Gut in denselben Dörfern dem Grafen Heinrich, vermuthlich einem Sohne des Grafen Ernst (Nr. 2). Dieser soll eine Schwester dieses Hartmanns, die früher am Hofe des Königs war, zur Gattin gehabt (965) [2]) und diese ihren Bruder und Gemahl vermocht haben, ein Kloster in Ahusen zu stiften, wozu durch diese beiden Dörfer der Grund gelegt worden sei. Erst im J. 1058 soll es völlig zu Stande gekommen sein. Daher erklären einige hundert Jahre später (1248. 1273. 1287) die Herrn von Lobdeburg ihre Voreltern als Stifter dieses Klosters, in welchen sie ruhten (Nr. 61), das aber zu weit entfernt liege, als daß sie ihm ferner ihren Schutz angedeihen lassen könnten (Nr. 103. 104. 124) [3]).

„Daß die Herrn von Lobdeburg aus Franken stammten, dafür

---

1) Daß ich den Grafen Andreas von Lobdeburg unerwähnt lasse, der nach Rüxners fabelhaftem Turnierbuch (14. 30) im J. 938 dem Turnier zu Magdeburg beigewohnt haben soll, wird mir niemand zum Vorwurf machen.

2) Hönn: sächs. Wappenunters. 203.

3) Über das von den Vorfahren der Herrn von Lobdeburg gestiftete Kloster Auhausen an der Wernitz im Fürstenthum Anspach bringt Pf. E. Spieß in J. G. Meusel's Geschichtforscher 1, 184 diplomatische Nachrichten bei.

spricht noch eine spätere Spur. Sie hatten im J. 1256 das Dorf Loschen an das Kloster Lausnitz verkauft (Nr. 74). Später entstand Streit darüber, nach welchem Rechte die Einwohner dieses Dorfes gerichtet werden und sie ihre Güter besitzen sollten. Nach langen Verhandlungen wurde endlich auf dem Landgericht zu Eisenberg unter dem Vorsitz Ludwigs von Predil im J. 1278 entschieden, daß sie nach Frankenrechte gerichtet werden und ihre, Güter besitzen sollten, nach dem Rechte, welches die Unterthanen in der Herrschaft der Herrn von Lobdeburg gebrauchen und besitzen (Nr. 111).

Im Mittelalter wurde nach damaligem Rechtsgebrauch ein jeder nicht nach den Gesetzen des Landes, in welchem er lebte, wie bei uns, sondern nach denen des Landes, aus welchem er stammte, gerichtet. Es galten nicht die Territorialgesetze, sondern die persönlichen Rechte und Gesetze. So erklärt es sich, was der Bischof Agobardus in einem Schreiben an Ludwig den Frommen sagt: „es geschieht oft, daß fünf Menschen zusammengehn oder sitzen, von welchen jeder nach einem andern Rechte lebt" [1].

Darum wird auch in der Vorrede zum Sachsenspiegel [2] (in der Leipziger Handschrift) genau angegeben, woher die verschiedenen Herrn im Lande Sachsen stammen. Es heißt daselbst: „Nun vernehmet der Herrn Geburt im Lande Sachsen. Der von Orlamünde und der Markgraf von Meißen und der Graf von Brene sind Schwaben. Die Landgrafen von Duringen sind Franken" [3] u. s. w.

12   Dieser Hartmann aus Franken, von Feinden verfolgt, heißt es [4], habe einst Zuflucht und Rettung im Kloster Auhausen gefun-

---

1) F. C. v. Savigny: Gesch. des röm. Rechts im Mittelalter (Heidelb. 1815). 1, 90.

2) Der Sachsenspiegel, welcher alte sächsische Rechtsgewohnheiten enthält, ist in den Jahren 1215 — 1218 von einem Anhaltschen Edelmann, Eyko von Repgow, auf dem Falkenstein am Harz zuerst lateinisch abgefaßt, dann von ihm teutsch übersetzt und dem Grafen Hoyer von Falkenstein gewidmet worden.

3) Daß Landgraf Ludwig mit dem Bart aus Franken stamme, wird bestätigt in der Bonifaciuslegende, ed. Mencken. 1, 845. 856 und Struve: hist. Archiv. 2, 262.

4) Gasp. Brusch: chronol. monasterior. 27.

den und aus Dankbarkeit sterbend seinen rechten Arm dahin vermacht, wo er in der Frauenkapelle beigesetzt sei. Als dieses Bischof Otto von Würzburg, aus dem Geschlecht der Herrn von Lobdeburg (v. 1207 — 1223), vernommen, habe er verordnet, nach seinem Tode seinen rechten Arm abzulösen und denselben, nebst einem Fuder Frickenhäuser Weins jährlich, dahin zu senden [1]). Noch soll in Kloster Auhausen ein großer Leichenstein mit Hartmanns Namen zusehen sein [2]). Auch im benachbarten Kloster Heidenheim im Oberamt Hohentrudingen sollen die Voreltern der Herrn von Lobdeburg ihre Grabstätte gehabt haben [3]). Diese Nachrichten sind ohne alle Beziehung auf unsre Burg und diese Herrn aus Franken scheinen damals die Burg noch nicht inne gehabt, überhaupt andere Güter besessen und andre Namen geführt zu haben, wie denn in jener Zeit der Name von dem Gute, das man besaß, selten hinzugefügt wurde. Von nun an schweigen 170 Jahre lang die uns zugänglichen Geschichtsquellen von diesem Geschlechte, bis wir es finden in unsrer Gegend als Inhaber der Lobdeburg. Zunächst müssen wir uns aber an die Namen halten, die aus dem Strome der Zeit auftauchen, an sie die Geschichte der Lobdeburg knüpfen und zufrieden sein mit den spärlichen Nachrichten, die auf uns gekommen sind.

Ehe wir aber zu den Herrn von Lobdeburg selbst übergehn, müssen wir noch eines Dienstmanns von Lobede gedenken.

2) Adelbert von Lobede (1156 — 1192), Vasall (homo) des nördlichen Markgrafen Albrecht, verkauft dem Kloster zu Heusdorf seinen Wald bei Stiebritz, welchen Kauf dieser Markgraf im J. 1156, so wie im folgenden Jahre der Bischof Berthold v. Naumburg, bestätigt (Nr. 4. 5).

Dieser Markgraf, aus dem Hause Anhalt stammend, war im J. 1134 mit der Nordmark Sachsen [4]) vom Kaiser Lothar belehnt worden und hatte im J. 1140 nach dem Tode des Grafen Wilhelm von Orlamünde auch die Grafschaft Orlamünde erhalten. Als Graf von Orlamünde bestätigt er diesen Kauf, ohne sich als sol- 13

---

1) Th. Francke: Gesch. des Frankenlandes und dessen Hauptst. Würzb. 103.
2) Ludewig: Geschichtschr. v. Würzburg. 554.
3) Brusch: l. c. 28.
4) Die Mark Brandenburg. Ötter: Sammlung verschied. Nachr. 1, 180.

chen zu bezeichnen, giebt auch bald darauf diese Grafschaft, als zu weit von seinen Landen entlegen, an seine Söhne ab. Daher genehmigt noch sein Enkel Graf Siegfried von Orlamünde im J. 1192 die Schenkung eines Waldes bei Ginna an dasselbe Kloster von Seiten desselben Adelberts von Lobede oder dessen Sohnes, den er ebenfalls seinen Dienstmann (ministerialis) nennt (Nr. 18).

Aus diesen Urkunden geht hervor, daß die Grafen von Orlamünde einen Vasallen in Lobede hatten, der Güter besaß, die ihnen als obersten Lehnsherrn zustanden, und daß sie Rechte ausübten die eigentlich den Herrn von Lobdeburg zukamen.

Die Vermuthung liegt nahe, daß die Herrn von Lobdeburg erst um diese Zeit zum Besitz dieser Herrschaft gelangt sind, und daß diese vorher einen Theil der Grafschaft Orlamünde ausmachte.

2. Lobdeburg (1166 — 1221).

1) Alle Nachrichten aus diesem Zeitabschnitte haben keine nähere Beziehung auf unsre Lobdeburg [1]). Wahrscheinlich ist es aber, daß in dieser Zeit nur eine Burg bestand. Nur persönliche Nachrichten sind es, die vorkommen. Es treten zunächst zwei Brüder urkundlich auf, deren Vater nicht genannt wird, die sich Nobiles (Nr. 13) nennen, was den Herrnstand bezeichnet, und, sich oft in der Nähe des Kaisers befinden, der den einen Bruder seinen Getreuen (fidelem) und einen Freien (ingenuum) nennt (Nr. 20). Daß zwei aus ihrer Mitte Bischöfe zu Würzburg werden, bezeichnet ebenfalls den hohen Stand, aber auch einigermaßen die Gegend, aus welcher sie stammen.

2) Vermuthlich waren es fünf Brüder: Otto, Hartmann, Burkard, Otto und Otto. Die ersten Hartmann und Otto erscheinen gewöhnlich gemeinschaftlich, doch scheint es, daß die Stellung ihrer Namen zuweilen verändert worden ist (z. B. Nr. 6 u. 10). Die zwei jüngsten haben den geistlichen Stand gewählt.

Hartmann und Otto, die beiden ältesten Brüder [2]), in den

14

---

1) Die abweichenden Schreibarten sind: Lofdeburg, Loudeburg, Lowedeburg und Lobedeburg.

2) Bemerkenswerth ist es, daß sie zu gleicher Zeit mit den benachbarten Burggrafen von Kirchberg urkundlich auftreten. Archivar Heydenreich in Weimar behauptet in seiner handschriftlich hinter-

Urkunden des Markgrafen Otto des Reichen v. Meißen (Nr. 6) ¹),
des Landgrafen Ludwig III. in Thüringen (Nr. 17) und der Bischöfe Berthold und Uto zu Naumburg (Nr. 7. 8. 11. 13) als Zeugen vor. Aber auch in der Nähe des Kaisers haben sie sich oft
befunden. Denn als der Kaiser Friedrich der Rothbart in Altenburg (1172) und Goslar (1173) sich aufhielt, erscheinen sie als
Zeugen in den daselbst ausgestellten Urkunden (Nr. 10. 12. 16).
Hartmann (1166 — 1184), der älte Bruder, kommt auch allein
bei dem Markgrafen Otto (Nr. 9) und dem Kaiser Friedrich als
Zeuge vor (Nr. 14. 15). Otto (1166 — 1194), der jüngere Bruder,
wie es scheint, war es, der vom Kaiser Heinrich VI. mit der Parochie Leißnig beliehen ward, von welchem Lehnsverhältnisse er
dieselbe, da sie indessen dem Kloster Buch geschenkt wurde, im
J. 1192 zu Altenburg wieder zu befreien verspricht (Nr. 19). Zwei
Jahre später schenkt Otto von Lobdeburg mit Frau und Kindern
sein freies Gut (allodium), zwischen Würzburg und Bamberg,
gelegen, der Kirche zu Bamberg, worüber der Kaiser Heinrich
VI. eine jetzt erst mitgetheilte Urkunde zu Nürnberg ausstellt
(Nr. 20).

Burkard kommt nur einmal im J. 1176 mit den eben-
erwähnten Brüdern als Zeuge bei'm Bischof Uto zu Naumburg
vor (Nr. 13), doch wird nicht angedeutet, ob er ein Bruder war.
Dasselbe ist der Fall mit dem folgenden.

Otto von Lobdeburg, Bischof zu Würzburg (1207
— 1223), vermuthlich derselbe, der als Domherr der St. Moritz-
kirche zu Naumburg der Versammlung zu Keuschberg im J.
1196 beiwohnte (Nr. 22). Schon im J. 1203 soll er nach Würzburg gekommen sein. Er ist nach dem Tode seines Vorgängers
(Ende Mai 1207) vom Domcapitel daselbst am 4. Juli 1207 zwar

15

---

lassen im geh. Staatsarchiv daselbst aufbewahrten Geschichte der
Grafen von Orlamünde (3, 117), daß ein Burggraf von Kirchberg
Burggraf des Schlosses zu Orlamünde worden sei und später Altenberge
eigenthümlich erworben habe. Castellan Heinrich von Orlamünde, der
in der Urkunde vom J. 1166 (Nr. 6) vorkommt, war vielleicht Ritter
Heinrich von Kirchberg, der im J. 1163 in der Stiftungsurkunde des
Klosters Reifenstein als Zeuge erscheint (Meibom. s. g. 3, 265).
1) Da Markgraf Otto der Reiche so nahe verwandt mit dem
Markgr. Albrecht von Brandenburg war — er hatte dessen Tochter
Hedwig zur Gattin —, so haben vielleicht diese Brüder durch dessen
Vermittlung die Herrschaft Lobdeburg erlangt.

zum Bischof erwählt, aber wegen der damals obschwebenden Streitigkeiten zwischen Papst und Königen erst später bestätigt worden. Daher nennt er sich in den ersten Jahren auch nur den Erwählten der Kirche zu Würzburg (Nr. 26. 27). Als nach der Ermordung Königs Philipp zu Bamberg (23. Juni 1208) die Fürsten in Halberstadt zusammenkamen, wo sie den Herzog Otto von Sachsen zum König wählten, begab sich Bischof Otto auch dahin und willigte nur dann in die Wahl, als der neugewählte König der allgemeinen Noth und Plackerei, durch die Entzweiung zwischen Papst und Königen vermehrt, abzuhelfen versprach. Nach Pfingsten des folgenden Jahres erschien er auch in Würzburg, hielt daselbst einen Reichstag, gab scharfe Verordnungen gegen die überhandnehmende Raublust, vermählte sich mit des ermordeten Königs Philipp Tochter, die aber nach vier Tagen wieder starb, und zog dann nach Rom zur Krönung (27. Sept.), wohin ihn Bischof Otto begleitete. Später (im J. 1217) war er mit ihm in Altenburg (Nr. 38) und (im J. 1220) in Erfurt (Nr. 42). Während des Kaisers Abwesenheit in Apulien setzte er ihn als einen seiner Statthalter in Teutschland ein und übergab ihm seinen Sohn Heinrich zur Erziehung. Der Aufwand aber, der an seinem bischöflichen Hofe statt fand, so wie die öftern Reisen stürzten ihn in Schulden, so daß er sich genöthigt sah, Güter des Stifts zu verpfänden. Dies brachte ihn in Mißhelligkeiten mit seinem Capitel. Er mußte seinen Hofstaat beschränken. Kurz vor seinem Tode gerieth er noch in Streit mit Graf Poppo dem Jüngern von Henneberg, dem letzten Burggrafen von Würzburg.

16 Derselbe zerstörte Meiningen mit Feuer und Schwert, welches damals zum Stift Würzburg gehörte. Dies geschah kurz vor Ostern 1222. Dagegen verheerte Bischof Otto die Grafschaft Henneberg mit Raub und Brand. Als am Nicolaitag desselben Jahres (6. Dec.) Heinrich von Beichlingen und Heinrich von Sternberg von Meiningen aus das Henneberg'sche Gebiet verwüsten wollten, kam ihnen Graf Poppo entgegen; sie trafen unweit Meiningen bei Wallbach an der Werra, da, wo die Capelle zu den vierzehn Nothhelfern errichtet worden ist, zusammen; der Graf Poppo wich durch den Grund bis zum glatten Stein zurück, wo die von Schmalkalden zu Hilfe kamen. Heinrich von Beichlingen wurde getödet und Heinrich von Sternberg gefangen. Graf Pop-

po zog siegreich in Schmalkalden ein [1]). Erst vom Nachfolger des Bischofs wurde der Streit geschlichtet. Die Ursache des Streits ist unbekannt.

Am Vorabend Nicolai (5. Dec.) 1223 starb Bischof Otto. Er wurde in Würzburg beerdigt, sein rechter Arm aber, wie schon erwähnt, seiner Verordnung gemäß, zum Kloster Auhausen gesendet, nebst einem Fuder Frickenhäuser Weins [2]).

Otto von Lobdeburg, Archidiaconus zu Würzburg, ein Bruder der erstgenannten, wie angedeutet wird (Nr. 46), kommt in Urkunden in den beiden Jahren 1208 und 1223 vor (Nr. 27 u. 46).

3. Lobdeburg-Leuchtenburg (1221—1256).

1) Schon die beiden erstgenannten Brüder scheinen ihre Besitzung getheilt zu haben. Der ältre Bruder Hartmann nämlich hatte zwei Söhne, Namens Hartman und Herman. Der ältre nannte sich im J. 1221 Hartman von Leuchtenburg, Herr des obern Schlosses Lobdeburg (Nr. 44), und sechs Jahre später nannte sich der jüngre Bruder Herman ebenso (Nr. 50). Viel später, als, wie es scheint, die Theilung längst geschehen, erscheinen noch zwei jüngre Brüder Otto und Herman, von denen sich der ältre von Arnshaug und der jüngre von Elsterberg nannte (Nr. 65. 66).

Der jüngre Bruder Otto des obengenannten Hartman hatte einen Sohn Namens Hartman. Derselbe schrieb sich in der schon oben angeführten Urkunde (Nr. 44): Hartman von Bergau und in einer spätern: Hartman des untern Schlosses, Herr von Lobdeburg (Nr. 58). Daraus geht hervor, einmal, daß jetzt zwei Schlösser, die obere und die untere Lobdeburg bestanden, und dann, daß ursprünglich zwei Hauptlinien entstanden sind, und daß mit dem obern Schlosse die Leuchtenburg und mit dem untern Schlosse Burgau verbunden war.

---

1) Schöttgen: dipl. 2, 577. Henneb. Chron. herausg. v. Glaser. 34.

2) Sein Bildniß theilt mit: Ludewig in dem Werke: die Würzburgschen Geschichtschreiber 586, und seine Grabschrift: Salver: Probe des deutschen Adels 218, welches Werk überhaupt nur authentische Nachrichten enthält.

2) Leuchtenburg [1]) erhebt sich auf einem hohen, weitgese-
henen Berge, im Angesicht der Lobdeburg, etwa zwei Stunden
von da, am rechten Ufer der Saale, an deren linken die Stadt Kahle liegt. Sie hat vermuthlich ursprünglich zu den Besitzungen der
Herrn von Lobdeburg gehört. Auf ihr kommen in dieser Zeit
zwei Burgmannen (burgenses) vor: Eberhard und Reinbodo von
Luchtinberc (1233. Nr. 54).

Noch jetzt ist sie eine stattliche Veste, deren Ringmauer man
rings umgehen kann, und die überall eine herrliche Umsicht dar-
bietet. Sie umschließt fünf Gebäude, wo ein Hausverwalter und
ein Ökonom wohnen, und enthält ein Zucht-, Irren- und Armen-
haus. Ein Kommando Soldaten, für welches außerhalb der Ring-
mauern vor einigen Jahren eine Kaserne erbaut worden ist, be-
wacht den Eingang der Veste [2]). In derselben ist noch die Kirche
mit einer neuen Orgel und der gegen 364 Fuß tiefe Brunnen zu
erwähnen. — Am 23. Juli 1602 zündete der Blitz den hohen
Thurm, der im Einstürzen die Schösserswohnung anzündete. Am
18. Juli 1658 verzehrte nochmals eine Feuersbrunst den neuge-
bauten Thurm und das Amthaus [3]). Bis zum Jahre 1700 war diese
Veste der Sitz des Amtes, welches in diesem Jahre nach Kahle
verlegt wurde.

3) Die beiden Brüder scheinen in dieser Zeit auf Lobdeburg noch gewohnt zu haben. Denn sie stellen daselbst nicht nur
in den Jahren 1223 und 1266 Urkunden aus, sondern es werden
auch ihre Kapellane auf der obern Lobdeburg, Otto und
Hildiger, als Zeugen erwähnt (Nr. 46. 50), zum deutlichen Beweis, daß sie daselbst eine Burgkapelle hatten. Auch kommen im
J. 1233 die Burgmannen Burgold und Conrad Puster und Hoold
von Lobdeburc vor (1233. Nr. 54). Hier erscheint zuerst der
Name des später so lange im Besitz der Lobdeburg gebliebenen
Geschlechts Puster.

Auch einen Schreiber Namens Ulrich, hatten sie in ihren
Diensten (Nr. 35. 58), der einmal ausdrücklich Hermans von

18

---

1) Die älteste Schreibart ist: Luchtenberg und hat vermuthlich
von leuchten ihren Namen.
2) Staatshandbuch von S. Altenburg 1838 69. 114.
3) Adr. Beier: Geogr. Jen. 313.

Schmid Lobdeburg.

Lobdeburg Schreiber (scriptor) genannt wird (Nr. 39), vermuthlich derselbe, der später Magister Udalrich von Lobede sich nennt (Nr. 64). Auch ein Notarius Heinrich kommt vor (Nr. 69).

4) Später scheint aber der jüngre Bruder Herman die Lobdeburg verlassen und die Leuchtenburg bezogen zu haben. Denn im J. 1256 stellt er mit seinen Söhnen zwei Urkunden auf Leuchtenburg aus (Nr. 73. 74). Schon im J. 1227 erscheint in einer Urkunde Hermans der Pfarrer Rudolf von Kale als Zeuge (Nr. 50). Die spätern Zeugnisse bestätigen es, daß der ältere Bruder Hartman die Lobdeburg und der jüngre Bruder Herman die Leuchtenburg bewohnt haben, obgleich dieser immer noch sich Herr des obern Schlosses Lobdeburg nannte.

5) Diese beiden Brüder besaßen aber auch das Schloß Elsterberg, noch ehe die Linie Lobdeburg-Elsterberg sich bildete. Sie hatten nämlich zu Elsterberg mit den beiden Brüdern, den Voigten von Wida, eine Kirche gegründet, an welcher diese einen größern Antheil hatten. Später gründeten die Voigte von Wida eine Kirche bei ihrem Schlosse Greiz. Darüber entstand Streit. Dieser wurde im J. 1225 so entschieden, daß die Brüder Hartman und Herman von Lobdeburg die alleinigen Besitzer der Kirche zu Elsterberg wurden. Die Urkunde ist zu Zeiz ausgestellt und als Zeugen erscheinen unter andern die Burgmannen von Elsterberg: Hertwich und Gotschalk von Wida, Ulrich von Orla und Berno (Nr. 48). Der ältre Bruder Heinrich, Voigt von Wida, soll ein Fräulein von Lobdeburg zur Gattin gehabt haben, welche nach dem Tode ihres Gatten (1256) in das Kloster zu Kronswitz als Nonne gegangen sei [1]. Ob aber diese Verheirathung auf den Besitz von Elsterberg Einfluß gehabt habe, bezweifle ich. Sollte diese Besitzung nicht vielmehr aus der Grafschaft Orlamünde herrühren, welche sich bis hierher erstreckte?

6) Die Nachträge zum Lauterberger Zeitbuche sagen: Markgraf Albert von Meißen habe eine Tochter Herzogs Friedrich von Böhmen, eines Bruders Odakars, zur Gattin gehabt, deren Tochter Herman von Lovedeburc geehlicht habe [2]. Eine andre Nachricht sagt, daß die Mutter Sophia und die Tochter Kristine

---

1) Beckler: stemm. Ruth. 17.
2) Supplem. ad chron. mont. ser. ed. Mencken: 2, 310.

geheißen habe [1]). Hermans von Lobdeburg Gattin wird aber im J. 1254 Mechtilde genannt (Nr. 69). Ein andrer Herman kommt in der Zeit nicht vor. Will man nicht annehmen, daß er zweimal verheirathet gewesen sei, so ist entweder der Name Kristine unrichtig, oder es ist Herman für Hartman, wie damals oft geschah, gesetzt worden.

7) Der ältre Bruder Hartman war im J. 1221 Präses des Landgerichts zu Dornburg (Nr. 44).

Dieses Gericht (judicium Dornburgense) bestand unter dem Vorsitze eines Richters aus zwölf Schöppen, kam zusammen, so oft die Menge und Wichtigkeit der Rechtshändel es erforderte, und entschied in minder wichtigen Streitigkeiten.

Die wichtigern oder unentschiedenen Gegenstände wurden vor einen der vier Dingstühle in Thüringen gebracht, die Landgraf Ludwig der Milde (1172 — 1190) angeordnet hatte, dergleichen einer in Vogelsberg, später in Buttelstedt bestand und der sich unter dem Vorsitze eines Viergrafen jährlich zu bestimmten Zeiten versammelte. Alle standen wieder unter dem allgemeinen Landgerichte (summum provinciale judicium), das sich jährlich dreimal [2]) zu Mittelhausen bei Erfurt unter dem Vorsitze des Landgrafen mit zwölf Beisitzern versammelte und mit großen Feierlichkeiten im freien Felde gehalten wurde [3]). Hier fand auch die Verhandlung statt, als der jüngre Bruder Herman von Lobdeburg mit seinen Söhnen und Erben im J. 1254 das freie Gut zu Löberschütz an das Kloster zu Lausnitz verkauft hatte und der Markgraf Heinrich der Erlauchte diesen Verkauf bestätigte (Nr. 69. 70. 71). Aber von diesem allgemeinen Landgerichte ist wol zu unterscheiden das kleinere Gericht (comitia minor), welches zu Mittelhausen bestand und welches im J. 1270

20

---

1) Ludewig: reliq. msc. 8, 180. Mencken: 3, 1071. Fabric. orig. Sax. 595. Reusner: geneal. Wittek. 32. Eine Tochter Sophia soll mit Friedr. von Werthern, Gerhards Sohne, vermählt gewesen sein. Gleichenstein: tabulae geneal.

2) Am 2. Sonnt. nach Epiph., am 1. Sonnt. nach Trinit. und am Sonnt. nach dem 18. Trinit. Mencken: 1, 857.

3) Quelle ist die mit unrichtigen Angaben vermischte Bonifaciuslegende bei Mencken: 1, 845. 856. und Struve: hist. Arch. 2, 261. und folg. Nähere Auskunft geben: Buder: observatt. jur. publ. 117 und Sachse: Handb. des Großh. S. Privatrechts. 24.

18

Landgraf Albrecht der Unartige der Stadt Erfurt verkaufte [1]).

8) Eine Chronik von Erfurt erzählt, daß im J. 1248 ein großes Sterben in Thüringen geherrscht habe. Dazu sei gekommen, daß in dieser Zeit die Dienstmannen sehr häufig sich gegen ihre Herrn aufgelehnt hätten. So habe sich Berenger von Meldingen (Mellingen) mit Giselher von Tullestete (Döllstedt) und 70 Reisigen verbunden, den Burggrafen von Kirchberg und die edlen Herren von Lobede bekämpft und am 27. Sept. desselben Jahres eines große Heerde Vieh bei Jena (juxta villam Gene) weggetrieben. Der Burggraf von Kirchberg [2]), auf Gott und seine Kraft vertrauend, sei ihnen mit wenigen Mannen nachgeeilt, habe sie bei Magdela (juxta villam Madala) eingeholt, den Urheber des Streits verwundet und ihn mit zwanzig Andern gefangen genommen [3]). Die Heerde scheint den Herrn von Lobdeburg-Leuchtenburg, als Besitzern von Jena, gehört zu haben und die Burggrafen von Kirchberg scheinen ihnen damals befreundet gewesen zu sein.

9) Was endlich die persönlichen Verhältnisse betrifft, so wohnte der ältre Bruder Hartman (1181 — 1236) vermuthlich sehr jung der Versammlung in Altenburg bei (Nr. 16) und kommt noch allein als Zeuge beim König Philipp (Nr. 25) und Markgrafen Dietrich dem Bedrängten von Meißen vor (Nr. 31. 33. 35). Der jüngre Bruder Herman (1198 — 1256) tritt im J. 1212 dem Bündnisse des Markgrafen Dietrich gegen den Kaiser bei (Nr. 28), erscheint als Vermittler (Nr. 51) und Zeuge in den Urkunden des Burggrafen Sigfried von Leißnig (Nr. 37), des Kaisers Friedrich II. (Nr. 45), des Markgrafen Heinrich von Meißen (Nr. 53), der Brüder von Gnannenstein (Nr. 57) und des Königs Heinrich (Nr. 60). Aber seine häuslichen Verhältnisse müssen immer mehr heruntergekommen sein. Denn er verkauft mit seinen Söhnen den Wald Nobus bei Jena (Nr. 50), welchen Verkauf später der König Heinrich zu Regensburg bestätigte (Nr. 54); ferner das Patronatrecht der Kirche zu Löbichau und einen Weingarten daselbst (Nr. 65. 66. 216), das oben erwähnte freie Gut zu Löberschütz (Nr. 69), vom Markgrafen Heinrich bestätigt (Nr. 70. 71);

---

1) Buder: observ. jur. publ. 124.

2) Der damalige Burggraf von Kirchberg hieß Dietrich. S. m. Geschl. der Kirchb. Schl. 41.

3) Anon. Chron. Erford. ed. Schannat. vind. lit. 1, 102.

ein Grundstück zu Jenalöbnitz (Nr. 73) und endlich das Dorf
Loschen (Nr. 74), worüber, wie oben erwähnt (S. 10), ein Streit
entstand, der endlich nach 22 Jahren zu Eisenberg entschieden
wurde (Nr. 111).

Gemeinschaftlich erscheinen die beiden Brüder als Zeugen in
den Urkunden des Burggrafen von Meißen (Nr. 23), des Markgra-
fen Dietrich des Bedrängten von Meißen (Nr. 24. 34. 41), des
Kaisers Friedrich II. (Nr. 42). und des Landgrafen Ludwig in
Thüringen (Nr. 49); ferner überlassen sie dem Kloster Auhausen
ein Gut Vorste daselbst und dem Kloster Troistedt Güter bei
Koburg (Nr. 29. 46). Sie wohnen dem Landtage auf dem Kolm-
berge bei (Nr. 43), entsagen den Ansprüchen an die Kirche zu
Greiz (Nr. 48) und verkaufen endlich dem Kloster Heusdorf 75
Acker bei der Waldung Nobus unweit Copanz (Nr. 58).

10) Noch sind einige Geschwister zu erwähnen. a) Otto
von Lobdeburg, Dompropst (major praepositus) zu Würzburg
(1212 — 1232), wird ausdrücklich als ein Bruder der ebengenann-
ten bezeichnet, als sie das obenerwähnte Gut Vorste bei Auhausen dem Kloster daselbst überlassen (Nr. 29. 46), und kommt
dann noch in einer kaiserlichen, bischöflichen und päpstlichen
Urkunde vor (Nr. 45. 47. 52). b) Conrad von Lobdeburg
(1195 — 1203) ist nur muthmaßlich ein Bruder derselben, da sein
verwandtschaftliches Verhältniß nirgends angedeutet ist. Seine
Gattin, Namens Mechtilde, war eine Tochter des Burggrafen
Meinher I. von Meißen, die im J. 1215 schon als Wittwe erwähnt
wird (Nr. 34). Ihre Tochter Elisabeth ward die Gattin des Grafen
Albert von Dassel, welche im J. 1244 einen Weinberg bei Lobdeburg dem Kloster Beutitz überläßt (Nr. 59). Demselben Kloster
überließ die Mutter Güter zu Prittitz bei Weißenfels zur Errichtung eines Krankenhauses (Nr. 40). Übrigens kommt Conrad auf
einer Synode zu Naumburg vor (Nr. 21 im J. 1195) und als Zeuge
beim König Philipp zu Eger (Nr. 25). Da er der einzige dieses
Namens im Lobdeburg'schen Geschlecht ist, so wäre ihm also
die obenerwähnte Münze (S. 7 f.) zuzuschreiben. Da sich aber
keine Spur findet, daß er Graf von Arnshaug war, oder Auma,
Pösneck und Triptis besaß, so beruht die ganze Grafschaft Arnshaug auf dieser längst verloren gegangenen Münze.

Außer der obenerwähnten Schwester, der Gattin des Voigts
Heinrich des Altern von Wida, wird noch eine Luitgardis aus
dem Hause Lobede-Leuchtenburg, muthmaßlich ebenfalls eine

Schwester, erwähnt, welche um's J. 1200 an einen edlen Herrn, Herman von Raueneck, vermählt war, dessen Stammschloß zur Rauen Ecke bei Bramberg im Hochstift Würzburg lag und dessen Ruinen noch jetzt zu sehen sind. Der Bruder desselben, Ludwig von Raueneck, machte am 10. Juni 1231, da er kinderlos war, einen Theil seiner freien Güter nebst dem halben Schloßberg zur Rauen Ecke dem Hochstift Würzburg lehnbar, weil er mit Bischof Herman daselbst, aus dem Lobdeburg'schen Geschlechte, nahe verschwägert war. Dies erregte bei Hermans von Raueneck Sohne Friedrich solchen Unwillen, daß er ihn mit Frau und Gesinde vom Schlosse trieb [1].

4. Lobdeburg-Burgau (1221 — 1251).

1) Wie schon oben (S. 15) erwähnt, hatten vermuthlich schon die beiden Brüder Hartman und Otto von Lobdeburg, die zuerst vorkommen, sich in die beiden Schlösser getheilt und so zwei Linien gebildet. Denn des iüngern Bruders Otto Sohns, Namens Hartman (1221 — 1251), nennt sich bald: von Bergau, bald Herr des untern Schlosses Lobdeburg (Nr. 43. 58). Zu diesem Theil gehörte ganz Lobeda [2], wo aber damals die dritte Burg noch nicht bestand, und die Dörfer jenseits der Saale mit dem neuen Stammsitze Burgau.

2) Burgau [3] liegt hart an der Saale, am linken Ufer derselben, gerade der Lobdeburg gegenüber. Das Schloß lag auf einer kleinen Anhöhe über dem jetzigen Gasthofe; nur wenige Steine bezeichnen ihr ehemaliges Dasein. Die Burgstätte ist vor einigen Jahren in Artland verwandelt worden. Sehr wahrscheinlich ist es, daß dieses Schloß in der ersten Zeit wegen der Nähe der Saale die Saleburg genannt wurde. Denn Bischof Herman von Würzburg,

---

1) Ludewig: Würzburgsche Geschichtschreiber. 559 u. 563. Genßler: Gesch. des Grabfeldes 2, 194. 196. 364 und handschriftliche Nachrichten. Die ältesten Nachrichten von diesem Raueneck'schen Geschlechte reichen bis zum Jahr 1012.

2) Pfarrer (plebanus) Hugo zu Lobde wird in dieser Zeit mehrmals als Zeuge erwähnt (Nr. 32. 40. 50).

3) Die ursprüngliche Schreibart ist immer Bergowe, Bergau, wie sich diese Linie bis zu ihrem Erlöschen (1448) nennt, dagegen der Ort selbst schon in einer Urkunde vom J. 1257 Burgowe (Burgau) geschrieben wird (Nr. 75).

aus dem Lobdeburg'schen Geschlechte, nennt zweimal seinen Bruder Hartman von Saleburg und Saleberg (Nr. 45. 54), wenn man nicht eine neue Linie von Saalburg an der Saale im Voigtlande annehmen will, die bald erloschen ist. In der zuletzt erwähnten Urkunde (Nr. 54) kommt allerdings noch ein Hartman von Bergowe besonders vor; nur wenn man diesen zum Burgmann von Bergau macht, könnte obige Annahme bestehen.

3) Nur einige Mal kommt Hartman von Bergowe in Urkunden als Zeuge vor (Nr. 44. 48. 54. 58), und endlich im J. 1251 bestätigt er mit seinem Siegel die Schenkung eines Gutes zu Tambach an das Kloster Georgenthal von Seiten seiner Schwester Heilwig, deren Gemahl, Graf Dietrich von Berka (Nr. 58), eben gestorben war und zwei unmündige Söhne, beide gleichen Namens, hinterlassen hatte (Nr. 63).

Hartman von Bergau hinterließ zwei Söhne, Hartman und Otto, die wir später erwähnen werden.

4) Vermuthlich ein Bruder dieses Hartman von Bergau war Herman, Bischof zu Würzburg (1225 —1254). Er wurde den 27. Febr. 1225 erwählt, nachdem sein Vorgänger, Dietrich von Hohenburg, nur ein Jahr und etliche Monate regiert hatte (Nr. 47). Nach beigelegtem Streite mit dem Grafen Poppo von Henneberg (S. 14 f.) entspann sich im Dec. 1228 ein neuer Streit. Die Ursache mag das Schloß Habsburg bei Meiningen, welches Graf Heinrich von Henneberg erbaut hatte, gewesen sein. Dasselbe hatte das Hochstift Würzburg; so wie andre henneberg'sche Besitzungen, erworben, wodurch das den Grafen von Henneberg zukommende Erbgangsrecht vernichtet wurde [1]). Es kam in der Nähe von Meiningen zum Kampf; der Bischof mußte weichen. Nach schiedsrichterlichem Ausspruch mußte aber Graf Poppo den erlittenen Schaden ersetzen und verschiedene Güter, namentlich das Schloß Lauterburg bei Koburg, ihm lehnbar machen [2]). In Folge dieses Vertrags gerieth aber im J. 1239 der Bischof mit dem Grafen Poppo in neue Streitigkeiten, die endlich am 14. Mai 1240 durch einige vom Kaiser Friedrich II. verordnete Schiedsrichter, als den Landgrafen Ludwig von Thüringen und seinen Bruder Conrad, in Würzburg beigelegt

---

1) A. v. Schultes: handschr. Nachrichten über die Herrn v. Lobdeb. in d. fürstl. Bibl. zu Rudolstadt.

2) Ludewig: Würzb. Geschichtschr. 556.

wurden [1]). Das Schloß Habsburg ließ Bischof Herman im J. 1247 niederreißen und noch im J. 1251 mußten die Söhne Poppo's, Heinrich und Herman, henneberg'sche Güter an das Stift Würzburg herausgeben (Nr. 62).

Bischof Herman begünstigte sehr den Sohn Kaiser Friedrich II., Namens Heinrich, der in Würzburg erzogen worden war, seines Vaters Stelle in Teutschland vertrat und zuletzt nach der Krone strebte. Er begleitete ihn oft auf seinen Reisen und so finden wir ihn im J. 1233 bei ihm im Lager zu Regensburg (Nr. 54), im folgenden Jahre in Altenburg und Nürnberg (Nr. 55. 56) und im J. 1246 im Lager bei Hochheim, als Heinrich sich gegen seinen Vater auflehnte (Nr. 60).

Zu seiner Zeit dauerten die Streitigkeiten zwischen Kaiser und Papst immer fort, also, daß der päpstliche Stuhl sogar zwei Jahre leer stand. Dadurch wurde aber Veranlassung zu vieler Unordnung gegeben, und auch die Bürger zu Würzburg wollten diese gesetzlose Zeit benutzen und die Geistlichen zur Frohne, Wache, Entrichtung von Steuern und zu andern Abgaben anhalten. Dem widersetzte sich der Bischof Herman und beschied seine Ritterschaft, heimlich und gerüstet an einem bestimmten Tage in Würzburg zu erscheinen. Es wurde aber den Bürgern verrathen. Sie sperrten das äußere Thor an der Mainbrücke, thaten einen Ausfall, warfen einige Ritter in den Main, andre tödeten sie, noch andre nahmen sie gefangen. Nun drangen sie in die Wohnung des Bischofs und wollten ihn ebenfalls in den Main werfen. Auf seine Vorstellung aber, daß sie ohne ihn doch nicht das Schloß gewinnen würden, banden sie ihn auf eine Trage und brachten ihn vor das Schloß auf dem Frauenberge. Als die Schloßinhaber Otto von Wolfskeel und Rinkolf von der eisernen Hosen ihren Herrn gebunden sahen, erklärten sie, sie würden das Schloß nur dann übergeben, wenn ihr Herr frei sei. Als die Bürger ihn losgebunden hatten, zogen ihn die Burgmannen nach und nach an sich, die Bürger drängten zwar nach, wurden aber tapfer empfangen, zuletzt überwältigt und mußten unverrichteter Sache den Berg wieder hinabziehen. Seit der Zeit ist der Bischof nicht wieder in die Stadt gekommen und seit hundert Jahren hat kein Bischof wieder seinen Sitz der Stadt genommen. Dies geschah in den letzten Jahren seines Lebens. Nachdem er dem Kloster Au-

---

1) Schöttgen: dipl. 2, 589.

hausen, das von seinen Vorfahren gestiftet worden war und in welchem sie ruheten, einige Güter und Gefälle zugewandt hatte (Nr. 61. 67), starb er den 2. März 1254. Er war 29 Jahre Bischof gewesen und von ihm wird gerühmt: er habe löblich ₊regiert, gut Haus gehalten und viele alte Gebäude wieder hergestellt [1]).

5) Noch kommen einige Glieder des Lobdeburg'schen Geschlechts vor, die wir hier mit anführen wollen. a) Otto von Lobdeburg, Küster (custos) zu Würzburg (1251 — 1254), der dreimal als Zeuge vorkommt (Nr. 62. 67. 68). b) Albert von Lobdeburg, Domherr zu Würzburg (1252 — 1267), der viermal als Zeuge vorkommt (Nr. 65. 67. 68. 96). c) Eberhard von Lobdeburg (1267), der nur einmal vorkommt (Nr. 96). Ungewiß, ob Verwandte oder nur Dienstmannen, die ihre Namen von diesen Schlössern führen, kommen noch vor: d) Dietrich von Lobdeburg, im J. 1221, beim Landgericht zu Dornburg (Nr. 44) und e) Heinrich von Berckawe (Nr. 45), vermuthlich derselbe, der später Dapifer von Lobdeburg sich nennt und dessen Weinberg am Hausberg im J. 1259 erwähnt wird (Nr. 58).

5. Lobdeburg-Arnshaug (1252 — 1289).

1) Nachdem die Herrn von Lobdeburg sich schon längst in die beiden Linien Leuchtenburg und Burgau getheilt hatten, theilte sich die Linie Leuchtenberg wieder in die Linien Arnshaug und Elsterberg. Es waren nämlich vier Brüder, Hartman und Herman, welche Lobdeburg gemeinschaftlich besaßen, und Otto und Herman, vermuthlich nachgeborne Söhne des ältern Hartman, welche im J. 1252 als Besitzer von Arnshaug und Elsterberg auftreten und zwei neue Linien bilden (Nr. 65. 66). Es scheint aber, als ob der ältre Bruder Otto von Arnshaug sich wieder mit seinem jüngern Bruder Herman von Elsterberg besonders abgetheilt habe (Nr. 69). Aus der Theilung Jena's geht am deutlichsten die Art der Abtheilung hervor; die Linie Lobdeburg-Leuchtenburg besaß die Hälfte und die Linien Lobdeburg-Arnshaug und Lobdeburg-Elsterberg jede ein Viertheil von Jena

---

1) Sein Bildniß ist ebenfalls mitgetheilt in dem obenerwähnten Werke von Ludewig: Würzburgsche Geschichtschr. 553. Salver's Proben des hohen deutschen Adels (218 — 220) enthalten sichre Nachrichten über ihn.

(Nr. 169. 195).

2) A r n s h a u g [1] liegt auf einem buschigen Berge unweit Neustadt an der Orla, mit einer freien Aussicht, besonders auf diese Stadt. Später scheinen sich die Landgrafen von Thüringen auf Arnshaug öfters aufgehalten zu haben; denn im J. 1416 stellt der Landgraf Wilhelm eine Urkunde daselbst wegen der Saalbrücke bei Jena aus [2]. Arnshaug gehörte zu den vier assecurirten Ämtern nach der Achtsvollstreckung an Herzog Johann Friedrich (8. Jan. 1567) [3]. Im Monat August 1700 stürzte der Thurm des alten Schlosses bei heiterm Himmel ein [4]. Das Amt, welches ehemals hier seinen Sitz hatte, ist seit 1802 nach Neustadt verlegt worden. Es befindet sich daselbst eine Kapelle vor dem Schlosse, und der Ort, der unter dem Schlosse entstanden ist, jetzt aus 24 Häusern besteht und nach Modernitz eingepfarrt ist, bildet die s. g. Amtsgemeinde des Schlosses.

3) Diese Linie soll eine G r a f s c h a f t A r n s h a u g besessen haben und ihre Besitzer G r a f e n gewesen sein. Dies behaupten viele Schriftsteller und einige verändern sogar die Urkunden darnach [5]. Aber nach allen vorliegenden Urkunden und sichern Nachrichten findet sich keine Spur, daß Arnshaug eine Grafschaft gewesen sei oder daß diese Linie sich Grafen genannt habe [6]. Die ganze Annahme beruht auf der schon mehrmals erwähnten Münze (S. 7 f.), die aber nicht hinreichende Bürgschaft giebt.

4) Otto's von Arnshaug Gattin war die schöne und kluge Tochter Heinrichs (des Oberhofrichters) aus dem Hause Plauen, Namens E l i s a b e t h [7]. Otto starb im J. 1289 (Nr. 133) und hinter- terließ eine noch schöne Wittwe und eine Tochter, ebenfalls Eli-

---

1) Die abweichenden Schreibarten sind: Marnshoge, Marnsowe, Arnshogge, Arnshouge, Arinsschowe, Harneshouge, Arnshowe, Arnsschoge, Arneshugen, Arnshayge, Arnishouge, Arnshoige u. a.

2) Diplom. Jenens. im geh. St. Archiv zu Weimar 156. Nr. 140. Amts Jena Copialb. der Mich. Kl. Br. 781.

3) Struwe: hist. Archiv 3, 201, über Arnshaug, das. 233 — 243.

4) Christl. Schlegel: epist. de nummo Blanckenburg. 13.

5) Adrian Beier: Geogr. Jen. 280. Heydenreich: Historie von Schwarzburg 66.

6) Schon Struve (hist. Arch. 3, 234) bestreitet es.

7) Ötter: Samml. versch. Nachr. 1, 358. Limmer: voigtl. Gesch. 393. 403.

sabeth genannt. Ein Sohn Hartman war schon im J. 1283 (Nr. 114) noch jung gestorben und eine noch ältre Tochter, Namens Hardewig, war an den Edlen Gebhard von Querfurt verheirathet (Nr. 174). Die Mutter wurde im J. 1290 die, dritte Gattin Albrecht des Unartigen [1]) und die noch 14jährige Tochter Elisabeth führte dessen Sohn Friedrich mit dem Wangenbiß heim (24. Aug. 1300) [2]). Sogleich nahm er auch die Besitzungen ihres Vaters in Anspruch, und da die Herrn von Lobdeburg-Leuchtenburg ebenfalls darauf Anspruch machten, bestellte er im folgenden Jahre (1301. Nr. 149) ein Schiedsgericht, aus sechs Männern bestehend, welche aussprechen sollten, was ihm wegen seiner Hausfrau von Arnshaug von Alters her zukomme. Schon im J. 1290 machte Pfalzgraf Friedrich von Sachsen nach dem Tode Hartmans von Arnshaug auf Rechte aus dessen Verlassenschaft Anspruch (Nr. 136).

Markgraf Friedrich scheint aber mit seinen Ansprüchen durchgedrungen zu sein [3]), so sehr auch die Herrn von Lobdeburg-Leuchtenburg und Elsterberg Anstrengungen machten, ihre Rechte auf diese Besitzungen zu behaupten. Wir finden ihn jetzt nicht nur im Besitz des vierten Theils von Jena (Nr. 145), sondern im J. 1315 müssen ihm auch die Herrn von Lobdeburg-Elsterberg (Nr. 169) und im J. 1331 die Herrn von Lobdeburg-Leuchtenburg (Nr. 195) ihre Antheile an Jena nach langen Fehden überlassen.

Seine Gattin wurde die Stammmutter des gesammten sächsischen Hauses und starb am 22. Aug. 1359 zu Gotha, was ihr als Leibgeding mit Jena und Weißensee angewiesen worden war, daher sie sich auch oft Frau zu Gotha (domina in Gotha), später: einst (etiswenne) Landgräfin in Thüringen, nannte. Sie ist beigesetzt im Prediger-Kloster zu Eisenach, ihr Grabstein befindet sich aber in Reinhardsbrunn [4]).

29

_____

1) Hönn: sächs. Wappenunters. nach Urk. 98.

2) Schöttgen: dipl. 2, 482.

3) Cum qua (Elisabeth) terram Massow (Arnshaug) et civitatem novam (Neustadt) una cum civitate Henis (Jena) cum vicinis terris acquisivit. Annal. vetero – Cellens. ed. Mencken. 2, 1761.

4) Schöttgen: dipl. 2, 483. Reyher: Monum. in Thur. sacra. Fig. 38 ist ihr Bildniß auf dem verletzten Steine und fol. 938 die Umschrift, welche

5) Otto von Arnshaug stellt nur einmal eine Urkunde auf Arnshaug aus (1284 Nr. 119); früher eine auf Schleiz (1273. Nr. 103). Übrigens erscheint er oft als Zeuge in den Urkunden der Markgrafen Heinrich von Meißen und Dietrich von Landsberg (Nr. 94. 101. 102. 105. 117), die ihn und seinen Bruder Blutsverwandte nennen (Nr. 77. 117); so wie in denen des Markgrafen Friedrich (Tuta) von Landsberg (Nr. 121. 122. 133), der Voigte von Wida (Nr. 72) und des Grafen von Schwarzburg (Nr. 100). Aus einigen Urkunden geht hervor, daß sie noch gleiche Rechte an den Gütern der Herrn von Lobdeburg-Leuchtenburg hatten (Nr. 65. 66. 69. 86). Dem Kloster zu Eisenberg überläßt er Güter bei Zwickau (Nr. 76. 77) und das Dorf Rüdersdorf (Nr. 97) bei Eisenberg, sowie dem teutschen Ordenshause in Plauen die Kirche zu Straßberg (Nr. 119). Als nach dem Tode Heinrich des Erlauchten die Räubereien (Plackerei) der vom Stegreif lebenden Ritter im J. 1288 immer mehr überhand nahmen, wurde ihm und unter andern seinem Schwiegervater, Heinrich von Reuß - Plauen, von den zu Grimma versammelten Landesfürsten die Aufsicht im Voigtlande mit aufgetragen [1]).

6. Lobdeburg-Elsterberg (1252 — 1394).

1) Herman, der jüngre Bruder Otto's von Arnshaug, gründete die Linie Elsterberg und scheint auch seinen Wohnsitz daselbst aufgeschlagen zu haben, wenigstens stellt er im J. 1273 eine Urkunde auf Elsterberg aus (Nr. 104). Im J. 1275 kommt auch ein Conrad, miles von Elsterberg vor (Nr. 106).

2) Noch ist das Schloß in seinen Ruinen beim Städtchen Elsterberg am rechten Ufer der Elster im Voigtlande zu sehen, welche in der Umgegend nur unter dem Namen „das alte Haus" bekannt sind [2]). Im J. 1776 war noch eine wolerhaltene Kapelle auf dem Schlosse, welche aber auch jetzt eingegangen ist. _30

3) Herman (1252 — 1273), der Gründer dieser Linie, kommt nur mit seinem ältern Bruder Otto gemeinschaftlich in Urkunden vor (Nr. 65. 66. 69. 72. 76. 77. 86) und scheint um's

---

Tenzel (Suppl. hist. Goth. 2, 160) aus einer henneb. Handschr. wiederhergestellt hat.

1) Kreysig: Beiträge zur sächs. Hist. 1, 26.

2) Eine Abbildung der Ruinen s. in Limmer's voigtl. Gesch. 140.

Jahr 1273 (Nr. 104) gestorben zu sein.

4) Sein Sohn Burkard oder Busso (1300 — 1327) mußte, im J. 1312, vermuthlich nach schweren Kämpfen, dem Markgrafen Friedrich den vierten Theil von Jena, als seinen Antheil an Jena, abtreten und ihm geloben, sein treuer Dienstmann zu sein (Nr. 169). Als im folgenden Jahre Markgraf Friedrich mit den Voigten von Gera Frieden schloß, wird ausdrücklich bemerkt, daß dieser Busso denselben zu Altenburg zu Stande gebracht habe (Nr. 172). In diese Sühne wurde der jüngre Bruder Herman (1300 — 1316) mit aufgenommen, der also sich mit den Voigten gegen den Markgrafen verbunden hatte. Im J. 1327 tritt dieser Busso mit seinem Sohne gleichen Namens dem Ronneburger Vereine bei, den Heinrich Reuß der Kleine schloß (Nr. 189). Übrigens kommen diese beiden Brüder Busso und Herman gemeinschaftlich in Urkunden vor (Nr. 144. 147. 148. 167).

5) Der zweite Bruder Hartman (1300 — 1306) war Ordensritter geworden und zog als solcher nach Litthauen, wurde bei der Burg Garthen mit einem Pfeile tödtlich verwundet und starb bald darauf im J. 1306 [1]).

Eine Schwester, Namens Katharine, war verheirathet an den Schenken Rudolf von Dornburg (Nr. 148).

6) Burkards Söhne, Buso (1327 — 1335) und Herman (1334 — 1335) traten im J. 1334 dem Städtebund bei, wurden aber im folgenden Jahre vom Landgrafen Friedrich in den Landfrieden mit aufgenommen (Nr. 204. 206).

7) Buso's Söhne Herman (1346 — 1365) und Heinrich (1346) veräußerten mit ihrem Vater und allein mancherlei Rechte und Güter (Nr. 211. 212. 220. 221). Aber ihre Burg scheint in dieser Zeit ein Raubschloß geworden zu sein. Denn im J. 1354 zogen auf Ersuchen des kaiserlichen Voigts, Heinrich von Honstein, die Erfurter, Mühlhäuser und Nordhäuser vor das Schloß Elsterberg, 13 Meilen von Erfurt, nahmen es sogleich ein, zerstörten es und ließen zwölf Räuber daselbst enthaupten [2]).

8) Indessen scheint das Schloß wieder hergestellt worden zu sein. Denn im J. 1365 stellt Herman mit seinem Sohne Herman eine Urkunde zu Elsterberg aus (Nr. 227). Der Sohn Herman (1358—1394) veräußerte theils mit seinem Vater (Nr. 225. 227),

---

1) Johannes Voigt: preuß. Gesch. 4, 203.
2) Chron. Sti Petri ed. Mencken. 3, 344.

theils allein (Nr. 231) einige Güter und Rechte und kommt im J. 1394 (Nr. 237) noch einmal als Zeuge vor. Im J. 1382 fiel sein Schloß nebst Inhaber bei der Theilung auf den Landgrafen Wilhelm von Thüringen (Nr. 236). Mit Herman starb um's J. 1394 auch diese Linie aus. Doch kommen noch in den Jahren 1436 — 1473 Agnese und Margarethe von Elsterberg als Klosterfrauen zu Roda vor [1]).

7. Lobdeburg-Leuchtenburg (1254 — 1284).

1) Wie oben (S. 15) bemerkt worden ist, hatte der ältre Bruder Hartman die Lobdeburg und der jüngre Bruder Herman mit seinen Söhnen die Leuchtenburg inne. Der ältre Bruder Hartman scheint bald (1236) und ohne Nachkommen gestorben zu sein. Nur der jüngre Bruder Herman hatte zwei Söhne Hartman und Herman, die schon in den obenerwähnten Urkunden (Nr. 69. 70. 73. 74) mit ihrem Vater vorkommen und auch einige Urkunden (Nr. 80. 83. 86. 93) gemeinschaftlich ausstellen. Aus der letzten Urkunde (Nr. 93) geht hervor, daß sie im J. 1266 auf Lobdeburg wohnten, auch wird daselbst ihr Kapellan Otto auf der obern Lobdeburg als Zeuge erwähnt. Doch haben sie sich auch in Jena aufgehalten (Nr. 86. 88.).

2) Der ältre Bruder Hartman (1254 — 1266) kommt nur 32 einmal allein als Zeuge im J. 1255 (Nr. 72) vor und scheint nach dem J. 1266 gestorben zu sein. Seine Gattin hieß Mechtilde (Nr. 143), welche noch im J. 1306 lebte (Nr. 153). Sie hinterließen zwei Söhne Herman und Albert, welche weiter unten erwähnt werden.

Der jüngre Bruder Herman (1254 — 1286), Herr des obern Schlosses Lobdeburg, trägt um's J. 1276 den Rittern und Bürgern von Jena auf, einen öffentlichen Weg durch eine Hofstätte, die in ihrem Gerichte liege und welche das Kloster zu Heusdorf erworben habe, mit Steinen zu bezeichnen [2]), damit darüber kein Streit entstehe.

Spätere Schriftsteller [3]) berichten, Herman habe befohlen, die

---

1) Amts Roda Copialb. 157. Avemann: Kirchb. Hist. 119. Nr. 121.

2) also Grenzsteine zu setzen.

3) Schöttgen: Invent. dipl. 128. Wiedeburg: Beschr. v. Jena 97 und sonst.

Stadt Jena zu pflastern. Um sich davon zu überzeugen, daß in der fraglichen Urkunde dieser Sinn nicht liege, theile ich sie mit, so weit sie auf uns gekommen ist (Nr. 110).

Übrigens scheint Herman auch größtentheils auf Lobdeburg gewohnt zu haben, wie aus einer Urkunde vom J. 1282 (Nr. 113) hervorgeht, wo auch der Kapellan Otto auf der obern Lobdeburg erwähnt wird; aber auch in Jena und auf der Leuchtenburg, wo der Priester Reinhold von Kahle vorkommt, hielt er sich auf (Nr. 108. 112. 118).

Herman befand sich oft in der Nähe des Markgrafen Heinrich des Erlauchten von Meißen (1259 —1265. Nr. 81. 85. 87. 90. 91), und war zugegen, als zwischen ihm und dem Bischof Dietrich von Naumburg aus dem markgräflichen Hause der Streit wegen Bevestigung von Zeiz zu Seuselitz im J. 1259 beigelegt wurde (Nr. 79). Noch erscheint er als Zeuge bei den Brüdern von Hackeborn (Nr. 109).

Seine Gattin stammte vermuthlich aus dem Hause Honstein (Nr. 82) und sie scheinen nur Töchter hinterlassen zu haben (Nr. 108).

8. Fortsetzung (1282 — 1330).

1) Nur der ältre Bruder Hartman hatte zwei Söhne, Herman und Albert, welche beinahe stets vereinigt ihre Urkunden ausstellten; doch scheinen sie die Lobdeburg nicht bewohnt zu haben, denn sie stellen ihre Urkunden entweder zu Kahle (Nr. 115. 126. 143) oder auf Leuchtenburg aus (Nr. 163. 178). Aus der letzten Urkunde vom J. 1320 geht hervor, daß sie daselbst ihren wesentlichen Wohnsitz aufgeschlagen hatten. Der Pleban von Kahle kommt in dieser Zeit öfter als Zeuge vor, der aber bald Ramuold, bald Arnold, bald Reinold genannt wird (Nr. 126. 129. 142). Als ihre Notare werden in dieser Zeit genannt Woveram und Dietrich (Nr. 125. 138). Aus der obern Lobdeburg scheinen um diese Zeit Räuber gehaust zu haben, wie wir später hören werden.

2) Um das J. 1283 starb Hartman von Arnshaug, der einzige Sohn Otto's von Arnshaug (S. 26). Die Ansprüche, die diese Brüder aus diesem Heimfall an das Vogteirecht in der Stadt Bürgel machten, überließen sie dem Kloster zu Bürgel und leisteten Gewähr wegen Anfechtungen von Seiten der Herrn des Landes (Nr.

114. 125). Pfalzgraf Friedrich von Sachsen bestätigte zwar später (1290) diese Übergabe an das Kloster zu Bürgel (Nr. 135), nahm aber auch das Heimfallsrecht für sich in Anspruch (Nr. 136). Außerdem bestätigten diese Brüder noch Güter und Rechte, welche ihr Vater Hartman schon vergeben hatte (Nr. 115. 126), gaben aber auch selbst Güter und Rechte auf (Nr. 127. 142. 159. 175. 185). Daß die Herrn von Leuchtenburg im J. 1286 das Paulinerkloster in Jena erbaut hätten, davon findet sich nirgends eine Spur (Beier: Archit. Jen. 420).

3) Im J. 1295 überließen diese beiden Brüder dem Kloster zu Rode, Naumburger Diöces, welches, von ihren Voreltern gestiftet [1]), wegen des traurigen Zustandes des Landes und durch die öfteren Einfälle der Räuber heruntergekommen sei, zu dessen Aufhilfe die Parochie zu Jena mit allen Rechten und Einkünften. Diese Übergabe bestätigte im J. 1301 Markgraf Friedrich mit dem Wangenbiß mit Einwilligung seiner Gattin Elisabeth (von Arnshaug), erwähnt aber ausdrücklich die Michaeliskirche zu Jena, welche ihm und den Herrn v. Lobdeburg eigenthümlich gehöre, und überläßt sie „dem Nonnenkloster zu Rode und den Nonnen, die aus dem Schoos des Klosters in der Kirche zu Jena wohnen." Dabei wird auch der Schule und der zur Aufnahme der daselbst wohnenden Nonnen getroffenen Einrichtung gedacht (Nr. 145). Hier ist zuerst die Entstehung des Nonnenklosters zu Jena angedeutet. Auch die Brüder von Lobdeburg-Elsterberg bestätigten in demselben Jahre die Hauptkirche St. Michael zu Jena, welche nach altem und friedlich beobachtetem Herkommen auch ihnen gehöre, dem Nonnenkloster zu Jena, Mainzer Diöces, aus dem Schoos des Klosters zu Rode hervorgegangen (Nr. 214). Hier geschieht zuerst des völlig eingerichteten Michaelisklosters zu Jena Erwähnung. Die Herrn von Lobdeburg-Burgau bedenken in ihren Urkunden nur einmal dieses Kloster (Nr. 214) und erwähnen sonst die Stadt Jena gar nicht, zum deutlichen Beweis, daß sie keinen Antheil an der Stadt selbst gehabt haben.

_____

1) Eine Gräfin Hilla von Orlamünde soll es im J. 1120 gestiftet haben; ein Zeugnis mehr, daß die Herrn von Lobdeburg aus dem Hause Orlamünde stammten.

Schmid Lobdeburg.

Nachdem diese beiden Brüder diesem Kloster sehr viele Güter zugewandt hatten, als den Schenkenberg am Steiger (Nr. 152. 158), neun Acker in der Au gegen Löbstedt (Nr. 154), den Wald Tuzhelm bei Triptis (Nr. 160), eine Hufe in Kospeda (Nr. 161), drei Häuser in Jena (Nr. 164) und das Zollkorn, Leibgeding ihrer verstorbenen Mutter (Nr. 170), bestätigte Markgraf Friedrich im J. 1316 diese Stiftungen des Klosters und erwähnt, daß es mit Zustimmung seines Vaters, des Landgrafen Albert (des Unartigen) gegründet worden sei (Nr. 171), welche Bestätigung Markgraf Friedrich der Ernste im J. 1329 wiederholt (Nr. 190). Von einer großen Schuldenlast gedrückt verkaufte im J. 1317 das Kloster wieder ein Haus in Jena, die alte Propstei genannt (Nr. 173). Zu diesen Verehrungen kam später, noch ein Haus in Jena, weshalb eine nähere Erklärung erfolgte, mit zwei Weinbergen (Nr. 179. 180), wobei sich diese Brüder als Gründer dieses Klosters bezeichnen, und das Pfarrlehn zu Löbstedt (Nr. 182). Überdies übertrugen die Brüder im J. 1309 diesem Kloster die Schulaufsicht und die Schule mit dem Amt des Glockenläuters, wie es die Pfarrer der Parochie von jeher gehabt haben (Nr. 163). Äbtissin dieses Klosters war ihre Schwester Mechtilde (1309 — 1317. Nr. 163. 170. 171). Eine Verwandte von ihnen, Mechtilde von Plauen, war um diese Zeit Priorin im Kloster zu Kronswitz (Nr. 159).

4) Als im J. 1304 die Erfurter in Verbindung mit den Mühlhäusern und Nordhäusern die Schlösser des Burggrafen Otto von Kirchberg belagerten und theilweise zerstörten, nahmen auch aus Liebe zu den Erfurtern die Brüder Herman und Albrecht von Lobdeburg-Leuchtenburg Theil. Im Lager befanden sich auch des Landgrafen Albrecht (des Unartigen) Marschall (Goldacker) und der Graf Herman von Orlamünde. Die Nordhäuser waren zu nichts aufgelegt, dienten den Andern nur zum Spott und mußten nach drei Tagen wieder abziehn. Wintberg und Kirchberg wurden eingenommen und zerstört, Greiffenberg aber, als das vesteste Schloß, bestand vor der Stadt Gewalt, wurde besetzt und nach einigen Jahren den Burggrafen wieder zurückgegeben [1]. So halfen selbst diese Herrn von Lobdeburg des benachbarten Burggrafen von Kirchberg Schlösser zerstören.

---

1) S. m. Gesch. der Kirchberg'schen Schlösser 48.

5) Sowohl diese Brüder, als auch der Markgraf Friedrich mit dem Wangenbiß machten gleiche Ansprüche an die Besitzungen der Linie Arnshaug, welche mit Otto von Arnshaug im J. 1289 ausgestorben war. Markgraf Friedrich, der im J. 1300 sich mit der Tochter dieses Otto vermählt hatte, und deshalb ein größeres Recht an diesen Antheil zu haben glaubte, bestellte im J. 1301 ein Schiedsgericht von sechs Männern, welches entscheiden sollte, „was ihm mit Recht von seiner Hausfrau angefallen sei, als es von den von Arnshaug von Alter herkommen ist" (Nr. 149).

Die Brüder scheinen aber mit ihren Ansprüchen nicht durchgedrungen zu sein. Denn wir finden von nun an den Markgraf Friedrich im Besitz dieses Antheils an Jena, ja die Linie Elsterberg muß ihm im J. 1315 ihr Viertheil und die Linie von Leuchtenburg im J. 1331 ihre Hälfte an Jena abtreten (Nr. 169. 195).

6) Indessen finden wir den Markgraf Friedrich von Meißen in <u>36</u> einer heftigen Fehde begriffen mit dem Voigte Heinrich dem Ältern (Ritterhaften) von Gera [1]), an der auch die beiden Brüder Herman und Albrecht Theil nahmen. Die Ursache des Streits soll der Länderbesitz aus dem Erbe von Arnshaug gewesen sein. In dem deshalb zu Altenburg am 28. Sept. 1316 ausgestellten Sühnebrief (Nr. 172) sollten die Schiedsrichter auf den 1. Nov. zu Weißenfels zusammenkommen. Als Obmann ward der Graf Günther von Schwarzburg gewählt. In die Sühne sollten mit aufgenommen werden der Erzbischof Burkard von Magdeburg und alle Harzherrn, die des Markgrafen Helfer gewesen sind; desgleichen die edlen Leute Herman und Albrecht von Leuchtenburg. Es bleibt ungewiß, ob sie auf der Seite des Markgrafen standen. Geteidingt haben diese Sühne Herman von Elsterberg und Andere.

7) Jedoch sind nach der Zeit Herman und Albrecht von Leuchtenburg wieder mit den Brüdern Heinrich und Heinrich von Gera in feindselige Kämpfe (hostiles gwerras) gerathen. Denn im J. 1320 schließen sie ohne alle Hinterlist einen Frieden, mit der Bedingung, sich gegenseitig kein Leid zuzufügen, es sei denn acht Tage zuvor in Gera oder auf Leuchtenburg in offenen Briefen angesagt, und dann die Gefangenen zu erinnern, in ihre Haft zurückzukehren (Nr. 178). Diese Fehden scheinen den Untergang

---

1) Er war der Sohn Heinrichs des Verwaiseten zu Gera. Limmer: Voigtl. Gesch. 443.

der Herrn von Lobdeburg herbeigeführt zu haben.

8) Wie traurig es damals in hiesiger Gegend aussah, davon giebt noch eine andre Nachricht ein deutliches Zeugniß [1]). Der Papst Johannes XX. hatte zur Bestreitung der der päpstlichen Kammer obliegenden Pflichten [2]) die Einkünfte der in den letzten drei Jahren offenen geistlichen Stellen in Anspruch genommen. Deshalb hatte er Abgeordnete aus den Stiftern zu Naumburg und Zeiz ernannt, die den Ertrag der Stellen untersuchen und beibringen sollten. Am 1. Jun. 1320 waren sie in Lobeda, wo die geistliche Stelle im zweiten Jahre offen war. In ihrem Berichte sagen sie aber: es komme kaum die Hälfte der Zinsen und des Zehends ein, weil die Äcker nicht bebaut werden könnten; denn es liege in der Mitte eines verdorbenen und mehr als verkehrten Geschlechts, wegen der Nähe der Schlösser und Räuber, welche zum größten Theile von Räubereien sich nährten. Unter dem Schlössern wird außer Tautenburg und Werrinburg, längs der Orla, im Walde Wilke, auch die Lobdeburg im Brisensgowe genannt (Nr. 176). Im folgenden Jahre (1321) zog Markgraf Friedrich in dem Lande umher und zerstörte die Raubschlösser. Dasselbe geschah im J. 1332 von seinem Sohne an der Saale und Unstrut auf Befehl des Kaisers [3]). Im J. 1516 wird die obere Lobdeburg als ein zerbrochnes, d. h. wegen Friedensbruch zerstörtes Schloß erwähnt (Nr. 258. 259). Es ist daher sehr wahrscheinlich, daß diese Burg, von Burgmannen bewohnt, zu einem Raubschloß herabgesunken ist. Nehmen wir die Spuren zusammen, welche den Zustand der damaligen Zeit schildern: das Auflehnen der Dienstmannen gegen ihre Herrn (S. 19), die öftern Einfälle der Räuber, wodurch das Kloster Roda herunterkommt (Nr. 139), die Belagerung der Kirchberg'schen Schlösser (S. 32), die häufigen Fehden zwischen den Herrn des Landes (Nr. 169. 172), welch' ein trauriges Gemälde bietet uns jene Zeit dar! Daher werden auch die Landbewohner in jener Zeit nur die armen Leute genannt [4]).

---

1) Aus dem Domcapitel-Archiv zu Naumburg durch Herrn Landrath Lepsius daselbst mir gütigst mitgetheilt.

2) pro supportandis oneribus camere, wie es in dem Erlasse heißt.

3) Rohte: Chron. v. Thür. ed. Mencken. 2, 1783. 1789.

4) Avemann: Burggr. v. Kirchberg. Urkb. 107.

9) Was die persönlichen Verhältnisse dieser Brüder betrifft, so waren sie mit den Grafen von Gleichen nahe verwandt, wie einige Urkunden andeuten (Nr. 123. 134. 137. 138) und besaßen noch Güter zu Öslau bei Koburg und in der Umgegend (Nr. 129. 130. 131. 143).

Der ältere Bruder Herman (1282 — 1325) kommt nur einmal allein als Zeuge vor, als sein Vetter Buso von Elsterberg den vierten Theil von Jena an den Markgrafen Friedrich abtritt (Nr. 169). 38 Seine Gattin hieß Elisabeth (Nr. 143. 153) und hinterließ zwei Söhne Albert und Johannes.

Der jüngere Bruder A l b e r t (1288 — 1330) erscheint an der Spitze des Stadtraths zu Jena, als das Mich.-Kloster daselbst ein Haus wegen Schuldenlast verkaufte (Nr. 173). Er hinterließ einen Sohn Johannes.

9. Fortsetzung (1327 — 1346).

1) Beide Vettern, A l b e r t und J o h a n n e s, verkauften im J. 1331, laut der zu Wartburg ausgestellten Urkunde, ihre h a l b e S t a d t J e n a dem Markgrafen Friedrich dem Ernsten zu Meißen, wie sie den Grafen von Schwarzburg verpfändet war (Nr. 195), und im folgenden Jahre gaben die Grafen von Schwarzburg mit Vorbehalt einer Rente ihre Einwilligung dazu (Nr. 199). Im J. 1333 verkaufen diese Vettern das H a u s L e u c h t e n b u r g, Schloß und Stadt K a h l e, Stadt R o d e und die R a b e n s b u r g an die Grafen von Schwarzburg (Nr. 200). Der Landgraf Friedrich that zwar dagegen Einspruch, aber ohne Erfolg (Nr. 201). So gehen sie nach und nach aller ihrer Güter verlustig. Auch die obere Lobdeburg war, wie es scheint, nicht mehr in ihrem Besitz, oder sie war schon zerstört.

In der Stadt Kahle scheinen sie aber gewohnt zu haben; wenigstens stellen sie im J. 1332 daselbst eine Urkunde wegen Kospeda aus (Nr. 197). Vorher hatten sie einen Weinberg, Brunsperg genannt, verkauft (Nr. 187).

2) Der ältere Vetter A l b e r t (1327 — 1346) hatte einen Bruder Johannes, der den geistlichen Stand erwählte und als Mönch in das Predigerkloster zu Jena eintrat. Damit er sein besseres Auskommen habe und er auf sein Erbe Verzicht leiste, überließ ihm sein Bruder drei Mark Geld, das in ihrem Theile der Stadt Jena stand. Ein Schwager war Friedrich von Schönburg (Nr. 194).

Nur noch einmal kommt Albert im J. 1346 vor, als er das Dorf Kospeda zur Unterhaltung eines Altars unter dem Glockenthurm der Michaeliskirche zu Jena überließ (Nr. 213).

Der jüngere Vetter Johannes (1327 — 1333) kommt nicht wieder vor. Mit ihnen ist diese Linie erloschen. Eine Schwester oder Tochter, Namens Sophie, war im J. 1358 Äbtissin im Kloster zu Rode (Nr. 225); noch in den Jahren 1362 und 1365 kommt eine Mechtilde von Leuchtenburg vor, welche Äbtissin im Mich.-Kloster zu Jena war [1]) und im J. 1436 Agnese von Leuchtenburg, welche Äbtissin im Kloster Roda war [2]).

10. Lobdeburg-Burgau (1255 — 1303).

1) Hartman von Burgau hatte, wie oben (S. 22) erwähnt, zwei Söhne Hartman und Otto. Sie wohnten wahrscheinlich auf dem Schlosse zu Burgau, denn sie stellen im J. 1257 eine Urkunde zu Burgowe aus (Nr. 75). Daselbst kommt ihr Kapellan von Lobdeburg, Namens Wernher vor, der später auch Reinher genannt wird (Nr. 75. 99. 113. 116), zum Beweis, daß auf der untern Lobdeburg, die die Linie Burgau besaß, eine Burgkapelle war. Aber auch der Pfarrer Heinrich zu Lobede kommt in dieser Zeit häufig vor (Nr. 95. 99. 107). Ob die Brüder Heinrich und Gerhard von Bergowe Burgmannen auf Burgau waren (Nr. 92), ist sehr zu bezweifeln.

2) Gemeinschaftlich veräußern die beiden Brüder von Burgau einen Weinberg unter der „alten Lobdeburg" (Nr. 75. 78), einen andern im Drachenthal (Nr. 84) und ein Grundstück in Frankendorf (Nr. 89).

Der ältre Bruder Hartman (1255 — 1304) scheint in seinen alten Tagen ein Gut in Schöngleine besessen und da gewohnt zu haben (Nr. 150). Auch nennt sich später ein Verwandter: Herr von Gleine (Nr. 177). Nur als Zeuge erscheint er einmal allein (Nr. 72).

Der jüngre Bruder Otto (1257 — 1268) kommt nur noch vor als Zeuge beim Markgrafen Heinrich (Nr. 98) und als Mittelsmann zwischen dem Kloster zu Beutitz und Alexander von

---

1) Amts Jena Copialb. 463. Dipl. Jenens. 116. Nr. 111.
2) Amts Rode Doc. Buch. 157.

Gleine (Nr. 99). Er hinterließ fünf Söhne.

11. Fortsetzung (1282 — 1332).

1) Otto's fünf Söhne führten nur zwei Namen. Nur einmal kommen sie zusammen vor, als sie im J. 1297 das Patronatrecht der Kirche zu Osmanstedt dem Kloster Himmelsgarten bei Nordhausen überließen (Nr. 140). Sie hießen Otto, Hartman, Hartman, Otto und Otto.

Die beiden ältern Brüder Otto und Hartman stellten im J. 1284 eine Urkunde im neuen Lobium des Pfarrers zu Lobede aus, als sie ein Haus in Lobede dem Kloster zu Beutitz übergaben (Nr. 116). Dieses neue Lobium war vermuthlich ein Anbau, wodurch die Pfarrwohnung zu Lobede vergrößert worden ist. Der Pfarrer war der schon oben (S. 36) erwähnte Pfarrer Heinrich, der zwei Jahre zuvor auch Kapellan des untern Schlosses genannt wird (Nr. 113). Jetzt erscheint aber noch Eberhard, Kapellan derselben Kirche und ein Priester Heinrich, Gehülfe des vorhererwähnten Pfarrers. Später wird der Kapellan Bertram erwähnt (Nr. 140). Das Haus in Lobede lag da, wo der obere Weg in die Penicke führt, und es ist vermuthlich dasselbe, welches zwanzig Jahre später ihr Oheim Hartman in Gleine, wie oben (S. 36) erwähnt, auch aufgiebt (Nr. 150). Diese beiden Brüder kommen nur noch vor, als sie drei Hufen in Großschwabhausen dem Kloster zu Kapellendorf überlassen (Nr. 120) und dem Kloster zu Bürgel die Versicherung geben, daß sie das Voigteirecht über dasselbe nur ihm verkaufen wollen (Nr. 146). Ihr Kastellan auf Burgau war Herman von Döbritschen (Nr. 132).

2) Im J. 1305 gaben die drei Brüder Otto, Hartman und Otto dem Landgrafen Friedrich in Thüringen die Versicherung, daß sie die Stadt Lobede nicht vester machen wollen, als sie schon ist (Nr. 151). Der Landgraf betrachtete sich als Ober- und Lehnsherrn dieser Herrschaft und vielleicht dachten in dieser Zeit die Herrn von Burgau daran, ein Schloß über Lobede zu bauen, das bis jetzt noch nicht erwähnt worden ist. Es ist immer nur von zwei Schlössern, dem obern und dem untern, die Rede. Der ältre Bruder Otto (1282 — 1305) war selbst in Auhausen, als er dem Kloster daselbst einen Gunstbrief ausstellte (Nr. 124), und erscheint noch als Zeuge in Urkunden des Landgrafen Friedrich (Nr. 166. 168. 181) und bei andern Gelegenheiten (Nr. 125. 184).

Er hinterließ nur einen Sohn Hartman (Nr. 128).

3) Der eine Bruder Hartman scheint um diese Zeit gestorben zu sein und der andre Bruder Hartman (1282 — 1332) nennt sich wol nur in Beziehung auf Otto's Sohn, der auch Hartman hieß (Nr. 140), den Ältern. Auch er giebt das Voigteirecht über Bürgel auf (Nr. 155. 156) und kommt noch vor, als er dem Mich.-Kloster zu Jena einen Weinberg bei Ammerbach (Nr. 157), dem Kloster zu Kronswitz einen in Drachendorf (Nr. 162) und dem Predigerkloster zu Jena, wo er seine Ruhestätte gewählt hatte, einen bei Jena überläßt (Nr. 177). In dieser Urkunde nennt er sich Herrn von Gleine, wo er vermuthlich ein Gut besaß. Die Landgräfin Elisabeth nennt ihn ihren Oheim (Nr. 198).

4) Die zwei jüngsten Brüder Otto und Otto wurden Vasallen des Königs von Böhmen und von ihm im J. 1327 mit Alt- und Neuseeberg und der Stadt Belina in Böhmen belehnt (Nr. 186). Vorher erscheinen sie als Zeugen in einer Urkunde des Landgrafen Friedrich des Jüngern (1323. Nr. 183) und später stellen sie ihre Sachen auf Heinrich von Waldenburg und Friedrich von Schönburg, die sie vertragen sollen (Nr. 188). Um diese Zeit scheint der eine Bruder gestorben zu sein. Denn im J. 1329 wird nur der eine Bruder als Lehnsmann des Königs von Böhmen erwähnt (Nr. 191).

Derselbe (1297 — 1343) war Ordensritter geworden und zog im J. 1311 mit fünf andern Rittern und einer Schaar von 400 Reisigen nach Litthauen, um die heidnischen Preußen zu bekämpfen. Er war bis Garthen vorgedrungen, um dem Feinde den Rückzug abzuschneiden. Aber ohne ihn zu treffen, kehrte er mit reicher Beute wieder zurück [1]).

Im J. 1328 finden wir ihn auf einem Zuge gegen die Samaiten. Gegen Ende des Jahres langte das Heer, an dessen Spitze König Johann von Böhmen stand, an der Grenze Preußens an. Es waren 250 Ordensritter mit 30 auserlesenen Reisigen des Königs, im Ganzen 18,000 Mann und Troß [2]).

Der König hatte auf diesen Ordensritter ein großes Vertrauen gesetzt. Unter dem Oberbefehl des Grafen Günther von Schwarzburg, Comthur von Christburg, führte Otto von Bergau im J. 1331 neue Söldner aus Teutschland und Böhmen herbei; sie

1) Johannes Voigt: preuß. Gesch. 4, 278.
2) Joh. Voigt: preuß. Gesch. 4, 427.

zogen, gegen 500 stark, zu Roß mit Spießen um Michaelis desselben Jahres in das Land der Preußen. Als sie in Cujavien zu den Kreuzherrn stießen, waren sie hocherfreut, als wenn ihnen Hilfe vom Himmel erschiene, drangen alsbald auf den Feind ein und erhielten einen vollkommnen Sieg [1]). Gegen Ostern des folgenden Jahres zogen sie vor Brisick (Brzesc), das sich ergeben mußte [2]). Otto von Bergau wurde in diesem Jahre (1332) vom Hochmeister Luther von Braunschweig an den König Johann nach Böhmen gesandt, um ihm einen Waffenstillstand anzuzeigen, der geschlossen worden war. Der König stellte ihm deshalb eine Urkunde zu Nürnberg aus [3]). Wenn die gestellten Bedingungen erfüllt würden, sollte die Stadt und Burg Brzesc in des Königs von Böhmen Namen dem Ritter Otto von Bergau ohne Verzug eingeräumt werden [4]).

Als im J. 1343 Rudolf von Dornburg seinen Theil an Haus und Stadt Dornburg den Grafen von Schwarzburg verkauft hatte, sollten sie ihm für die noch rückständige Schuld die Herrschaft Lobdeburg des Herrn von Bergau Theil, der zu Böhmen ist, einräumen (Nr. 210). Demnach hatte Otto, der hier wol gemeint ist, noch Theil an den Besitzungen der Linie Lobdeburg-Burgau, wie auch die Folgezeit lehrt.

12. Fortsetzung (1297 — 1349).

1) Hartman (1297 — 1349), Otto des Ältern Sohn, verkauft im J. 1349 auch wirklich den halben Theil seines Hauses zu Lobdeburg den Grafen von Schwarzburg und Honstein für achtzig Schock schmale Groschen, also, daß es ihnen ein offen Haus sein, er es nicht verkaufen, noch verpfänden und eine rechte Burghut halten soll. Sie gestatten ihm dagegen einen Zwangsbackofen in Lobede und versprechen ihm für allen Schaden, den er um ihretwillen erleiden sollte, zu stehen. Wenn aber das Geld zur bestimmten Zeit nicht gezahlt würde, sollen die gesetzten Bürgen in Jena einreiten und Einlager halten (Nr. 215). Dieser Vertrag wurde in den letzten Jahren seines Lebens geschlossen.

1) Jovius: Chron. Schwarzb. ed. Schöttgen: dipl. 1, 328.
2) Joh. Voigt: preuß. Gesch. 4, 501.
3) Das. 4, 504 im Königsberg. Archiv Schiebl. 28. Nr. 19.
4) J. J. 1337. das. 4, 550.

2) Zu seiner Zeit geschah es, daß die Umgegend so von Räubern beunruhigt wurde, daß das Feld nicht bestellt werden konnte (Nr. 176). Eine Frucht des hochgepriesenen Mittelalters. Ein Überrest aus jener Zeit war das Geleit in der unsrigen, wovon ein Hauptgeleit in Burgau bestand. Die geistliche Stelle in Lobede ist nach der Zeit mit Conrad, Pfarrer zu Lobde, besetzt worden, welchen im J. 1331 der Landgraf Friedrich seinen Schreiber nennt (Nr. 196).

3) Übrigens veräußert Hartman Güter zu Jenalöbnitz (Nr. 165), Lome (Nr. 192), Trockhausen (Nr. 193. 203), Münchenrode (Nr. 202), Laasdorf (Nr. 205) und Altengönne (Nr. 207. 208. 214). In denselben nennt er sich einmal wohnhaft zu Lobdeburg (Nr. 202) und ein andermal Herr des Schlosses zu Lobdeburg (Nr. 218). Seine Gattin hieß Sophia, die noch im J. 1381 eine Urkunde wegen Güter in Clodra ausstellte (Nr. 233) und als Zeugin erscheint (Nr. 235). Sie hinterließen drei Söhne Johannes, Otto und Albert.

13. Fortsetzung (1349 — 1446).

1) Der älteste Bruder Johannes (1349 — 1381) verspricht, als sein Vater Hartman im J. 1349 das halbe Schloß Lobdeburg den Grafen von Schwarzburg und Honstein verkauft, im Namen seiner Geschwister Alles zu halten, so lange sein Vater lebe (Nr. 215); und im J. 1358 trägt er mit seinem Bruder Otto das unterste Haus zu Lobdeburg den Landgrafen ‚Friedrich, Balthasar und Wilhelm zu Thüringen zu Lehn auf (Nr. 222. 228[b]).

Der zweite Bruder Otto (1355 — 1367) kommt nur einmal allein vor, als er das Dorf, die Hart im Schönburg'schen, dem Kloster zu Bürgel verkauft (Nr. 228).

Der dritte Bruder Albert (1355 — 1381) befand sich im J. 1366 außer Landes (Nr. 229). Ob Otto und Albert, welche im J. 1342 das Voigteirecht über Stadt Bürgel dem Kloster zu Bürgel verkaufen, diese beiden Brüder sind, die sich patrui (Vatersbrüder) nennen, ist ungewiß (Nr. 209).

2) Auch Johannes scheint eine Zeitlang außer Landes gewesen zu sein. Denn er kommt in den ersten Jahren, als die Brüder Güter veräußerten, nicht mit vor. Sie veräußerten aber Güter zu Kospeda (Nr. 217), Nerkewitz, das Leibgeding ihrer Mutter, die ihre Zustimmung giebt (Nr. 212. 219. 234), Ammerbach (Nr.

44

226), Zimritz (Nr. 229); Osmaritz (Nr. 230) und Leutra (Nr. 232), wobei sie besonders das Brüder-Hospital in Jena bedachten.

3) Der Sohn eines dieser Brüder, Johannes (1400 — 1468), gewöhnlich nur Hans genannt, veräußerte ebenfalls Güter zu Altengönna (Nr. 238), Osmaritz (Nr. 241), Drackendorf (Nr. 243), Renthendorf (Nr. 245), Nerkewitz (Nr. 248), Lobede (Nr. 249), Ilmnitz (Nr. 250) und Ammerbach (Nr. 251), und kommt noch dreimal als Zeuge vor (Nr. 239. 242. 247). Er soll im J. 1468 gestorben sein und mit ihm ist nicht nur diese Linie, sondern das ganze Geschlecht der einst so verbreiteten Herrn von Lobdeburg ausgestorben.

14. Fernere Schicksale (1358 — 1833).

1) Wie oben (S. 39) bemerkt, hatten die Grafen von Schwarzburg und Honstein im J. 1349 das halbe Haus zu Lobdeburg von Hartman von Burgau an sich gebracht (Nr. 215). Neun Jahre später (1358) gaben dessen Söhne Johannes und Otto das unterste Haus zu Lobdeburg den drei Brüdern Friedrich, Balthasar und Wilhelm, Landgrafen zu Thüringen, auf, und nahmen es wieder von ihnen zu Lehn (Nr. 222). Wenige Monate später bezeugen viele thüringische Grafen und Herrn, daß der Landgraf Friedrich dem Grafen von Schwarzburg zu Lehnrecht gesessen habe und daß das Haus Lobdeburg von Alters her von der Landgrafschaft zu Thüringen zu Lehn gegangen sei (Nr. 223). Wenige Wochen später bezeugt derselbe Landgraf, daß ihm die Grafen von Schwarzburg die Lobdeburg, Haus und Mannschaft, abgetreten haben (Nr. 224). Im J. 1357 war nämlich Graf Heinrich von Schwarzburg gestorben, dem Frankenhausen und halb Arnstadt gehörte. Dies Erbtheil nahm Landgraf Friedrich in Anspruch, die Grafen von Schwarzburg thaten Einspruch; endlich kam es zur Sühne und sie mußten für Frankenhausen nicht nur die Lobdeburg, sondern auch die benachbarten Kirchberg'schen Schlösser dem Landgrafen aufgeben [1]. So haben beide Geschlechter gleiches Schicksal gehabt. Sie sind zu gleicher Zeit aufgetreten (S. 12. Not. 1) und treten zu gleicher Zeit ab.

2) Von nun an ließen die Fürsten diese Herrschaft als ein besondres Amt verwalten und setzten Voigte als Verwalter dieses

_____

[1] M. Gesch. der Kirchb. Schl. 80. 81.

Gerichts nach Burgau. Bei der Theilung zwischen den Landgrafen im J. 1382 nach dem Tode Friedrich des Strengen erhielten Burgau und Lobdeburg dessen Söhne Friedrich Wilhelm und Georg (Nr. 236). Vor und in dieser Zeit kommen als Voigte von Burgau vor: Heinrich von Brandenstein (1364), Conrad Lutzmann (1383) und Conrad Schicke (1389) [1]), und seßhaft waren um diese Zeit zu Burgau Hans von Würzburg, zu Lobede Conrad, Dietrich und Otto von Würzburg und zu Drackendorf Burgold Puster [2]).

3) Im J. 1411 siel dieses Amt dem Landgrafen Friedrich dem Streitbaren zu [3]) und im J. 1418 wurde durch schiedsrichterlichen Ausspruch bestimmt, daß das Gericht zu Lobdeburg und Burgau bleiben soll, wie es vor Alters gewesen ist, und wohin sich die Mannschaft schwöret, dahin sollen sie sich mit dem Gerichte halten (Nr. 240). Voigt zu Burgau war Nicolaus Puster (1419) [4]). Hans von Sparrenberg besaß in dieser Zeit neben dem Schlosse zu Burgau eine Wohnung und ein Gut (1420 — 1427) [5]), aber auch Albrecht von Bogkedraw war daselbst um dieselbe Zeit seßhaft [6]). Erbsaß zu Lobede war Otto von Würzburg (Nr. 246) und zu Drackendorf Nicolaus Puster sen. [7]).

4) Nach dem Tode Friedrich des Streitbaren (1428) nahm eine Zeitlang auch Siegmund an der Regierung Theil (Nr. 244) und gab im J. 1433 mit seinem Bruder Friedrich dem Sanftmüthigen den Brüdern und Vettern Puster zu Drackendorf das Schloß Lobdeburg mit den dazu gehörigen Dörfern und Gütern in Lehn (Nr. 247). Um diese Zeit scheint das Amt Burgau mit dem Amte Jena vereinigt worden zu sein. Denn im J. 1431 kommt Herman Zcernast als Voigt zu Jena und Burgau vor, als er die Übereignung eines Weingartens an die Kapelle zu Ziegenhain bestätigte [8]).

5) Im J. 1436 wird zu Altenburg eine neue Theilung vorgenommen. Siegmund soll Jena und das halbe Theil von Burgau,

46

---

1) Diplom. Jenens. 136. 143. Amts Jena Copialb. 600. 630.
2) In einer Urk. v. J. 1408 im Altenburger Archiv. 400. Nr. 34.
3) Horn: Leben Friedr. des Streitb. 124. 771.
4) Dipl. Jen. 159. Nr. 143.
5) Horn Friedr. der Streitb. 370. 835.
6) Urkunde v. J.1427 in der Kirche zu Albersdorf. 7) Das.
8) Bürgelsches Copialb. 1, 97.b

was Jena zunächst liegt, erhalten, und Wilhelm der Tapfre das andre Theil von Burgau [1]). Hier wird zuerst der Keim zu den spätern Zwistigkeiten gelegt. Nach Siegmunds Abgange fand im J. 1444 abermals eine s. g. Örterung statt, nach welcher Friedrich der Sanftmüthige die Lobdeburg inne haben soll [2]). Im folgenden Jahre (10. Sept.) versuchten beide Brüder durch eine neue Theilung zu Altenburg sich zu vergleichen, wobei gegen frühere Gewohnheit der jüngre Bruder theilen und der ältre wählen sollte. Auf Wilhelm den Tapfern kamen die Ämter Jena, Burgau und Leuchtenburg [3]). Da aber diese Theilung beide Theile wieder nicht zufrieden stellte, wurde in demselben Jahre (9. Dec.) durch den s. g. Hallischen Machtspruch entschieden, daß das Amt Burgau so wie Altenberga Friedrich dem Sanftmüthigen zukommen solle [4]). Bei der s. g. Richtung zu Erfurt im J. 1447 wurde ihm die Lobdeburg mit der umliegenden Mannschaft nochmals zugesprochen (Nr. 252), wobei ausdrücklich Johannes von Lobdeburg-Burgau als Besitzer dieses Schlosses nebst Zubehör erwähnt wird. Schon war der Bruderkrieg mit seinen unseligen Folgen ausgebrochen. Noch wurde im J. 1448 ein Versuch gemacht, durch nähere Bestimmung der Grenzen zwischen den Ämtern Burgau und Leuchtenburg die Streitigkeiten beizulegen (Nr. 253). Im J. 1442 hatten nämlich in Drackendorf zwei Brüder Nicolaus und Johannes Puster zwei Edelsitze, den Ober- und den Niederhof dies- und jenseits des Hungerbachs, gegründet. Der ältre Bruder Nicolaus, Komthurherr zu Altenburg [5]), besaß den Oberhof diesseits des Hungerbachs, ursprünglich ein Vorwerk des mittlern Schlosses der Herrn von Burgau, mit der Lobdeburg. Der jüngre Bruder Johannes besaß den Niederhof jenseits des Hungerbachs, schon 1356 altes Pusterisch Stammgut, Lehngut der Herrn von Lobdeburg-Leuchtenburg [6]). Im Landzeugniß der fünf Ältesten wurde die Grenze zwischen den Ämtern Burgau und Leuchtenburg so bestimmt, daß sie der Hungerbach theilte

---

1) Schultes: cod. dipl. msc. 3, 2. Müller sächs. Ann. 19.

2) Hortleder: handsch. Nachlaß. Bd. 9.

3) Müller: sächs. Ann. 23. 24.

4) Müller: sächs. Ann. 25.

5) über den Komthurhof des teutschen Ordens zu Altenburg: Huth: Gesch. v. Altenb. 272.

6) Hortleder: tabell. Beschr. des Amtes Jena, Handschr. §. 24.

(Nr. 253). Aber der Bruderkrieg dauerte fort. Im J. 1450 zog Wilhelm der Tapfre mit seinem Heere aus Sachsen nach Thüringen und rückte, wie er selbst aus dem Lager zu Burgau am 10. Aug. an den Grafen Adolph von Gleichen, Herrn zu Tonna, schreibt [1]), vor das Schloß zu Burgau, gewann es und ließ es auf Apel Vitzthums Rath bis auf den Grund niederbrechen. Das Schloß Lobdeburg ergab sich aber alsbald dem Herzoge und wurde so erhalten. Er schenkte es dem Apel Vitzthum und es wurde demnach dem Herrn von Burgau entrissen [2]). Von da zog er nach Altenberga, welches dem Grafen Ernst von Gleichen gehörte, welcher von ihm abtrünnig worden war, und zerbrach es [3]). Auf dem großen runden Thurme in Jena, am Ende des Löbdergrabens, dem Eingange in das Paradies gegenüber, unterhielt Herzog Wilhelm eine Besatzung und ließ von da aus die Dörfer im Amte Burgau überfallen, das Vieh wegtreiben, ausplündern und ausbrennen [4]). Nach geschlossenem Frieden im J. 1451 gab Apel Vitzthum die Lobdeburg dem Herzog Wilhelm zurück und so erhielt sie der Herr von Burgau wieder.

Im J. 1450 war Mülich von Carlowitz Voigt zu Burgau [5]) und im folgenden Jahre wurde Friedrich und Erhard von Würzburg mit der Pflege Burgau und Lobdeburg beliehen [6]).

6) Nach dem Tode Friedrich des Sanftmüthigen (7. Sept. 1464) wurden seine Söhne Ernst und Albrecht Landesherrn dieses Amtes. Dieselben beliehen im J. 1465 Nicolaus Puster mit dem Schlosse Lobdeburg; aber im J. 1468, wie man annimmt nach dem Tode des letzten Herrn von Burgau, gab er das ihm auf Lebenszeit verpfändete Schloß Lobdeburg (Nr. 254) nebst Zubehör diesen beiden Fürsten wieder zurück (Nr. 255); Dieselben reichten es vier Jahre später (1472) ihrem Schenken Hans von Grafendorf zu Lehn (Nr. 256). Aber schon im J. 1481 verkaufte dessen Sohn Hans von Grafendorf das Mittelschloß Lobdeburg mit dem Mittelhof zu Drackendorf an Adam und John Puster zu

48

---

1) Jovius: Chron. Schwarzb. ed. Schöttgen, 1, 521.
2) Hortleder: handschr. Nachlaß 6, 321.[b]
3) Kammermeister: Ann. Erf. ed. Mencken. 2, 1203.
4) Adr. Beier: Archit. Jen. 72.
5) Jovius: Chr. Schw. ed. Schöttgen. 1, 518.
6) Urk. Nachr. im Archiv zu Weimar.

Drackendorf (Nr. 257). Amtleute zu Jena und Burgau waren in dieser Zeit Wilhelm von Geilsdorf (1478) [1] und Hans Münch von Würghausen, welcher in den J. 1481 — 1489 aus den Werkstücken der zerstörten Schlösser die Brücke zu Burgau erbauen ließ [2]. Auch in dieser Hinsicht hatten diese Burgen gleiches Schicksal mit den Kirchberg'schen Schlössern [3].

 7) Im J. 1483 (26. Aug.) nahmen die beiden Brüder Ernst und Albrecht eine Theilung ihrer Lande vor, also, daß Burgau mit Lobeda zum thüringischen Theil geschlagen wurde und Ernst erhielt, und Jena zum meißnischen Theil, und Albrecht erhielt. Aber am 4. Oct. desselben Jahres ist wegen Ungleichheit das Amt Jena aus dem meißnischen Theil genommen worden und Herzog Ernst zugekommen [4]. Von ihm wurden im J. 1485 die Brüder John und Adam Puster mit dem Oberhofe zu Drackendorf belehnt, wozu die Lobdeburg gehörte; aber dieser Oberhof ist später eingegangen, so daß um's J. 1640 nur noch eine alte Scheune auf der Stelle stand [5]. Im J. 1491 sollen die Puster ihren Sitz von der Lobdeburg nach Drackendorf verlegt haben [6].

 8) Am 26. Aug. 1486 starb Herzog Ernst zu Colditz in Folge eines ihm auf der Jagd zugestoßenen Unfalls. Seine Lande fielen an seine Söhne Friedrich den Weisen und Johannes den Beständigen. Es waren zwischen dem Amt Burgau und den Pustern zu Drackendorf Irrungen wegen der Gerichte entstanden. Diese ließen sie durch ihre Beamten im J. 1515 ausgleichen und die Grenzen vestsetzen (Nr. 258), und im folgenden Jahre belehnten sie Adam und Hans Puster mit dem obern zerbrochenen und dem Mittel-Schlosse Lobdeburg (Nr. 259. 260), welche Belehnung in den folgenden Jahren immer wiederholt wird [7]. Jetzt erst werden die drei Schlösser genauer unterschieden.

---

1) Amts Jena Copialb. 1072.

2) Hofrath Günther: Beschr. des Amts Jena, Hdschr. im Amte Jena.

3) M. Gesch. der Kirchb. Schl. 86.

4) Müller: sächs. Ann. 50. 51.

5) Hortleder: tabell. Beschr. des Amtes Jena. Hdschr. §. 24. Der Garten des Guts nimt diese Stätte mit ein.

6) Adr. Beier: Geogr. J. 273.

7) Z. B. 1533. Hortleder: hdschr. Nachl. Bd. 9. Stadtraths zu Lobeda Copialb. 44.b Ferner 1535. 1591.

Der Letzte dieses Stammes, Hans Puster, ein zu seiner Zeit den Bauern seiner Dörfer sehr gefürchteter Name [1]), verkaufte das Rittergut Drackendorf mit der Ober- und Mittellobdeburg im J. 1591 dem Weimar'schen Kanzler Marcus Gerstenbergk um 20,000 Gulden, der bei dem Herzog Friedrich Wilhelm in hohen Gnaden stand, welcher das Gut zum Weiberlehn machte [2]). Nach dessen Tode (1602) fiel er aber in Ungnade. Nach der Theilung im J. 1603 kam das Amt Leuchtenburg an Altenburg und das Amt Jena und Burgau an Weimar. Von nun an mußte zwischen diesen beiden Ämtern eine veste Grenze angenommen werden. Der Kanzler Gerstenbergk trat in Altenburg'sche Dienste und suchte nun alle seine Güter zum Altenburg'schen Gebiet zu ziehen [3]). Er war am 14. März 1553 zu Buttstädt geboren, im J. 1601 geadelt worden und starb am 22. Aug. 1613 zu Dresden [4]). Sein Sohn Dr. Marcus von Gerstenbergk ward sein Erbe und zu gleicher Zeit Amtmann auf Leuchtenburg. Er starb am 14. Dec. 1634 zu Altenburg und da auch sein Sohn am 30. März 1637 noch minderjährig starb, gelangte seine Tochter Sophia Elisabeth zur Lehnsnachfolge (5. März 1638), welche später mit Hofrath Dr. Sebast. Beer zu Altenburg vermählt wurde. Derselbe starb im J. 1659 und dessen Tochter Elisabeth Sophia heirathete den sächs. Hauptmann Rudolph von Schönfeld. Nach dessen Tode erbte dessen Sohn Hans Adolf das Rittergut, welcher es im J. 1699 an dem Hofrath von Brand zu Gleina verkaufte. Am 4. Febr. 1716 verkaufte derselbe es wieder an den Hofrath Aug. von Griesheim († 17. Sept. 1734), dessen Tochter Christiane Sophia (geb. 29. Mai 1722) Gattin des Geh. Raths Freiherrn von Ziegesar ward (1746) und am 20. Mai 1749 mit diesem Rittergute belehnt wurde. Eine Urenkelin, Freiin Klara von Ziegesar, Tochter des Herrn Präsidenten des Appellationsgerichts und Curators der Universität zu

1) Von dem das Sprichwort entstanden ist: „er hat sie beisammen, wie Puster seine Bauern", die aber von Haus und Hof gelaufen waren.

2) Adr. Beier: Geogr. Jen. 273. 355.

3) Geh. Rath Voigt: Deduction wegen Grenzirrung 1780. S. 165. 355.

4) Wecken: Beschr. v. Dresden. 264.

Schmid Lobdeburg.

Jena, Freiherrn von Ziegesar, wurde im J. 1836 Gattin des Sächs. Weimar'schen Kammerherrn Ferdinand von Helldorf. In beider gemeinschaftlichem Besitze befindet sich jetzt das Rittergut Drackendorf mit der Ruine Lobdeburg.

Noch muß erwähnt werden, daß im J. 1797 durch die Mauer des Thurmes am Ende der Umgebungsmauer gegen Abend eine Öffnung von drei Ellen gebrochen worden ist, wo das schauerliche Burgverließ mit dem räthselhaften Rinnsteine entdeckt wurde, der oft bei alten Burgen bemerkt wird.

Nachdem Irrungen wegen der Grenzen zwischen Lobeda und Drackendorf stattgefunden hatten, die bis zu Anfang des 16. Jahrhunderts zurückreichen (S. 45), sind sie endlich im J. 1833 in einem Staatsvertrag zwischen der S. Weimar'schen und S. Altenburg'schen Regierung wegen Gebietsaustausch völlig beigelegt worden, nach welchem die Lobedaer Burgschlösser zum S. Altenburger Gebiet gekommen sind [1]). Schon im J. 1718 sind im Eisenberger Vertrag die Lobdeburger Ruinen zum Amt Leuchtenburg gerechnet worden [2]).

9) Das dritte Schloß, die Unterlobdeburg oder das Haus Lobede, scheint von dem letzten Sproß des Lobdeburger Stammes bewohnt worden zu sein, nach dessen Tode im J. 1468 es dem Kurfürsten Ernst als ein eröffnetes Lehn anheim fiel, der es an Friedrich von Londersteten verkaufte. Dieser erlangte von dem Hauptmann zu Burgau, Thyme von Hermansgrün, im J. 1515 die Erlaubniß, von dem zerbrochnen obern und dem eingegangenen mittlern Schlosse Lobdeburg die Mauersteine zu nehmen, um sein Schloß herzustellen [3]).

Die folgenden Besitzer waren: Andreas Drenkbeck, der es im J. 1533 vom Kurfürst Johann Friedrich dem Großmüthigen in Lehn nahm. Erasmus von Minkwitz, Kanzler zu Weimar († 1562). Rudolf von Bünau. Hermann von Weisbach. Heinrich von Thüna († 1579). Dessen Sohn gleichen Namens. Professor der Rechte zu Jena Dominicus Arumäus, von Arum in Friesland gebürtig († 24. Febr. 1637), welcher seine Bibliothek der Universitätsbibliothek zu Jena vermachte, die auch nach einigem Streit

---

1) S. Weimar'sches Reg. Blatt vom J. 1833. 2 S. 73. 6. a - c S. Altenburg'sche Gesetzsammlung 1833. S. 2 — 66.

2) Struve: hist. Archiv. 3 234.

3) Adr. Beier: Geogr. Jen. 275.

„nicht ohne Abgang" derselben überantwortet worden ist [1]). Sein Sohn Dietrich von Arum († 22. Dec. 1663). Joachim Heinrich von Harras auf Eichenberg und Osmannstedt [2]). Wiprecht Joachim von Treschov (1675 — 1718). Friedrich Siegmund Baron von Stubenvoll, der auch den Küchenhof, einen freien Hof in Lobeda um's J. 1755 besaß, den im J. 1541 Ehrenfried von Ende, Küchenmeister des Kurfürsten, und vorher Puster zu Schlöben inne hatte [3]). Endlich Aug. von Griesheim, dessen Nachkommen noch im Besitz des Hauses Lobeda mit Göschwitz sind.

10) Nach der Zerstörung des Schlosses zu Burgau durch Herzog Wilhelm den Tapfern (1450 S. 44) muß es wieder aufgebaut worden sein, denn im J. 1510 verkaufen es die Brüder Friedrich der Weise und Johannes der Beständige an Christoph von Würzburg zu Großlöbichau und Wogau um 160 Gulden rhein., mit der Bedingung, ein reisiges Ritterpferd zu halten, einen neuen Stall von Stein zu erbauen und mit dem ungehinderten Eröffnungsrechte des Schlosses in Krieg und Geschäften [4]). Dessen Sohn Wolf von Würzburg kommt im J. 1538 vor [5]). Im J. 1597 erscheint Jacob Tröster als Besitzer des Gutes, die Schloßgüter sind aber zum Einkommen der Kammer unter dem Namen Schatullgut gezogen worden. Adam Tröster kommt um's J. 1640 vor und im J. 1712 gelangt das Tröstersche Mannlehngut zu Burgau durch Kauf an die Prinzessinnen von Sachsen-Eisenach, jedoch ohne Weimar'sche Einstimmung. Im J. 1731 erlosch mit J. Michael Tröster der Tröster'sche Mannsstamm.

Es entstand über das Gut zu Burgau ein Streit, in Folge dessen: Deduction juris et facti in Sachen der Landgräfin zu Hessen-Philippsthal gegen Herzog Ernst August im J. 1746 gedruckt erschien [6]). Um's J. 1755 besaßen das Gut daselbst der Herzog v. Sachsen-Weimar, die Kinder des Landgrafen zu Hessen-Philippsthal und die Prinzessin Charlotte Wilhelmine zu S. Eise-

---

1) Adr. Beier l. c. 277. Schmid: v. der Verf. der Akad. z. Jena 105.
2) Adr. Beier: Geogr. Jen. 275.
3) Hofr. Günther: Beschr. des Amts Jena.
4) Amts Jena Copialb. 1182.
5) Das. 1236.
6) Geh. Rath Voigt: Ded. wegen Grenzirrung in Lobeda (1780) 49. 185.

Eisenach zu drei gleichen Theilen. [1]).

Im J. 1755 wurde das Schloß völlig abgetragen; nur weniges Mauerwerk ob dem Gasthof zu Burgau ist noch sichtbar. Die Burgstätte wird jetzt zu Ackerland benutzt.

---

1) Hofrath Günther: Beschr. des Amtes Jena.

Urkundenbuch

Urkunden und Urkundenauszüge.

1. (S. 9.) 959. 13. Juni. König Otto I. überläßt seinem Vasallen Hartmann die Dörfer Ahuse und Westheim [1]) in der Grafschaft des Grafen Ernust [2]), der ein Gegner des Königs war und dem sie rechtmäßig zugesprochen worden sind. Act. Rore [3]).

Geh. Archiv zu Anspach, mitgetheilt von Ph. E. Spieß in J. G. Meusels Geschichtforscher 1, 193. — Schultes: Dir. dipl. 1, 72.

2. (S. 9.) 996. 18. Febr. König Otto III. überläßt auf Ersuchen Hartmann's quoddam praedium, quod *Wicnant* [4]) nostre tradidit potestati, *Heinrico* comiti (de Truhendingen), atque id ipsum praedium in villis Ahuson et *Westheim* in pago quoque Sualaueldon dicto in comitatu comitis Adelhardis. Act. Radesbona.

Daselbst. 1, 194. — Schultes: Dir. dipl. 1, 124.

3. (S. 4.) 1136. 15. Mai. Lotharius Romanor Imp. notum fieri volumus, quod in regno nostro regulare quoddam monasterium situm est,
quod dicitur *Burglin* [5]), confluente ibidem rivula Gliza [6]) nomine, in provincia,

---

1) Ahausen und Westheim, 2 Dörfer im ehemaligen Gau Sualafeldon, unweit der Wernitz im Ostfranken; Ahausen, seit der Mitte des 17. Jahrhunderts Auhausen, ein ansehnliches Dorf im Oberamt Wassertrüdingen im Fürstenth. Anspach, wo ehemals ein Kloster Benedictiner-Ordens war, im Eichstädter Bisthum; wol zu unterscheiden von dem in der Nähe liegenden Orte Ahusa, Auhausen, an der Altmühl, im bairischen Nordgau, ebenfalls im Bisthum Eichstädt, wo sich eine kleine Abtei befand, die König Arnulph im J. 895 dem Bisthum Eichstädt zueignete. Spieß: archiv. Nebenarbeiten 1, 39. A. v. Schultes: hist. Schriften 1, 19. Dessen Gaucharte vom bair. Nordgau das. 2. Abth.

2) Das Stammschloß dieser Grafen war Truhemodingen (Truhendingen, Hohentrudingen) im Fürstenth. Anspach; nach deren Aussterben fielen ihre Güter an die Grafen v. Öttingen, v. Hohenlohe, an die Burggrafen v. Nürnberg und an das Kloster Langheim. Spangenberg: henneb. Chron. 133. Büsching: Erdbeschr. 3. 2, 529. A. v. Schultes: Gesch. der Grafschaft Henneb. 1, 278. Dess. hist. Schriften 1, 69.

3) Rohr, schon bei Schannat (vind. lit. 1, 376) im J. 824 erwähnt, ehemals ein Nonnenkloster, jetzt Dorf mit Domäne in der preuß. Grafschaft Henneberg, im Amte Kühndorf.

4) Wicnant war nicht ein Gut, sondern ein Vorname. S. A. v. Schultes: hist. Schriften 2, 346.

5) Thalbürgel, am Ursprung der Gleise, Dorf und Sitz des Amtes.

6) Der kleine Bach Gleise, der hier entspringt und unter dem Gleisberge in die Saale fließt.

que dicitur *Swurbelant* [1]), in episcopatu Nuemburgensi, in pago *Strupenice*, in comitatu Conradi Marchionis, iuxta silvam, que dicitur *Louba* [2]). Data Merseburch.

Kl. Bürgel. Copialb. 1, 1. — Schultes: Dir. dipl. 1, 318.

4. (S. 11.) 1156. Der nördliche Markgr. (aquilonalis Marchio), Albert bezeugt, daß sein Vasall (homo) Adelbert von Louethe seinen Wald bei dem Dorfe Stebritze [3]) dem Kloster zu Hustorff [4]) verkauft habe.

Heusd. Copialb. im Weim. Arch. 1, 42b. — (*Otto*) Thur. sacr. 330. 438. — Schultes: Dir. dipl. 2, 124.

5. (S. 11.) 1157. Bisch. Berthold zu Naumburg bestätigt die von seinem Ministerial Adelbert dem Kloster zu Hugestorpf überlassenen Güter.

Schultes: Dir. dipl. 2, 136.

6. (S. 12. 13.). 1166. Hartmann und Otto, Brüder von Lofdeburch, Castellan Theoderich von Kirchberg, Burchard von Greifenberch, Heinrich Castellan von Orlamünde, Heinrich Castellan von Kanburch, Zeugen, als Markgraf Otto (der Reiche) zu Meißen dem Abt Engelbert zu Volkolderod [5]) die Benutzung eines bei dem Dorfe Radolferod gelegenen Berges überläßt.

Schöttgen: dipl. 1, 753. — Schultes: Dir. dipl. 2, 183.

7. (S. 13.) 1168. 19. März. Hartmann und Otto, Brüder von Loudeburc, Zeugen, als Bischof Uto II. zu Naumburg [6]) das Kloster Riezowe [7]) nebst der Kirche zu Groben [8]) dem Abt Azzo und Klo- 57

---

1) Sorbenland, das alte Meißenland, bei Cosmas von Prag (ed. *Mencken* s. r. g. 1, 2063): Zrbia, bei den Böhmen: Srbsko.

2) Als im J. 1114 Kaiser Heinrich V. die Stiftung des Klosters Paulinzelle bestätigte, sagt er: in regno nostro regulare quoddam monasterium situm est, in provincia, que dicitur Duringia, in episcopatu Moguntinensi, in pago Lancwiczi, in comitatu Sizonis, in sylua, que dicitur *Louba*; und in *Leibnit*. scpt. rer. Brunsvic. 320 heißt es: in saltu Slavorum, qui ob densitatem nemoris umbrosam iuxta linguam eorum *Louia* dicitur, quique ob immensae latitudinis et longitudinis vastam solitudinem infinitam ursorum nutrit multiudinem.

3) Stiebritz im Amte Dornburg, unweit Apolda.

4) Das Nonnen-Kloster Heusdorf, Benedictiner-Ordens, ist im J. 1140 gestiftet und dem heil. Godehard geweiht worden; jetzt ein Kammergut im Amte Rosla, unweit Apolda.

5) Volkenroda, Dorf und Amtssitz im Herzogthum Gotha.

6) Bischof v. 1161 — 1186, verwandt mit dem markgr. meißnisch. Hause, ein Sohn der Schwester Udo's I.

7) Das Städtchen Riesa am linken Ufer der Elbe, wo die Eisenbahn über sie führt, im Kreisamte Meißen. Auf den Mauern des ehemaligen Klosters ist das jetzige Schloß erbaut worden. Es war eines der ältesten Klöster, 1111 von Bisch. Dietr. z. Naumb. gestiftet.

8) Gröba, Dorf nebst Rittergut an der Elbe im Meißner Kreise, im Amte Oschatz.

ster zu B u z o w e [1] untergiebt. Act. in Nuenburg.

Schöttgen: dipl. 2, 428. — S c h u l t e s: Dir. dipl. 2, 195.

8. (S. 13.) 1168. Hardtmann de Loboteburg etc. Otto, frater suus, Zeugen, als Bischof Udo II. zu Naumburg die Rechte, Güter, Grenzen und andre Verhältnisse des Klosters P f o r t e näher bestimmt und bestätigt.

Pertuch: chron. Portense 30. — *(Otto)* Thur. sacra. 829. — A v e m a n n: Hist. v. Kirchb. Urk. 174. — S c h u l t e s: Dir. dipl. 2, 201. — L e p s i u s: Rudelsburg (1824) 17.

9. (S. 13.) 1170. 25. Mai. Ego Otto dei fauente clementia Marchio Misnensis notum facio, qualiter divine retributionis intuitu memor illius verbi domini dicentis: quod uni ex minimis meis fecistis, michi fecistis. Venerabilis prepositi Adelberti de *Hugestorf* ac totius congregationis deo et beate sue genetrici Marie sanctoque Godehardo ibidem famulantis uotis annuerim et iuste ipsorum peticioni confirmationis effectum domino cooperante tribuerim. Quasdam sane possessiones, videlicet duo molendina in *Thegenstede* [2]) et dimidium mansum in *Nitherenthorf* [3]), a duobus fratribus, ministerialibus meis, Godefrido et Waltero hoc modo compararunt ab uno illorum, scilicet G. unum molendinum pecunia, ab altero uidelicet W. altero datis in concambio duobus mansis et dimidio aliud molendinum adepti sunt et postea prefatum dimidium mansum redemptum pecunia ab eodem W. receperunt. Hec itaque jam dicta duo molendina in Thegenstede cum dimidio manso in Nitherenthorf a predictis fratribus mihi resignata et ex ipsorum peticione per meam donationem prefate ecclesie beate Marie sanctique G. in Hugestorf collata semper inibi mansura ad opus ibidem deo famulantium tam pia uoluntate quam debita potestate confirmo; et ut rata permaneat hec donatio, cartam hanc inde conscriptam sigilli mei impressione consigno. Hujus rei testes sunt: Walterus canonicus de Misne, Luidolfus capellanus de Cice, Guntherus capellanus de Kanburc. *Hartmannus de Lobedeburg.* Heinricus prefectus de Donin et frater ejus Otto dei Drachenouua. Heinricus castellanus de Groize. Dudo de Pichene. Luf de Kanburg. Burchardus de Dreuuizke. Burchardus de Grifenberc. Widego de Uuimare. Godescalc de Scudiz. Facta sunt hec ab anno incarnat. dni Mil. C. LXX. Indict. III. XIII. Kl. iun. [4]).

58

Geh. St. Arch. zu Weimar Nr. 25. — Altenburger Copialbuch 2, 183. Nr. 96.

10. (S. 13.) 1172. O t t o u n d H a r t m a n v o n L o b d e b u r c h,

---

1) Das Kloster B o s a u bei Zeiz ist im J. 1114 ebenfalls vom Bischof Dietrich zu Naumburg gestiftet und im J. 1121 vollendet worden. Chron. mont. sereni ed. Mader. 284.

2) Deginstete (1249), Deynstete (1307), jetzt D e n s t e d t an der Ilm im Amte Weimar. S. S c h n e i d e r: Samml. zur Gesch. Thür. 1, 127.

3) N i e d e r n d o r f, Wüstung in der Flur von Pfiffelbach, im Amte Rosla bei Weimar.

4) Das große, in die Urkunde eingedrückte, sehr gut erhaltene Siegel zeigt einen völlig gerüsteten Ritter, mit der Umschrift: Otto di grā Marchio Misnensis.

Zeugen, als Kaiser Friedrich (der Rothbart) das auf einem Berge unweit der Reichsstadt A l d e n b u r c in seiner und andrer Reichsfürsten Gegenwart eingeweihte und unter die Aufsicht Hugo's von Wartha, kaiserl. Richters des Pleißenlandes, und Rudolf von Aldenburc, seines Marschalls, gestellte Marienkloster bestätigt und mit Gütern begabt.

Mencken: sc. r. g. 3, 1067. — L i e b e: Nachlese zu Heinr. d. Erl. 12. — E s t o r: kleine Schriften 3, 368. (Das Siegel des Kaisers und die erste Zeile der Urkunde in Kupfer.) — S c h u l t e s: Dir. dipl. 2, 229.

11. (S. 13.) 1172. O t t o und H e r m a n (Hartman) von L o b d e b u r c, Zeugen, als Bischof Uto (II.) zu Naumburg die vorstehende Urkunde ihrem wesentlichen Inhalte nach wiederholt und das in seinem Bisthum liegende Kloster der Maria weiht.

Mencken. 3, 1069. — S c h u l t e s: Dir. dipl. 2, 231.

12. (S. 13.) 1173. 7. Mai. H a r t m a n n und O t t o von L o b e d e b u r c h, Zeugen, als Kaiser Friedr. (der Rothb.) auf Veranlassung der Markgrafen Otto zu Meißen und Meinher von Wirbene ein kleines Kloster (Cella) [1]), Augustiner-Ordens, an der Mulde, an der Grenze des Naumburger Bisthumssprengels, errichtet, es mit sechszig neuen Anlagen (novalia), gewöhnlich L e h n genannt, im Pleißner Lande begütert und gegen Beeinträchtigungen zu schützen verspricht. Dat. Goslarie.

Unsch. Nachr. v. J. 1722. 517. — *J. D. Gruber:* origines Livon. in silva docum. 245. Nr. 22ª. — K ö r n e r: Nachr. v. Bockau St. 3. 132. (Übersetzung). — S c h u l t e s: Dir. dipl. 2, 235.

13. (S. 12. 13. 14.) Circ. 1176 [2]). Die E d l e n O t t o und H a r t m a n n und B u r k a r d von L o b d e b u r g, Zeugen, als Bischof Uto zu Naumburg die von seinem Verwandten (cognato), Herman von Tuchern [3]), an das Kloster zu Puzau (Bosau) für 55 Mark Silbers verkauften fünf Hufen und drei Höfe mit Obstgärten zu B r e s e n [4]) und zwei Hufen zu P r i z z i z [5]) bestätigt. (a. a. 1195 Nr. 21).

Schöttgen: dipl. 2. 434. — S c h u l t e s: Dir. dipl. 2, 248.

14. (S. 13.) 1180. 9. Octbr. H a r t m a n von L o b d e b u r g, Zeuge, 59 als Kaiser Friedrich der Rothbart [6]) das Kloster P f o r t e in seinen besondern Schutz nimt, die Verlegung von Schmölln dahin unter König

---

1) Jetzt ein Rittergut, K l ö s t e r l e i n genannt, bei dem Dorfe K l o s t e r - Z e l l e im kön. sächs. Amte Schwarzenberg. K ö r n e r: Nachricht. von Bockau. St. 2. 82.

2) Aus den Jahren des Todes der zahlreich unterschriebenen Zeugen ergiebt sich die obige Jahrzahl.

3) Vielleicht vom jetzigen Städtchen Teuchern zwischen Naumburg und Zeiz.

4) Breesen, Dorf im Kreisamte Altenburg.

5) Prittitz, Dorf im Amte Weißenfels, an der Straße nach Pegau.

6) Der Kaiser hielt sich vom 16. Sept. — 13. Nov. in Altenburg auf. H u t h: Gesch. d. Stadt Altenb. 41.

Conrad und Bisch. Udo von Naumburg genehmigt und den Kauf einer Mühle zu Pichou [1]) nach Frankenrecht von seinem Villicus [2]) Dietrich von Licznic [3]) bestätigt. Data Aldenburch.

J. Pertuch: Chronic. Port. 38. — Mencken: 3, 1026. — (Otto) Thur. sacr. 830. — Schultes: Dir. dipl. 2, 267. (Fr. v. Raumer: Gesch. der Hohenstaufen. 2, 544.).

15. (S. 13.) 1180. 9. Oct. Hartman von Lobdeburg, Zeuge, als Kais. Friedrich dem Kloster Pforte den Wald Vinne [4]) und die bei dem Klosterhofe Lepitz [5]) gelegene Wiese bestätigt.

Von Bünau Leben K. Friedr. I. 431. — Schamelii addit. ad Persuch Chr. Port. 220. — Schultes: Dir. dipl. 2, 269.

16. (S. 13. 19.) 1181. 10. Nov. Kaiser Friedrich I. bestätigt die von den Brüdern Heinrich und Wernher von Stechowe nach fränkischem Rechte inne gehabten Besitzungen zu Borsendorph [6]), nach beseitigtem Widerspruch des dritten Bruders Gerhard, dem Kloster zu Pforte. Zeugen: Markgraf Otto von Meißen und seine Brüder Markgr. Dietrich (von Landsberg) und Graf Dedo (von Groitzsch); Hartman und Otto, desgleichen Hartman von Lobedeburch; Meinher, Burggr. von Wirbene (Werben); Godescalcus von Scudiz (Skeuditz); Friedrich von Owenburg (Auenburg); Adelbert von Ruiz (Reuß): Conrad von Kisenlenc; Reinbodo und Godescalcus von Lobendeburc (Lobedeberc); Gerhard von Brunreshowe (Brunreschau) u. A. Dat. in Aldenburch [7]).

Pfortisches Copialbuch. 19ᵃ. — Schamelii addit. ad Pertuch. chron. Port. 221. — Mencken s. r. g. 1, 770. — Unsch. Nachr. v. J. 1717. 905. — Schultes: Dir. dipl. 2, 270.

17. (S. 13.) 1184. Ego Ludewicus comes provincialis diuina monitus inspiratione sanctimonialium in *Hugessdorf* et aliorum ibidem deo mililantium religionis sancte laborisque magnitudinem, et rerum necessariarum usus tenuitatem diligentius intuens et conmetiens ad augendos dicte congregationis reditus ob salutem anime mee et pro meorum parentum remedio animarum deo omnipotenti et beate Marie semper virgini et sancto Godehardo confessori atque pontifici eis verbis concessi et donavi, ut quicunque meorum ministerialium vel liberorum ad me pertinentium prefati cenobii professoribus vel in mancipiis aut agris vel etiam qualibet mobilium specie vendi-

60

---

1) Das sächs. Rittergut Pichau unweit der Mulde im Stiftamte Wurzen

2) Der des Kaisers Güter verwaltete. Kreysig: Beiträge zur sächsisch. Histor. 2, 74.

3) Über die Herrn von Leißnig: Kreysig: Beitr. z. sächs. Hist. 2,61.

4) Die Finne, ein Bergrücken, der sich von Eckartsberga bis Beichlingen zieht.

5) Lepitz an der Luppe, im Amte Merseburg.

6) Rittergut Porstendorf zwischen Jena und Dornburg.

7) Lepsius: Rudelsburg. 55. Huth: Gesch. der Stadt Altenburg 183.

derit aut donaverit, ratum et inconvulsum habeatur perpetuo, unde ne qua possit corrumpi calumpnia donatio mea, subscriptione testium et presentis sigilli munimine roboravi. Testes igitur ex parte mea sunt hi: Hermannus palatinus. Henricus comes de Buch. Cunemundus de Uargela. Heinricus et Lutolfus de Berlestad. *Hartmannus* et *Otto* de *Lobedeburch*, Arnoldus de Neunburch. Irenfridus de Crebezinvelt [1]). Burcardus de Grifenberch. Hugo de Brisenze. Ex parte ecclesie sunt hi testes: Godefridus de Dudeleben. Bertoldus de Apolde. Helewicus de Ringelderode. Widelo de Grizheim. Eggehardus de Gudren [2]).

Actum publice incarnationis dominice ano Millesimo C⁰. octuagesimo IIII⁰. Indictione IIII. Regnante domino nostro imperatore Friederico [3]).

Geh. St. Arch. zu Weimar. — Heusdorfer Copialb. im Altenburger Archiv 2, 7. Nr. 6. — Schultes: cod. dipl. mscpt. 1, 1.

18. (S. 12.) 1192. 15. Aug. Graf Sifrid von Orlamunde thut kund, daß sein Dienstmann (ministerialis) von Louede, Abeldert genannt, 36 Acker Wald bei Ginna [4]) dem Kloster zu Husdorf geschenkt habe. Data hec in Orlemunde.

Archiv zu Weimar. Nr. 170. — *(Otto)* Thuringia sacra. 332. — *J. D. Gruber*: origines Livoniae in silva docum. 246. Nr. 22ᵇ. — Schultes: Dir. dipl. 2, 352.

19. (S. 13.) 1192. 1. Dec. Kaiser Heinrich (VI., der Schwabe) überläßt auf Nachsuchen seines Getreuen, des Burggrafen (castellani) Heinrich von Lisenik, dem von demselben gestifteten Kloster Buch [5]) die Parochie Lisenik [6]); versichert aber dagegen, für diese Parochie die Kircher Eykstede [7]) erhalten und den Reichsgütern einverleibt zu haben. Da aber gegenwärtig Otto von Lobdeburg von ihm mit dieser Parochie beliehen sei, so verspricht er, sie von diesem Lehnsverhältnisse zu befreien und übergiebt sie mit allen Einkünften diesem Kloster. Datum apud Altimburc [8]).

Schöttgen: dipl. 2, 171. — *Menck.* (excerpt. *Griebner*) 3, 1105. — Schultes: Dir. dipl. 2, 353.

61

---

1) Thur. sacr. 334.

2) Gödern im Kreisamte Altenburg.

3) Das Siegel, an Schnuren von starkem grauen Hauszwirn, 14 drähtig geklöppelt, hängend, zeigt einen geharnischten Ritter nach der Linken zu, mit der Umschrift: Ludewicq Landgraviq T(hurin)gie . . . . . (Saxon)ie. Die Urkunde ist länglich und durchgängig interlinirt. Von Actum an ist ein Absatz, was selten ist.

4) Altengönna im Amte Jena. Neuengönna ist erst um's J. 1448 entstanden.

5) Kloster Buch, im Muldenthale, an der Freiberger Mulde, jetzt eine Besitzung der Landesschule zu Grimma, im Amte Leißnig.

6) Leißnig, Städtchen auf einem Berge, a. d. Freiberger Mulde. Kreysig: Beitr. z. sächs. Hist. 2, 121.

7) Eichstädt im Amte Freiburg, auch Langeneichstädt genannt.

8) Huth: Gesch. d. St. Altenb. 48.

20. (S. 12. 13.) 1194. 18. März. Kaiser Heinrich thut kund, wie sein Getreuer (fidelis) Otto von Lobdeburc, ein Freier (vir ingenuus), mit seiner Gattin und seinen Kindern sein freies Gut (allodium), gelegen in Husen, Sconungen, Otloeshusen [1]), Baridorf und Teienfelt [2]) mit allen Leuten, Gütern und Rechten auf dem kaiserl. feierlichen Hoftag zu Salfelden (in sollempni curia nostra Salfelden), wo eine zahlreiche Versammlung von Getreuen zugegen war, durch seinen Hofbeamten (Salemannum), Albert von Vrheim, der Hauptkirche zu Babenberg (Bamberg) übergeben hat. Der Kaiser bestätigt diese Übergabe und bestimmt, daß, wer sie beeinträchtige, eine Summe von 30 Pfund Gold erlegen soll, deren eine Hälfte der kaiserlichen Kammer, die andre dem Beschädigten zu Theil werden soll. Datum apud Nurenberc. XV. Kal. April [3]).

Bischöfliches Archiv zu Bamberg, mitgetheilt v. Archivar Dr. Österreicher das. in Förstemann's neuen Mittheilungen aus dem Gebiet hist. antiq. Forschungen (Halle, 1838) 4, 1. S. 148.

21. (S. 8. 20.) 1195. Berchtoldus (II.), dei gracia Nuwenburgensis ecclesie episcopus, notum esse volumus, quod Dns Hermannus quidam nobilis vir de Tucherin ecclesie beate virginis Marie, que dicitur *ad lapidem sancte Marie* [4]), villam *Poleb* [5]), que ex hereditate in proprietatem ei successerat, legitime nullo obdicente uendidit ac tradidit cum omni utilitate, quam ibi habuit in uineis, siluis, paschuis ac agris cultis et de aliis bonis suis, ad unum talentum, ac prepositum Hildebrandum qui tunc illi ecclesie prefuit, in quietam possessionem misit; hoc eciam addito, quod uxorem suam, que diutina infirmitate decepta fuit ac tota paralitica a prefata ecclesia cum aeruo ac ancilla, quam diu uiueret, victualia reciperet, sed prememoratus Hermannus ei uestimenta prouideret. Hanc itaque tradicionem ipse ueniens in synodum nostram, quam celebrauimus in quarta feria ante pascha domini coram multis recognouit ac, ut predicte ecclesie in predictis bonis pacem nostro banno firmaremus, rogauit et obtinuit. Ne igitur per consequentiam temporum tam

1) Othalmishusin (Ottelmannshausen bei Königshofen) wird schon in den Jahren 1058. 1187 und 1220 erwähnt. Chron. Gotwic. 2, 612. Schultes: Dir. dipl. 2, 329. 553.

2) Hausen, Schonungen, Othelshusen (Uchtelshausen, Ottelmannshausen) gehörten zum Amt Mayenberg unweit Schweinfurt, welche Orte Graf Wilh. III. v. Henneberg im J. 1432 seiner Gattin Katharine von Hanau zum Witthum aussetzte (v. Schultes: hist. Schriften (1798) S. 184). Bardorf liegt bei Königshofen und Theinfeld bei Münnerstadt.

3) Schon K. J. Ritter v. Lang führt diese Urkunde in seinem Werke: Baierns alte Grafschaften und Gebiete (Nürnb. 1831) S. 218 ganz kurz an.

4) Kloster Marienstein zu Lausnitz.

5) Ein Bergrücken zwischen Löberschütz und Graitzschen über der Wüstung Luschen heißt noch der Pulps. In Altenburger Archiv (Nr. 208) befindet sich eine Urkunde vom J. 1196 über das Tuchersche Gut zu Polep: das Unterdorf Graitzschen a. d. Gleise.

presentibus quam posteris possit uenire in dubium, iam sepius dicte ecclesie presentem paginam contulimus ac impressione nostri sigilli roborauimus atque ei pacem in predictis bonis confirmauimus auctoritate dei patrie omnipotentis atque filii et spiritus sancti et beati Petri apostoli et Celestini pape atque archiepiscopi Magdeburgensis Ludolfi et nostro banno et auctoritate percipientes, ne aliquis in predictis bonis predictam ecclesiam audeat ultra inquietare, nisi ad sinodum ueniat et si quid questionis contra eum habet canonice proponat. Hanc itaque confirmationem nostram conseruantibus sit pax atque benedictio a domino deo, sed contra eam uenientibus cum Iuda traditore et Nerone maledictio et cum diabolo et angelis eius promeritis detur ulcio. Ad maiorem eciam huius rei euideuciam testes adhibuimus, qui tunc in synodo nostra aderant maioris ecclesie Harthmannum prepositum, Abbatem sancti Georgii Gotefridum. Abbatem de porta Gisilbertum. Prepositum sancti Mauricii Reinhardum. Canonicos nostros: Conradum scolasticum, Ludewicum et Conradum de Helpede[1]). Liberos: Comitem Ditericum de Wissenuels. Erconboldum. *Conradum de Lobedeburc* [2]). Ministeriales: Rudolfum et filium eius Rudolfum et Conradum de Burnosouge [3]). Acta sunt hec publice in sinodo nostra Nuwenburch anno dominice incarnationis millesimo centesimo nonagesimo quinto, indictione tercia decima, presidente in sede romano Celestino, regnante inuictissimo imperatore Heinrico. Regente ecclesiam Magdeburgensem archiepiscopo Ludolfo. Pontificatus nostri anno nono [4]).

Aus dem geh. Staats-Archiv z. Weimar in Abschrift erhalten.

22. (S. 13.) 1196. 7. Aug. Otto von Lobdeburg, Domherr der St. Moritz-Kirche zu Naumburg, Zeuge, als Bischof Berthold II. das. sich mit mehren Domherrn und Ministeralen seines Stifts und mit einigen andern Bischöfen und Fürsten in der Burgwart Cuschburk [5]) befand, um über einige Angelegenheiten des Reichs zu verhandeln, und bei dieser Gelegenheit den Kauf bestätigte, nach welchem ehedem das ___63 Kloster zu Walkenried einige Güter zu Merbeche, Nore, Heinroda und Magedon [6]) vom St. Moritz-Kloster für 201 Mark erworben, dieses Geld aber zur Erwerbung einiger andrer Güter zu Ekkestete, Vipeche und Bachestete [7]) angewandt hatte.

Scheid: orig. Guelf. 3, 563. Nr. 96. — Schultes: Dir. dipl. 2, 377.

---

1) Helffta bei Eisleben.

2) Adr. Beier (Geogr. Jen. 227. 268) erwähnt diesen Conrad v. Lobd. und hat offenbar diese Urkunde gekannt.

3) Brunreschau.

4) Siegel: S. Bertoldi Episc. Nuenburgensis.

5) Vermuthlich Keuschberg, am rechten Ufer der Saale, im Amte Lützen.

6) Morbach, Nohra und Heynrode in der ehem. Herrschaft Lora b. Nordhausen. Magedon vielleicht Mackenroda in der Herrsch. Klettenberg.

7) Eckedt, (Mark) Vippach und Bachstedt im Amte Großrudestedt bei Weimar.

23. (S. 20.) 1198. 19. Nov. Hartmann und Herman, Brüder, von Lobdeburg, Zeugen, als Burggraf Albero von Lyznic einige Äcker und Zinsen in Rutersdorf [1]), welche er von der Kirche zu Mainz in Lehn besaß, nachher aber dem Ritter Rayer von Elsterberg tauschweise mit demselben Rechte als Afterlehn übertragen hatte, zur Herstellung des Marien-Klosters zu Ysenberg eigenthümlich überläßt. Datum in castro Within [2]).

Mencken 3, 1071. — Schultes: Dir. dipl. 2, 395.

24. (S. 20.) Circ. 1198. Hartmann und Herman, Brüder, von Lobdeburc, Zeugen, als Markgraf Theoderich (der Bedrängte) zu Meißen bekennt, daß er von dem Kloster zu Lusniz (Lausnitz) 5 ½ Hufen im Dorfe Scluscow [3]) erhalten, dagegen 16 dergleichen zu Mirica [4]), disseite des Klosters gelegen, abgetreten und 20 Mark hinausgegeben habe.

Wilke: vita *Ticemannni.* Urkb. 17. Nr. 1. nach der Urschrift. — v. Gleichenstein: Beschr. v. Kl. Bürgel. Urk. 82. Nr. 26. — Schultes: Dir. dipl. 2, 398.

25. (S. 8. 19. 20.) 1203. 23. Apr. Hartmann und Cunrad von Lobdeburc, Zeugen, als König Philipp die vom Markgrafen Dietrich (dem Bedrängten) von Meißen vom Reiche lehnsweise besessenen und tauschweise erworbenen dem Kloster Altzelle geschenkten Güter zu Chottenwiz [5]) und Grimme bestätigt. Data apud Egram.

Schultes: Dir. dipl. 2. 419. n. d. Urschrift.

26. (S. 14.) 1207. Otto (von Lobdeburg), Wirceburgensis Electus, Zeuge, als der Graf Friedr. von Cegenhagen [6]) und seine Erben ihre Kirche zu Richenbach [7]) in ein Kloster verwandeln. Act. Wirzeburg et Nordhausen.

V. F. de *Gudenus:* cod. dipl. Mog. 3, 1076.

27. (S. 14. 15.) 1208. 6. Dec. *Otto* divina favente *herbipolensis* ecclesie *electus* pontificialis officii ad noticiam omnium transmittimus, quod nos carissimor nostror. Heinrici abbatis et fratrum de *Ahawsen* deuocionem attendentes, quos hospitalitatis esse non est dubium in devotissimos

---

1) Rüdersdorf im Amte Eisenberg.

2) Wettin, Amt und Stadt an der Saale, ehemals eine Grafschaft. Der letzte Graf aus dem Wettin'schen Hause, Heinrich, starb 12 J. alt d. 25. März 1217 und die Grafschaft fiel an den Grafen Friedr. zu Brene. Diese starben im J. 1290 mit dem Grafen Otto aus. Weise: Mus. für sächs. Gesch. 1, 168.

3) Schleuskau im Amte Camburg.

4) Die Wüstung Mirgau im Kl. Lausnitzer Forste.

5) Kottewitz im Kreisamte Meißen, dem Rittergute Heinitz gehörig.

6) Ziegenhain, eine Veste an der Schwalm in Hessen, die Hauptstadt der Grafschaft Ziegenhain.

7) Reichenbach im Amte Lichtenau in Hessen; in der Nähe das Schloß Reichenbach am Riedforst, der Stammsitz der Grafen von Reichenbach. Darnach ist Büsching: (Erdbeschr. des deutschen Reichs 1, 1339) zu berichtigen.

amatores ad intercessionem dilector. fratrum nostrorum capituli majoris ecclesie tradimus et in perpetuum confirmamus memorato abbati et monasterio omne jus omnesque prouentus, quos in bonis ipsorum antecessores nostri in villis *Frikenhusen* [1]) uel *Segniz* [2]) percipere consueverant sive in decimis sive in collecta etc.

Testes Otto de Lobdeburc archidiaconus e. a. Datum aput Herbipolin [3]).

28. (S. 19.) 1212. 20. März. Herman von Lobdiburc, unter andern unbelehnten Edlen (Nobiles infeudati) [4]), als Markgraf Dietrich (der Bedrängte) von Meißen sich mit dem Kaiser Otto (IV.) verbündet, ihm insbesondre gegen den Papst Innocenz, dann gegen den König Ottokar von Böheim, den Landgrafen H(ermann) in Thüringen und überhaupt gegen jeden andern Feind beizustehen. Act. apud Frankinuurt.

Scheid: orig. Guelf. 3, 339. 807. Nr. 306. mitgetheilt aus dem Gesammtarchiv zu Braunschweig. — *Maderi* monum. Brunsuic. 126. — *Mencken* s. r. g. 3, 1130. — Schöttgen und Kreysig: Beiträge 2, 3. — Schultes: Dir. dipl. 2, 473.

29. (S. 20.) 1212. 28. Mai. Hartwicus divina miseratione Eistetensis Episc. ad noticiam transmittimus, quod dum nobiles viri, *Otto* scilicet major prepositus in Wirceborc, *Hartmannus* et *Hermannus* fratres in *Lovedeburc* quoddam predium, quod dicitur *Vorste* [5]), situm iuxta monasterium *Ahusen*, ultra fluuium *Wernize* in terminis Augustensis dioc. cum suis pertinenciis de ____65 manu nostra nomine feodi possiderent, volentes illud in usus Heinrici abbatis et fratrum dicti monasterii, cujus ueri erant amatores, pro remedio animarum suarum et parentum suor. conferre, presenciam nostram sepius accesserunt, humiliter nobis supplicantes, quatenus idem predium, cujus proprietas semper penes ecclesiam nostram remanserat, predicto monasterio conferre vellemus; et ut ecclesia nostra conseruaretur penitus indempnis et illesa in commutatione dicti predii prenominatus *Otto Wirceburgensis* maior prepositus contulit sce Marie perpetue virgini et scto Willibaldo libere et sine contradictione de consensu fratrum suorum *hartmanni* et *hermanni* supra

---

1) Frickenhausen im Saalgau in Ostfrankem v. Schultes: hist. Schr. 176.

2) Segnitz am Main im Fürstenth. Anspach.

3) Durch Hrn. geh. Archivar Dr. Hesse zu Rudolstadt gütigst mitgetheilt erhalten.

4) In dem ersten Drittheil des 13. Jahrhunderts ist schon der Unterschied zwischen Freien (Nobiles) und Dienstmannen (Ministeriales) ziemlich verschwunden, weil die Freien sich wegen des bestehenden Faustrechts meistens unter den Schutz eines Mächtigen begeben mußten, um nicht unterzugehn. In diesem Bündnisse kommen noch Nobiles et homines sui, als die Grafen von Schwarzburg, dann Nobiles infeudati, als Herman v. Lobdeburg und endlich Ministeriales, als Heinrich v. Kamburg vor. G. Horn: v. den edlen Erbbeamten in der sächs. Handbibl. (Lpz. 1728) S. 46. S. auch: Limmer: Gesch. v. Pleißen. 353.

5) Forst, Dorf im Amte Maienberg bei Würzburg. A. v. Schultes: hist. Schriften: 1, 185.

nominatorum patrimonium, quod habuit in *Lengenvelt* ¹) et in *Tivfenbach* ²) et mansum unum in *Berolfesheim* ³) cum omnibus suis attinenciis cultis et incultis nobis pleno iure possidendum. Considerantes iusta et pia sepedicto-rum nobilium desideria adtendentes, memoratum predium, quod dicitur *Vorste* cum omnibus suis pertinenciis, pratis et silvis ste Marie genetrici dei tradimus et in perpetuum confirmamus sepe nominato abbati et fratribus in Ahusen cum omni iure possidendum. Testes: Marquardus, aduocatus de Lumingen. Cunradus de phaffenhoven. Cunradus et Tiemo fratres de hac mesfrt. Manegoldus de heidenheim. Cunradus de Ostheim, Cunradus de Giselheim. Sifridus de Lvmingen. Marquardus de berolfesbeim. It. canonici de Wirceburc Fridericus de Grindlah. Heinricus de lapide. Heinricus mgr de Onoldesbach et alii quam plures. Acta sunt anno dni ab incarnatione MCCXII Vᵗᵒ. Kal. Junii, Indict. quinta decima ⁴).

30. (S. 13. 14.) 1212. Otto (von Lobdeburg), Bischof zu Würz-burg, schenkt mit seinem gesammten Stiftscapitel dem Nonnenkloster zu Veylsdorff ⁵), zur Verminderung seiner Dürftigkeit, die Parochie zu Meydere ⁶) mit deren Einkünften. Unter andern Zeugen: Otto, maior prepositus.

Schöttgen: diplom. 2, 624. — Schultes: Dir. dipl. 2, 476.

31. (S. 19.) 1212. Hartman von Lovedeburch, Zeuge, als Markgraf Dietrich (der Bedrängte) zu Meißen nach dem Willen seines verstorbenen Bruders, des Markgrafen Albert zu Meißen, seines Vetters (consanguinei), des Markgrafen Cunrad von Landisberg, und dessen Bruders, des Grafen Dietrich von ‚Groitz und andrer Verwandte, von seinem eigenthümlichen Besitzthum Kamburch das Regler-Kloster in seiner Stadt zu Isenberg gründet und es mit Gütern zu Kamburg, Stobere, Gluskowe, Smidehusen, Clizowe, Brisene, Heringen, Risen, Osmanstete, Wikerstete, Appolde und Rosla ⁷) begabt.

B. v. Gleichenstein: hist. Beschr. des Kl. Burgelin Urk. 9. Nr. 4 — Schultes: Dir. dipl. 2, 487.

1) Lengenfeld, Stadt a. d. Nab, im Fürstenth. Neuburg.

2) Tiefenbach?

3) Berolzheim, Marktflecken unweit der Altmühl, im Fürstenth. An-spach.

4) Vom Hrn. geh. Archivar Dr. Hesse in Rudolstadt gütigst mitgetheilt erhalten. S. Meusel: Geschichtforscher I, 191. Anm.

5) Veilsdorf an der Werra, Dorf u. s. g. Klosteramt bei Hildburghausen. Das Kloster ist vom Domherrn Heinrich Käß zu Würzburg im J. 1199 gestiftet und dem h. Michael geweiht worden.

6) Meeder, Dorf im Amte Rodach bei Koburg.

7) Kamburg, Stobra, Schleuskau, Schmiedehausen, viell. Leislau, Prisnitz, Groß-Heringen, Ober-Reisen, Osmanstedt, Wickerstedt, Apolda und Nieder-roßla.

Schmid Lobdeburg.

32. (S. 21.) 1213. Der Plebanus Hugo wendet der Kirche zu L o b -
d e sechs Schillinge und ein Talent Wachs für den Naumburger Cellarius
(Kellner) zu [1]).

Domarchiv zu Naumburg. — C. H. B r a u n: Domdechante zu Naumburg
(1796) 4.

33. (S. 19.) 1213. H a r t m a n n von L o v e d e b u r g k, Zeuge [2]), als
Markgr. Dietrich (der Bedrängte) von Meißen und Osterland das
Thomaskloster zu Lipzk (Leipzig) stiftet und mit Gütern zu P a p e n -
d o r f f, V a l d e w i n e s d o r f f, H e i d, O l k o w i t z und B e r o l d e s d o r p [3])
begabt.

Vogel: Chronikon von Leipzig (Fragment) 134. — S c h ö t t g e n und
K r e y s i g: dipl. Nachlese 1, 44. — Schultes: Dir. dipl. 2, 479.

34. (S. 20.) 1215. 11. Apr. H e r m a n n und sein Bruder H a r t m a n n
v o n L o b d e b u r c, Zeugen, als Markgr. Dietrich zu Meißen einen Kauf
bestätiget, nach welchem auf dem allgemeinen Landgericht (generali
placito) das Stiftscapitel zu Naumburg von M e c h t i l d e, C u n r a d s von
L o b e d e b u r c Wittwe, mit Einwilligung ihrer Tochter (Elisabeth), des
Grafen (Albert) von Dasle (Dassel), und ihrer, der Mechtilde, Brüder,
des Burggr. Meinher von Meißen und Hermann [4]), ein Gut zu Pritzet [5])
nämlich 12 Hufen, 30 Acker Holzung und ein Haus neben der Kirche,
für 250 Mark Silber erworben hat [6]). (S. 1218. 1244. 40. 59.)

Domarchiv z. Naumburg. — B r a u n: hist. dipl. Nachr. v. den Grafen v.
Osterfeld, (Naumb. 1796) 30. — S c h u l t e s: Dir. dipl. 2, 491.

35. (S. 16. 19.) 1216. 3. März. H a r t m a n n von L o b d e b u r c, Zeu-__67
ge, als die Gebrüder Theoderich und Wolkmar von Kagan 10 Hufen zu
K a g a n [7]) und 5 zu W e c e l e s w a l d e [8]) für 190 Mark an den Abt Bern-

---

1) Die Rubrik lautet: Constitutio Hugonis parochiam in Lobde de VI solidis Cella-
rio Numb. solvendis de dimidio manso in Lobde ab ipso paroche comparato.

2) Unter andern Zeugen kommen die vier Hofbeamten vor: Albertus Dapifer (von Burne), Heinricus Marschallus (v. Gnandenstein), Conradus Camerarius
(dessen Bruder) u. Conradus Pincerna (von Landsberg). S. G. H o r n: sächs.
Handbibl. 123. (1236. Nr. 57).

3) Paunsdorf, Baalsdorf, Propstheide, Liebertwolkwitz und Borsdorf,
sämmtlich im Kreisamte Leipzig gelegen. G r e t s c h e l: kirchl. Zustände Leipzigs
vor und während der Reformation (1839). 121.

4) Dieser kommt als Graf von Mansfeld und Burggraf de novo castro von
1215 bis 1270 in Urkunden vor. B r a u n l. c. 10.

5) Prittitz im Amte Weißenfels.

6) An der Urkunde hängt ein schadhaftes Siegel an rothseidnen Fäden, den
Markgrafen zu Pferde darstellend.

7) Groß- oder Klein-Kagen im Erbamte Meißen, zwei Stunden westlich
von Meißen.

8) Wellerswalda, Dorf mit Rittergut im Amte Oschatz.

hard zu Cella [1]) verkaufen, welchen Kauf der Markgr. Dietrich (der Bedrängte) zu Meißen bestätigt. Unter den Zeugen: der Schreiber Ulrich. Acta in civitate nostra Lipz.

Chr. Schlegel: de Cella veteri. (Dresd. 1703). 39. §. 29. — Schultes: Dir. dipl. 2, 501.

36. 1216. 9. Juni. Hermann von Bergau, Albert von Elsterberg und Otto von Luchtenberg [2]), Zeugen, als Ludolph von Altstedt dem Kloster zu Kappendorf (Kapellendorf) sein Wohnhaus mit Gemüsegarten zu Altstet zueignet. Act. et dat. in Altstet.

Avemann: Historie des Burggr. v. Kirchberg. Urkb. 144. aus *Paulini* Mscr. Kirchb. l.c. 20. f. 70. — Schultes: Dir. dipl. 2, 507.

37. (S. 19.) 1217. 11. Jun. Hermann von Lobdeburk, Zeuge, als Burggraf Sifrid zu Lisnik einen Theil des Berges bei Lisnik, der an das Dorf Puderoz [3]) grenzt, dem Kloster Buch zueignet.

Schöttgen: diplomat. 2, 174. — Schultes: Dir. dipl. 2, 519.

38. (S. 14.) 1217. 8. Nov. Otto (von Lobdeburg), Bisch. zu Würzburg, Zeuge, als Kaiser Friedeich II. zu Altenburg die Schenkung des Burggrafen Albrecht I. von Altenburg von vier Hufen und acht Acker Holz in der Flur von Stenvitz [4]) an das Marienkloster das. bestätigt. Dat. apud Aldenburg.

Schumacher: Beiträge zur deutschen Reichshist. 86. — Schultes: Dir. dipl. 2, 523.

39. (S. 17.) 1218. 25. Jul. Ulricus, scriptor Domini Hermanni de Lobdeburg, Zeuge, als König Friedrich II. das von seinem Verwandten (consanguineo), dem Markgrafen Dietrich v. Meißen gestiftete Thomaskloster (monast. regularium ‚Canonicorum) bei Libzek (Leipzig) bestätigt. Datum apud Erphesfurt.

Vogel: Chronik. von Leipz. (Fragm.) 136. — Schöttgen und Kreysig: dipl. Nachlese 1, 47. — Schultes: Dir. dipl. 2, 528.

40. (S. 20. 21.) 1218. *Hugo, Parrochianus de Lobede*, Zeuge, als Mechtilde, des Grafen Meinher (von Meißen) Tochter, Güter im Dorfe

1) Marien- oder Altzelle a. d. Mulde bei Nossen, zum Unterschied von Neuenzelle an der Oder, begonnen v. Markgr. Otto dem Reichen im J. 1162 u. vollendet im J. 1175; der Begräbnißort der alten sächs. meißn. Markgrafen. Daselbst liegen begraben: der Stifter Otto der Reiche, dessen Gattin Hedwig v. Brandenburg, Albert des Bären Tochter, deren zwei Söhne Albert der Stolze und Dietrich der Bedrängte, dessen fünf Kinder und viele andre aus dem Wettin'schen Hause. *Chr. Schlegel* l.c.

2) Diese Namen stehn mit der Geschlechtsfolge der Herrn von Lobdeburg in keiner Verbindung. So lange sich nicht deutlichere Beweise finden, halte ich diese Urkunde für unächt. Ich habe sie daher ganz unberücksichtigt gelassen.

3) Paudritzsch, Kammergut im Amte Leißnig.

4) Steinwitz, ein Gut von 2 Häusern im Kreisamte Altenburg.

Priscetz [1]) zur Errichtung eines Armen- und Krankenhauses (in Beutitz) überläßt. (S. Urk. Nr. 34. v. J. 1215.)

Schöttgen: dipl. 2, 369. — S c h u l t e s : Dir. dipl. 2, 531.

41. (S. 20.) 1219. H a r t m a n n und H e r m a n n , Brüder, v o n L o b d e b u r c , Zeugen, als Markgraf Dietrich (der Bedrängte) von Meißen über die Stiftung des Klosters zu I s e n b e r c und dessen Güter eine Urkunde ausstellt.

Horn: Henric. Illust. 335. — S c h u l t e s : Dir. dipl. 2, 536.

42. (S. 14. 20.) 1220. 20. März. Otto, episcopus erbipolensis, Nobiles H a r t m a n n und H e r m a n n von L o b e d e b u r c , Zeugen, als Kaiser Friedrich II. dem Kloster zu L u s e n i z [2]) seinen Schutz verspricht. Dat. Erfordie.

Archiv zu Altenburg — Copialb. 2, 172. Nr. 90. — S c h u l t e s : Direct. dipl. 2, 545. n. d. Urschrift.

43. (S. 20. 21.) 1220. (nach d. 8. Jun.) H a r t m a n n und H e r m a n n , Brüder von L o b d e b v r k , Zeugen, als auf dem am 8. Jun., zu Scolin [3]) gehaltenen Landtage (placito provinciali), das Kloster zu Buch von den drei Söhnen Bernhards von Vesta [4]) das Dorf L o s t o s w e (Loztowe) [5]) für 180 Mark Silber erworben hat, was auf dem Landtage zu Kulmiz [6]) nochmals anerkannt wurde, welchen Kauf Markgr. Dietrich (der Bedrängte) v. Meißen bestätigt.

Schöttgen: diplom. 2, 175. — S c h u l t e s : Dir. dipl. 2, 552.

44. (S. 15. 18. 22. 24.) 1221. 16. Apr. H a r t m a n von L e u c h t e - b u r g und H e r r d e s o b e r n S c h l o s s e s L o b d e b u r g , Präses des Gerichts und Ritter, thut kund, daß Heinrich von K a m b u r g mit seinem ältern Sohne eine Streitsache mit R u d o l p h Hesler in Flurstedt wegen eines freien Erbguts in Holstedt und 22 Acker bei S k e t e n (Schöten), die er den Klosterfrauen ins Capellendorf nach seinem Rechte zugeeignet hatte, vor ihm in voller Versammlung wegen feindseliger Entscheidung des Verwalters vorgebracht habe, mit Widerspruch des Ritters Ludolphs von Mellingen, welcher jene Güter in Lehn besaß, und wegen der Nähe und der daran stoßenden, den genannten Schwestern gehörigen Hufe in Franckendorf getrennt wissen wollte. Nach geschehener

---

1) Prittitz im Amte Weißenfels.

2) Klosterlausnitz bei Eisenberg.

3) Skölen, ein Städtchen im Osterland, zwischen Eisenberg und Naumburg. H o r n : sächs. Hdbibl. 849.

4) B e s t a , Dorf mit Rittergut am rechten Ufer der Saale bei Lützen. Die Söhne besaßen später Kamenz, das Dorf Kamiz, im Amte Torgau.

5) L a s t a u , Dorf an der Zwickauer Mulde, im Amte Leißnig; dabei der Burgberg mit der ehemaligen kaiserl. Burg Titibutzien (Titubizien).

6) Kolm, Dorf mit Kammergut im Amte Oschatz, wo sonst die Landtage auf dem hohen Kolmberge unter freiem Himmel gehalten wurden, zu denen aber nur die Ritterschaft gezogen wurde, die zu Pferd erschien.

Untersuchung hat zur Ehre der Maria und zum Heil seiner verstorbenen Blutsverwandten der Herr von Ischerstedt das genannte Erbgut mit Gärten und Wiesen, in Romstate für 66 Mark Silber erkauft. Datum Dornburg. Zeugen: Herman Graf von Orlamünde, Friedrich Graf von Rabenswald [1]). Ludwig von Gleichen. Berthold von Glizberg. Dietrich von Lobdeburg. Heinrich von Ischerstete. Brunning von Eckartsberge [2]). Hartman von Bergau. Herman von Rosla mit den beiden, Söhnen Berlt und Titzmann. Apel Vicedominus von Apolde, Scultetus curiae u. andere [3]).

Buder: observatt. jur. feud. germ. 129. — Schwabe: Nachr. v. Dornburg. 87. Nr. 9.

45. (S. 19. 20. 22. 24.) Circ. 1222 [4]). *Otto* Erbipolensis Episcopus, *Otto* major prepositus, *Hermannus* et *Hermannus* de *Lobedeburch*, Hartmannus et *frater* ejus de *Saleburch* (cf. a. a. 1233.) et *Heinricus de Berckawe*, Zeugen, als Kaiser Friedrich II. dem Kloster zu Hugistorff die Gunst gewährt, daß, wenn demselben seine Vasallen von ihren Gütern durch Tausch, Kauf oder Geschenk etwas überlassen, er seine Genehmigung im Voraus dazu ertheilt [5]).

Copialb. des Kl. Heusdorf im Archiv zu Weimar. 7. Nr. 15. — Thur. sacra. 337.

46. (S. 15. 16. 20.) 1223. 29. Sept. Hartman und Herman von Lobdeburg überlassen, mit Zustimmung (approbatione) des Archidiaconus (et vicarii in spiritualibus) ihres Oheims (patrui) Otto zu Würzburg, auf Bitten ihres Beamten (ministri) Urbanus von Selbicz [6]), 30 Acker in Rodach mit einem Walde zu Heldburg und einer Hofstätte

1) Albertus de Rabenswald kommt im J. 1209 vor. Weinreich: Vorstellung des Hermannsfelder See's. 8.

2) Conemund. de Eckehardisberg, Zeuge im J. 1197. Thur. s. 332.

3) Die Aechtheit dieser Urkunde ist sehr in Anspruch genommen worden. Besonders nahm man Anstoß an den Zeugen. Es ist zu bedauern, daß die Urschrift verloren gegangen ist.

4) Im ursprüngl. Copialb. sind zwei Abschriften von verschiedener Hand, die eine, ohne Zeugen, mit der Jahrzahl 1263, die andre ohne Jahrzahl. Aber der teutsche König Friedrich II. war schon am 13. Dec. 1250 und Bischof Otto von Würzburg, aus dem Geschlecht derer von Lobdeburg, am 5. Dec. 1223 gestorben. Daher ist, wenn überhaupt die Urkunde ächt ist, obige Jahrzahl angenommen worden.

5) Das Copialb. des Heusdorfer Klosters im geh. Archiv zu Weimar (Fol. 41^b.) theilt eine ganz ähnliche Urkunde vom Erzbisch. Sigfrid von Mainz mit, bestätigt von Landgraf Ludwig und Graf Sigfrid von Orlamünde. Gegeben Erfurt 1217.

6) Ob von diesem die Herrn von Selmenitz stammen, ist eine Frage. Kreysig: Beitr. zur sächs. Hist. 2, 76.

(area) Aynoth [1]) nebst der Keminate (caminata) Gumpershusen [2])
dem Kloster Troistedt [3]). Zeugen: Rudiger plebanus zu Trebeniz,
Otto, Capellanus in superiori Lobdeburg; Theoderich von Lichtenhayn,
Heinrich von Schlöben, Johannes Bildehausen, milites. Dat. in Lobdeburc [4]).

Docum. Jenens. im geh. St. A. zu Weimar. 4. — Reinhardt: Samml. selt.
Schriften 2, 238. — Schultes: Dir. dipl. 2, 579.

47. (S. 20. 22.) 1224. Otto (von Lobdeburg), Dompropst zu
Würzburg, Zeuge, als Bischof Theoderich [5]) das. den zwischen den
beiden Klöstern Salvelt und Veylsdorf über die Kirche zu Koburg
getroffenen Vertrag bestätigt.

Schöttgen: dipl. 2, 625. — Schultes: Dir. dipl. 2, 595.

48. (S. 17. 20. 22.) 1225. 25. Febr. Die Herrn von Lobdeburg
und die Voigte von Wida hatten eine Kirche St. Laurentii zu Elstirberg gestiftet, die Herrn von Wida aber waren wegen des Patronat-
rechts bevorzugt worden. Später war von den Voigten von Wida bei
dem Schlosse Groiz [6]) eine Kirche St. Marie als Pfarrkirche [7]) gestiftet
worden, von den Besitzern Elstirberg's (den Herrn von Lobdeburg)
aber, als der ältern Kirche zu nahe liegend, das Patronatrecht über dieselbe in Anspruch genommen worden. Nach diesen Irrungen bestätigte
der Bischof Engelhard von Naumburg den zwischen ihnen errichteten
Vertrag, nach welchem die Gebrüder Hartmann und Hermann von
Lobdeburg allein Ansprüche an die Kirche zu Groiz und den dazu
gehörigen Dörfern entsagen, dagegen die Gebrüder Heinrich und Heinrich, Voigte von Wida, auf den Antheil an dem Patronatrechte der Kirche zu, Elstirberg Verzicht leisten. Zeugen unter andern: Hartmann
von Bergowe. Die Burgmannen zu Elstirberg: Hertwich und Got- <u>71</u>
schalk von Wida, Ulrich von Orla und Berno. Dat. Cioe.

Büchner: erläut. Voigtland. 2, 159. — Longolius: Nachr. von Brandenb.-Culmbach 2, 115. beide im Auszug. — Lobensteiner Intellbl. v. J. 1795.
St. 52. S. 216. vollständig. — Schultes: Dir. dipl. 2, 598.

---

1) Einöd, Dorf u. v. Stockmaier'sches Rittergut im Amte Heldburg.

2) Schloß in Gumpertshausen im Amte Heldburg.

3) Ein ehem. Nonnenkloster bei Themar, im J. 1177 von Bertha, gebornen
Pfalzgräfin v. Sachsen, Gemahlin des Grafen Berthold von Henneberg, gegründet, nachdem im J. 1175 das Kloster Besra, wo Mönche u. Nonnen zu nahe
zusammenlebten, abgebrannt war. Chron. Henneb. ed. Glaser. 21. Sonst Trossesat,
vielleicht v. Drusus. Wilhelm: d. Feldzüge des Drusus. 74.

4) Aufschr.: Super XXX agros, silvam et aceam Vrbani de Selbitz.

5) Ein Graf von Hohenburg war Nachfolger von Bischof Otto und Vorgänger von Bischof Hermann von Lobdeb., regiert aber blos ein Jahr, zwei
Monate und vierzehn Tage.

6) Greiz. Limmer: Deduction des Namens Reuß (Gera 1824) 10.

7) Die St. Marien-Kirche am untern Schloß.

49. (S. 20.) 1225. Hartmann und Hermann von Lovediburg, Zeugen, als Landgraf Ludwig (der Heilige, Salicus) zu Thüringen das von Rudolf von Saleck ¹) aufgegebene Schirmrecht des Georgenklosters bei Naumburg dem Bischof Engelhard zu Naumburg und dem Abt Johannes zum St. Georgenkloster übergiebt ²).

50. (S. 15. 16. 19. 21.) 1227. Ego *Hermannus* de *Luchtenberg, dominusque superioris Castri Lobdeburg*, dignum duximus vivaci litterarum monimento perhennare, quod nos ad peticionem dilecti nostri, videlicet Venerabilis Praepositi Bertoldi de *Husdorf*, centum agros et quinquaginta lignorum pro sexaginta tribus Marcis vendidimus, quorum agrorum situs adiacens est silve, que vocatur *Nobus* ³), quos de communi consensu *filiorum nostrorum* super Reliquias B. Godehardi praefatae Ecclesiae in Hustorf perpetuo jure possidendos libere ac sine omni contradictione contulimus. Ne quis igitur tam legitimum statutum seu contractum zelo malignitatis presumat inquietare vel infringere presentium autoritate ac. nostri sigilli munimine corroboramus, autenticamus, confirmamus. Testes ydoneos annectentes. Sunt a. hii: *Hugo Plebanus* de *Lobde, Hildegerus Capellanus Superioris Castri, Radulfus plebanus de Kale*, Eberhardus de Griffenberg, Reinboto de Rutardesdorf, Albertus Cieche. Acta hec sunt Anno Gracie M CC XX VII. (cf. a. a. 1233. Nr. 53.)

Geh. Staats-Arch. zu Weimar. (Nr. 2368.) — (Thur. sacr. 435).

51. (S. 19.) 1230. 18. Nov. H(erman) von Lobedeburg und Dietrich Burggraue (v. Kirchberg) legen die Irrung bei, die um der Schirmvoigtei des Klosters zu Heusdorf willen mit dem Schenken (Dietrich v. Apolda) entstanden war.

(*Otto*) Thuring. sacr. 446.

52. (S. 20.) 1232. 30. Jan. Gregorius eps servus servor. dei abbati et conventui monasterii de *Ahusun* salutem. Nos ad supplicationem vestram parrochialem ecclesiam de *Ahusun* ad praesentationem vestram spectantem cedente l. decedente O(ttone) *herbipolens eccles. preposito*, qui eam optinet, ad sustentationem vestram et hospitalitatem servandam congrua portione, de qua Vicarius eius, qui pro tempore fuerit sustentari commode valeat, reservata et dioecesani Epi iure salvo vobis et per vos eidem monasterio in usus proprios de gracia concedimus speciali. Dat. Reat. III. Kl. Febr. pontificat. nostri anno quinto ⁴).

1) Rudolf II. v. Borgila, welcher 1232 des Schloß zu Tautenburg baute. Friderici: hist. Pincern. Varila-Tautenb. (Jen. 1722.) 8.

2) Adr. Beier (Geogr. Jen. 2. A. 269.) und nach ihm *Schlegel:* de nummo comitis Blanckenburg. 14. u. Schamelius: Beschr. des St. Georgen-Kl. b. Naumb. 41. theilen zwar den Inhalt dieser Urkunde mit, sie selbst fehlt aber noch.

3) Auf dem Forste bei Jena ist noch eine Gegend, welche Nöbis heißt.

4) Durch Hrn. geh. Archivar Dr. Hesse in Rudolstadt gütigst mitgetheilt erhalten.

53. (S. 19.) 1232. 21. Nov. Hermann von Louedeborg, Zeuge, als Markgraf Heinrich von Meißen, mit Zustimmung seiner Miterben, der Grafen von Brene, dem Kloster Buch das Dorf Rickuz [1] überläßt. Dat. in obsidione Mildenstein [2]).

Schöttgen: diplomatar. 2, 180.

54. (S. 16. 19. 22. 23.) 1233 1. Sept. Henricus de igracia Rom. rex et semper aug. [3]) dignum duximus litteris nostris commendare, ut posteritati nostre innotescat, quod nos regali potestate de peticione *fidelis nostri Hermanni* de *Lobdeburc* partem virgultorum videlicet C et L agros in monte, qui dicitur *Nobus*, quam a nobis feoduli iure se habere fatetur, ecclesie in *Hugestorf* perpetuo obtinendam tradimus. Vt autem hec donatio nostra rata et inconuulsa permaneat, cedulam istam Sigilli nostri inpressione roboramus. Hujus rei testes sunt *Hermannus* erbipolensis episcopus. Frater ejusdem episcopi *hartmannus* de saleberc. *Hartmannus et Hermannus de Lobdeburc. Hartmannus de bergowe.* heberhardus et reinbodo burgenses de *luchtinberc.* Burgoldus et conradus *puster* et *hooldus de lobdeburc.* Dat. Ratispon. in castris. Anno dominice incarn. 1233. Kal. Septebs. Ind. VI [4]).

Geh. St. Arch. zu Weimar (Nr. 46). — (Thur. sacr. 449).

55. (S. 23.) 1234. 9. Juli. Hermann (von Lobdeburg), Bischof zu Würzburg, Zeuge, als König Heinrich VII. die Bestätigungsurkunde des Klosters Burglin vom Kaiser Lothar III. unter'm 15. Mai 1136 zu Merseburg ausgestellt, ihrem ganzen Inhalte nach wiederholt und nochmals bestätigt. Im 14. Jahre seiner Regierung. Datum apud Aldenburch.

Copialb. des Kl. Bürgel im geh. St. Archive zu Weimar. 1, 4.

56. (S. 23.) 1234. 21. Aug. Hermann (v. Lobdeb.), Bisch. zu Würzburg, Zeuge, als Kaiser Heinrich VII. das Kloster Buch in seinen Schutz nimt und dessen Güter bestätigt. Dat. apud Nuremberc.

Schöttgen: dipl. 2, 181.

---

1) Regis, Städtchen im Amte Borna am linken Ufer der Pleiße, urk. auch Roguz und Riguz.

2) Mildenstein, Muldenstein, ein Schloß nördlich von Leißnig. Dazwischen liegt das aus einigen Häusern bestehende s. g. Burglehn. Das Schloß ist von Wilhelm dem Einäugigen neu erbaut worden.

3) War nur Reichsverweser während seines Vaters, Kais. Friedr. II. Abwesenheit in Italien und im gelobten Lande.

4) Das Siegel, mit dem König auf dem Throne, in der Rechten das Scepter, in der Linken den Reichsapfel, mit der sehr beschädigten Umschrift: Henr. ... A Rom... M... Rex et Semper Augustus. Unter dem Throne rechts steht: et Dux S (der König) Ve... (abgebrochen).
Die Aufschrift: Henr. Romanor. rex appropriavit ecclesie in Hustorf centum et L iugera lignor. in monte nobus.
Durch Hrn. geh. Archivar Dr. Hesse in Rudolstadt gütigst mitgetheilt erhalten.

57. (S. 19.) 1236. 19. Octob. Hermann von Lobdeburg, Zeuge, als Heinrich, Marschalk, und Cunrad, Cämerer, Brüder, von Gnannenstein ihr Dorf Ludenhagen [1]) mit allen Einkünften unter nähern Bestimmungen dem Kloster Buch überlassen.

Schöttgen: dipl. 2, 183.

58. (S. 15. 16. 20. 21. 22. 24.) 1236. *Hartmannus* et *Hermannus, domini superioris castri* de *Lobdeburg*, notum facimus, quod nos dilecte ac diligende ecclesie *Hugestorf* sexaginta agros virgulti et quindecim cultos agros libera manumissione contulimus adiacentes silve, que dicitur *Nobus*, prope *Copanz* [2]), eo videlicet pacto, quod in eorundem agrorum restauro dnus Heinricus Pincerna de Appolde, sexaginta agros virgulti prope Ischerstete et quatuor mansos et dimidium in *Lucenrode* [2]) nobis assignavit, quos ipso pincerna disponente a dno Marchione Missenense in feodo accepimus, quos et prefatus Pincerna feodali iure et nobis tenet. Testes hujus rei sunt *Hartmannus inferioris castri*, dominus de *Lobdeburg*. Theodericus comes de Bercha. Theodericus Burgravius de Kirchberg. Heinricus de Libenstede. Albertus de Alstede. Ludewicus de Meldingen, filius suus, Vicedominus et filius suus. Cunradus de Tuteleiben. Cunradus Puster. *Heinricus dapifer* de Lobdeburg [3]). Theodericus de Robuz. Heinricus de Welniz. Clerici: Prepositus de Luseniz. Bruningerus de Ekehardisberge. *Ulricus scriptor.* Acta sunt hec anno gracie 1236. De agris supra dictis dotatum est altare Nicolai in capella mortuorum [4]).

Archiv der Landesreg. zu Altenburg. — Copialb. das. 1, 53. Nr. 53. — (Thur. sacr. 452).

,59. (S. 20.) 1244. 23. Nov. Elisabeth, Gräfin von Dassel [5]), überläßt mit Zustimmung ihres Gemahls A(lbert) Grafen von Dassel dem Nonnenkloster zu Butitz [6]) einen Weinberg, bei Lobdeburch gelegen.

Schöttgen: diplomat. 2, 370.

---

1) Leutenhain, Dorf an der Zwickauer Mulde, im Amte Leißnig, zwei Stunden von Rochlitz.

2) Coppanz und Lützerode im Amte Jena.

3) Im J. 1259 wird ein Weinberg des Dapifers von Lobdeburg unter den Gütern am Hausberg mit aufgezählt, die dem Kl. Kapellendorf gehörten. S. m. Gesch. der Kirchb. Schl. 149.

4) Mit zwei Siegeln, die zwar sehr undeutlich und beschädigt sind, aus denen aber hervorgeht, daß sie zwei ganz verschiedene Wappen hatten. Vom ersten ist nur Sig... zu erkennen; das zweite ist dreieckig mit einem Querbalken und der Umschrift: S. Hermanni de Lobdeburg.

5) Ihre Mutter war Mechtilde, Schwester des Burggrafen Meinher l. zu Meißen und Gattin Conrads von Lobdeburg. S. Urk. Nr. 34 v. J. 1215.

6) Der erste Grund zu dem Nonnenkloster zu Butitz (Beutitz) am rechten Ufer der Saale, eine Stunde von Weißenfels, ist im J. 1218 von Mechtilde, einer Tochter des Grafen Meinher zu Meißen, gelegt, und zwei Jahre später der Maria und dem Apostel Matthäus geweiht worden.

60. (S. 19. 23.) 1246. 25. Mai. Bischof Heriman zu Würzburg, Heriman von Lobedemborg, Zeugen, als König Heinrich, am vierten Tage nach seiner Wahl, dem Abt Heriman zu Corbei die Rechte und Freiheiten seines Klosters bestätigt. Acta hec in castris apud Hocheim.

J. F. Falke: codex traditt. Corbeiens. 404.

61. (S. 9. 24.) 1248. Dec. Hermann (v. Lobdeburg), Bischof zu Würzburg, bestätigt den Kauf der Hälfte des Zehenten in Segeniz [1]) dem Kloster Ahausen, „quod (monast.) a nostris progenitoribus est fundatum et in eo religuie eorundem progenitorum nostrorum feliciter requiescunt."

Geh. Archiv zu Anspach. Mitgetheilt v. Ph. E. Spieß in J. G. Meusels Geschichtforscher: 1, 195.

62. (S. 23. 24.) 1251. 4. Mai. Hermann (v. Lobdeburg), Bisch. zu Würzburg, bestätigt die Übergabe des Dorfes Unter-Sulzvelt [2]) von Seiten der Grafen Heinrich und Hermann von Henneberg an die Kirche zu Würzburg. Unter den Zeugen: *Otto, Custos de Lobedeburc* u. a. Datum apud Wirceburg.

Schannat: vind. lit. coll. 1, 207. — (Salver: Proben des deutschen Reichsadels: 218. 220.)

63. (S. 22.) 1251. 13. Dec. Heilwig, Gräfin von Bercha, übergiebt nebst ihren beiden Söhnen Dietrich und Dietrich dem Kloster Georgenthal 60 Acker Holz nebst ihrem Gute, gegen Abend des Dorfes Tambach [3]), über dem Flusse Splitera gelegen, zum Heil der Seele ihres verstorbenen Gemahls des Grafen Dietrich; mit Beistimmung ihres Vormunds, des Grafen Heinrich von Schwarzburg und ihrer Blutsverwandten und Erbberechtigten. Bestätigt mit dem Siegel ihres 75 Bruders, des edlen Mannes, Hartmann von Bergowe.

(Otto) Thuring. sacr. 486. — (Chron. Schwarzb. ed. Schöttgen: dipl. 1, 173).

64. (S. 17.) 1251. Magister Vdalricus de Lobede, Zeuge, als der Propst Nortmann des Cistercienser-Nonnenkloster zu Rode ein Gut von 2 ½ Hufen zu Ober-Grizlawe [4]), vom Anfang der Stiftung des Klosters besessen, dem Nonnenkloster zu Butiz für 75. Mark Silber verkauft.

Schöttgen: dipl. 2, 372.

65. (S. 15. 19. 24. 27.) 1252. 20. März. V. G. G. Hermann von Lobdeburg, genannt von Luchtenberk, mit seinen Erben, Hermann von Lobdeburg, genannt von Marnshoge (Arnshoge) thun kund, daß sie auf Bitten des Abts Friedrich zu Puzowe (Bosau), ihre

---

1) Segnitz, ein ummauerter Marktflecken am Main in Baiern im ehem. Fürstenth. Anspach.

2) Sülzfeld im Sülzfeld-Grunde in der Grafsch. Henneberg im Herzogth. S. Meiningen-Hildburghausen.

3) Im Amte Georgenthal bei Gotha.

4) Ober-Greislau am Ursprunge des Greifelbaches im Amte Weißenfels.

Kirche zu Lubichowe [1]), deren Patronat ihnen zustehe, der heiligen Mutter Gottes (zu Bosau) mit allen Rechten und Nutzungen übergeben. Acta sunt hec Jene. Zeugen: Albert, Domherr zu Würzburg, Reinboto, Vicar in Jene, Bruder Hartmann von Heldrungin, Heydenreich, Komthur in Zuecen [2]), Theoderich von Robus (Rabis), Albert von Gornuwiz [3]), Heydenreich von Merthindorf u. a. (a. a. 1353. Nr. 217) [4]).

Chartarium Abbatiae Bosau 442. — Schöttgen 2, 442. Nr. 35.

66. (S. 15. 19. 24. 27.) Circ. 1252. Hermann von Luchtinberg, Otto von Lobdiburc, H(ermann) von Elstirberg, Edle, thun kund, daß sie einen Weingarten in Lubichowe, drei Acker haltend, dem Kloster Puzau (Bosau) aus besondrer Vorliebe zum Orte mit allen Nutzungen geschenkt haben; mit dem Bemerken, daß denselben ihr Getreuer, Reinboto von Zloben [5]) von ihnen in Lehn besessen, einem gewissen Otto aber und seinen Erben erblich überlassen, das Kloster aber das Recht der Lehne von Reinboto um eine halbe Mark Silber an sich gebracht, dem Otto aber vier Pfund Silber gegeben habe [6]).

Schöttgen: dipl. 2, 442. Nr. 34.

67. (S. 24.) 1254. 8. Jan. Herman (v. Lobdeburg), Bisch. zu Würzb., eignet dem Kloster zu Ahusen Güter und Gefälle im Dorfe Segeniz zu, welche der Abt Rupert zu Ahusen erworben hatte. Zeugen: Otto Custos, Albertus de Lobdeburg, Canonici majoris ecclesie nostre. Actum apud Herbipolin.

Archiv zu Anspach. — Ph. E. Spieß: archivische Nebenarbeiten. 1, 148. — (Salver: Proben teutschen Reichsadels. 221.)

68. (S. 24.) 1254. 6. Febr. Hermann (von Lobdeburg), v. G. G. Bischof zu Würzburg [7]), bestätigt einen Tausch zwischen den Klöstern Amorbach und Seligental, Güter und Rechte in Slirstat und

---

1) Großlöbichau, ehemals zur Pflege Leuchtenburg, seit 1883 zum Amte Thalbürgel im Großherzogth. S. Weimar gehörig.

2) Zwäzen bei Jena, ehem. Komthursitz.

3) Gernewitz bei Roda.

4) Schamelius: Anhang zum Kl. Bosau 9. Nr. 24. Privil. Dn. Hermanni de Lobdeburg dicti de Lichtenberg suorumque heredum super parochiam in Lubichowe.

5) Schlöben, Dorf und Gut der Herrn von Hardenberg, bei Roda.

6) Privil. Dn. Hermanni, Otto. et Henr. Nobilium de Lichtenberg super quandam Vineam in Lubichowe trium agrorum spaciis extensam. Schamelius: Anh. zum Kl. Bosau. S. 10. Nr. 41.

7) Auch im Kloster Eberach soll sich eine Urkunde von ihm vom J. 1254 befinden; bemerkenswerth, weil alle würzburg'sche Geschichtschreiber diesen Bisch. schon im J. 1253 unter die Todten zählen. Ludewig: Geschichtschreiber von dem Bischoffthum Wirtzburg (Frkf. 1713) 553. Unt. 28. Jul. 1255 wird Bisch. Hermann vom Bisch. Iring als verstorben erwähnt. J. A. v. Schultes: hist. Schriften 83.

Seligental, betreffend. Zeugen: *Otto de Lobedeburc*, Custos, *Albertus de Lobdeburg*, canonici majoris ecclesie. u. a.

Valent. Ferd. de Gudenus: cod. dipl. Mog. 3, 677. 679. N. 417.

69. (S. 17. 18. 19. 24. 27. 29.) 1254. Nos *Hermannus senior* et uxor mea *Mechtildis*. Nosque *Hartmanus* et *Hermanus* filii sui de *Lobdeburch*. Notum esse cupimus, quod cum Henricus prepositus in *Luseniz* bona, que fuerunt domini *Ottonis* militis de *Luberschutz* [1]) a nobis pro centum argenti marcis [2]) comparavit. Nos ex speciali favore domini H(enrici) Marchionis Misnensis illustris et eiusdem militis O(ttonis) prefati, nec non communicato consilio et consensu patruorum, nostrorum *Ottonis* de *Lobdeburch* et *Hermani* fratris sui *specificati* [3]) de *Elsterberch* eadem bona videlicet cum vineis, silvis, aquis, piscacionibus, agris, novalibus excultis et excolendis, parrochia et eisdem bonis, adherente nemore cum omnibus attinentiis prefato preposito H(enrico) et ecclesie sancte Marie virginis in Luseniz absolute dedimus et resignavimus pro pecunia memorata et ut anniversarium patris et matris, sepedicti militis O(ttonis) ibidem perpetuo peragatur. Testes: Fridericus de Richenowe [4]), Theodericus de Robuz, Theodericus et Heidenricns de Ottendorf, Henricus de Buckdra, Burgoldus. Albertus de Gurnewitz, (Conr.) ... de Welnitz, milites. Theodorcus de Ruchowe, Heinricus notorius et alii. A. d. 1254. Indict. XI.

Archiv der Landesreg. zu Altenburg. — Copialb. das. 1, 37. Nr. 17.

70. (S. 18. 19. 29.) 1254. 14. März. Markgraf Heinrich (der Erlauch-77 te) von Meißen beurkundet, daß er das freie Gut (allodium) im Dorfe Loberschiz, was ehemals der Ritter (miles) Otto besaß, auf Ersuchen Hermanns von Lobdeburc, und seiner Söhne Hartmann und Hermann, das sie von ihm in Lehn besaßen und darauf freiwillig verzichtet haben, dem Nonnenkloster zu Lusniz zum Eigenthum übergeben habe. Datum Mitelhusen. Zeugen: Graf B(erthold) von Anehalt, Burggraf H(einrich) von Donin, Burggraf H(ermann) de novo castro [5]) (Neueburg bei Freiburg), und sein Sohn H(ermann), Burggr. Th(eoderich) v. Kirchberc, Al(bert) Truchseß (Dapifer) von Burne (Borna), H(einrich) Voigt (advocatus) von Glizberc(h), H(einrich) von Libenstete. H(einr.) Schenk von Apolde. Ekehard von Sulze. H(einr.) v.· Ebersberch. Johannes Priester (plebanus) v. Smidehausen, Henrich Ritter von Smidehausen, Mag. C(hristoph) nostre curie Notarius (später Propst zu St. Moritz in Naumburg) [6]), Johannes scriptor, Peter v. Que-

---

1) Löberschütz, Dorf a. d. Gleise im Amte Thalbürgel.
2) Eine Mark Silber betrug um diese Zeit 60 Groschen.
3) Otto hatte sich also mit seinem Bruder Hermann wieder abgetheilt.
4) Cf. a. a. 1381. Nr. 235.
5) Sie stammten von den Grafen von Mansfeld ab. *Jovius:* Chr. Schw. I, 163. Braun: die Grafen von Osterfeld. (Naumburg 1796.) 13.
6) S. Lepsius: hist. Nachr. vom Kl. St. Moritz (Naumb.1835) S. 25.

schiz (Quessig), Th(eod.) v. Rachowe u. a. [1]).

Archiv zu Altenburg. — Liebe: Nachlese zu Heinr. dem Erl. 64. Nr. 1.

71. (S. 18. 19.) 1254. 14. Mai. Markgraf Heinrich von Meißen beurkundet, daß er das freie Gut (allodium) im Dorfe Lubersitz und dessen Flur (pago) mit allen Zubehörungen und der Parochie, was ehemals der Ritter Otto besaß, auf Ersuchen Hermans von Lobdeburc und seiner Erben, dass sie von ihm in Lehn besaßen, dem Nonnenkloster zu Luseniz zum Eigenthum übergeben habe. Datum Mitelhusen. Zeugen: Theoderich (II.) Bischof zu Naumburg. [2]) und dann dieselben Zeugen wie in der vorhergehenden Urkunde [3]).

Archiv zu Altenburg; mitgetheilt von Liebe: Nachlese zu Heinr. dem Erl. 65. Nr. 2.

72. (S. 27. 29. 36.) 1255. 30. März. Die Herrn von Lobdeburch, Otto und Hermann, Brüder, und Hartmann von Leuchtenburc, und Hartmann von Bergowe, Zeugen, als die Voigte Heinrich von Wida, die Brüder Heinrich und Heinrich von Plawe und Gera das Dorf Slifstein [4]), welches 3 Talente und 15 Schillinge (solidi) Geraische Münze zahlt und die Ritter Heinrich von Privel (vielleicht Pridel) und Heinrich von Sloben von ihnen in Lehn hatten, mit allen Rechten der Kirche Luseniz so wie das Schirmrecht übergeben, so wie sie es von dem Markgrafen Heinrich von Meißen inne gehabt. Acta sunt hec in placito Alarstorf [5]).

Pet. Beckler: stemma Ruthen. 258.

73. (S. 17. 20. 29.) 1256. 10. Apr. *Herman* senior, *Hartmann et Herman*, filii sui, de *Lobdeburg* verkaufen dem Kloster zu Luseniz mansum unum in *Lubanicz* [6]) cum vineis et aliis attinentiis pro XXX marcis argenti. Datum *Luchtenberg*.

Schultes: cod. dipl. mscpt. Vol. 1, 14[b].

74. (S. 10. 17. 20. 29.) 1256. 12. Apr. Nos *Hermanus* senior, nosque *Hartmannus* et *Hermannus*, filii sui, de *Lobdeburg* cupientes ad notitiam pervenire, quod cum Albertus de Grobeicz, fidelis noster, totam villam

---

1) Von dieser Urkunde sind zwei beglaubte Urschriften von verschiedenen Händen im Altenburger Archiv, die beide Liebe mittheilt.

2) Aus dem markgräflich-meißn. Hause stammend, nach geschehener Wahl eines frommen Petrus, der sich eben in Paris aufhielt, aufgedrungen.

3) Die Ursache, warum diese Urkunde nach zwei Monaten zum zweiten Mal ausgefertigt worden ist, liegt wol darin, daß in der ersten die Parochie und Flur von Löberschütz vergessen worden war. Horn: sächs. Handbibl. 839. 863.

4) Vorwerk oder Meierhof, jetzt eine mit Buschholz bewachsene Mark in der Herrsch. Gera.

5) Vielleicht Albersdorf, eine wüste Mark am Fuße des Kolmberges unweit Kolm.

6) Jenalöbnitz im Amte Jena.

Loschen [1]) et omnia bona attinentia, que a nobis in feodo tenuit, domino Heinrico preposito et conuentui sancte Marie virginis in *Lusenicz* pro septuaginta marcis argenti de nostro favore unanimi vendidit. Nos prefatam villam *Loschen* cum omnibus agris, vineis, aquis etc., cum hominibus, qui et nunc et deinceps in prefata villa habitaverint, ecclesie sepedicte contulimus, liberaliter perpetuo possidenda. Datum *Luchtenberg*, anno incarn. Dni 1256. II. Id. April. (1278. Nr. 111.)

Archiv der Landesreg. zu Altenburg. — Copialb. im Altenb. Arch. 1, 57. Nr. 38.

75. (S. 36.) 1257. 31. Oct. *Hartmannus* et *Ottho* fratres *de Bergowe* notum esse volumus, quod venerabilis in Christo dns Conradus plebanus *ville forensis Wimar* [2]) vineam quandam sitam, sub monte, qui vulgo *vetusta Lobdeburg* nuncupatur, que et quandoquidem cuiusdam Heinrici de havena fuerat, a filiis felicis memorie Cunradi de Wurzeburg, scilicet Cunrado et Bothone, pro decem marcis argenti nobis favorabiliter ipsius precibus assensum pium prebentibus comparavit. Quam videlicet vineam ad instanciam Dni Gebehardi prepositi et ad peticione prefati plebani Cenabio stimonialium in 79 Wymar omni iure proprietatis nostre contulimus quiete et libere perpetuo possidendam. Cuius rei donacio ne in posterum malerum insultibus valeat iniquitari, presentem paginam nostrorum sigillorum munimine conscriptam fecimus roborari viris probatis et testibus, qui aderunt subscriptia *Wernherus cappellannus de Lobdeburg*. Cunradus pvstero senior. Heinricus et Cvnradus eiusdem filii. Cvnradus miles de Welniz. Cvnradus berna senior. Cvnradus bolerus. Lvdewicus et Cvnradus fratres boleri. Cvnradus officiatus dnorum et alii quam plures. Datum in *Burgowe*. Anno gre 1257. pridie Kaln. Novenbs. [3]).

Geh. Staatsarchiv zu Weimar. Nr. 13.

76. (S. 27.) 1258. 12. Juli. Nos Heinricus d. g. Misnens. et Orientalis Marchio, Thur. Lantgrauius, et Sax. Com. Palatinus, omnibus in perpetuum. Quod cum nos circa, promotionem Ecclesie Sanctimonialium in *Isenberg* velimus benevali semper esse eidem ad resignationem liberam nobilium nostrorum domini *Hermanni* et Dom. *Ottonis, fratrum de Lobdeburg*, nobis factam, contulimus viginti mansos, que volgo dicuntur *Len*, sitos circa civita-

---

1) Bei Löberschütz liegt eine Wüstung Namens Loeschen oder Luschen, durch die Hussiten (1432) entstanden, wie die allg. Weltgeschichte berichtet. Die Sage geht, daß drei Glocken vergraben worden seien, die ein Schwein wieder ausgewühlt habe. Die größte soll nach Löberschütz, die zweite nach Graitschen und die dritte nach Taupadel gekommen sein. Da das Kloster zu Lausnitz Besitzungen in Löberschütz und Jenalöbnitz erworben hatte, so ist es sehr glaublich, daß auch Luschen ihm gehörte. Noch giebt es ein Lotschen im Amte Rode, aber es ist keine Spur da, daß dieses Dorf dem Kloster gehört habe. Noch weniger ist dies der Fall mit Lotschen im Amte Blankenhain.

2) Oberweimar a. d. Ilm, bei Weimar.

3) Mit zwei Siegeln: S. Hartmanni de Bergowe. und .. Ottonis ju .. ... Lobede... Aufschrift: Sup. vinea sita sub monte Lobdeburc dicta vetusta, appropriata per illos de Bergowe.

tem *Zwicowe*, et villam, qua *vallis scte Marie* [1]) dicitur, solventes singulis annis viginti Marcas argenti et XX modios Siliginis, et totidem modios auenae, cum omnibus pertinentibus ad eosdem, quos de manu nostra dicti nobiles habuerunt in feodo, volentes, ut ipsa bona iura proprietatis perpetuo maneant, apud Ecclesiam memoratam. Ne autem hujusmodi donatio nostra in posterum per aliquem infringatur, presens super ipsa de consensu heredum nostrorum conscribi iussimus Instrumentum Sigilli nostri munimiue roboratum. Hujus a. rei testes sunt Dom. Heinricus Maior Prepositus Misnen., Magr. Christoforus, scriptor noster [2]), Dom. Hermannus Burchravius de novo Castro, Albertus dapifer de Burne, Wignandus de Honstein et alii quam plures. Datum Wizenvels. Anno Domini M. CC.L. VIII. quarto Idus Julii prime Indictionis [3]).

77. (S. 27.) Circ. 1258. Markgraf Heinrich von Meißen thut kund, daß seine Verwandten (consanguinei) die Brüder Hermann und Otto von Lobdeburg auf 18 Len, neben seiner Stadt Zvvykovve gelegen, welche sie von ihm in Lehn gehabt, in seine Hände Verzicht geleistet haben, und ihn bitten, daß sie von ihm dem Nonnenkloster zu Isenberg geschenkt werden. Damit nun die Stiftung seiner Voreltern erhalten werde, überläßt er mit Einstimmung seiner Söhne die genannten 18 Len und eine daran gelegene Wiese des Dorfes Bellwiz [4]) mit allen Rechten dem Nonnenkloster zu Ysenberg.

F. G. Gotter: Nachricht vom Nonnenkl. zu Eisenberg. 57. Nr. 15.

78. (S. 26.) 1258. 15. Juli. Nos Gebehardus prepositus, Abbatissa totusque conuentus sanctimonialium in Wimar recognoscimus, quod Dns Conradus plebanus de Wimar et dns Otto sacerdos dictus de *Lobede*; cujus ipsorum pecunia emerant monasterio nostro vineam apud *Lobede* sitam, que erat Conradi dicti de Erbipoli, necnon Bodonis et Henrici fratrum ejusdem ipsique Conradus et dns Otto sacerdotes debent, quam diu ipsi ambo vixerint, vineam pleno iure et libere possidere, ita quod post vnius eorum obitum vinea ipsa ad nostrum monasterium in perpetuum devoluetur. Quod faciet propriis laboribus et expensis culturam ac vniversis labores, qui fieri debent in vinea predicta, immo etiam in colligendo vino sev premendo et nullis expensis deductis dabimus nos et successores nostri post predictorum duorum sacerdotum vnius obitum ei, qui superstes fuerit inter eos singulis annis, quam diu ipse vixerit, dimidietate totius vini, quod perveniet in vinea supradicta. Sub eadem forma contulimus ipsi Ottoni etiam et dno Heinrico de Corbecke quatuor agros monasterii nostri intra *Wimar* et *Toubeche* [5]) sitos,

1) Marienthal, Dorf im Amte Zwickau, eine halbe Stunde von der Stadt.

2) Im J. 1253 wird Protonotarius genannt. S. Avemann: Beschr. der Burggr. v. Kirchb. Urk. Nr. 21.

3) Vom Hrn. geh. Archivar Dr. Hesse in Rudolstadt gütigst mitgetheilt erhalten.

4) Bellwitz, Dorf mit Rittergut bei Bauzen in der Oberlausitz.

5) Taubach a. d. Ilm, im Amte Weimar.

quos pleno iure, quam diu vixerint, possidebunt. Specialiter viro ipsi dno
Ottoni ad sue duntaxat vite tempora contulimus terciam partem domus apud
valvam in curia nostra ad commodum suum ibidem heredum et sua reser-
vandum. Nos vero *Hartmanus* et *Otto nobiles* de *Bergowe* fratres hiis litteris
publice protestamur, quod pro nobis et heredibus nostris ius proprietatis in
vinea supradicta contulimus in perpetuum monasterio in Wimar predicto. Ad
horum igitur omnium firmitatem fecimus nos omnes hanc litteram sigillorum
istorum appensionibus communiri. Hujus rei testes sunt Conradus pvstero.
Heinricus filius ejusdem et Johannes frater eius. Conradus bvellerus. Heinricus plebanus de Orlamunde. hermanus plebanns de Madela. dns Luithardus
ste Marie Canonicus et dns Conradus plebanus sti Laurencii Erfordn. et alii
quam plures. Datum Idus Ivlii Ano gre M.° C°C°. LVIII° 1).

    Geh. Staatsarchiv zu Weimar. Nr. 14.

    ‚79. (S. 30.) 1259. 25. Apr. Herman von Lobdeborgh, Zeuge, 81
als Bisch. Dietrich von Naumburg urkundlich erklärt, daß die Zwie-
tracht, die zwischen ihm und dem Markgr. Heinrich (dem Erlauchten)
von Meißen und seinen Söhnen bestand, beigelegt sei, und daß die Be-
vestigungen zu Zeiz unter nähern Bestimmungen wieder niedergerissen
werden sollen. Dat. in Suseliz 2).

    Fabri: Staats-Canzlei 33, 589 (im Auszug).

    80. (S. 29.) 1259. 27. Mai. Hartmann und Hermann, Brüder
von Luchtenberc, Zeugen, als Markgraf Heinrich von Meißen, mit
Zustimmung seiner Söhne Albert und Dietrich, die Zueignung des
Dorfes Richardesdorf 3) mit dem Patronatsrechte an das Kl. zu
Luseniz bestätigt, welches der Voigt von Wida und Plawe, von ihm in
Lehn gehabt und mit Zustimmung seines Bruders, des Voigts von Gera,
wegen des der Marienkirche zu Luseniz zugefügten Schadens überläßt.
Datum in Novo Castre 4).

    Archiv zu Altenburg. — Altenb. Copialb. 2, 247. Nr. 123. — Beckler:
stem. Ruth. 259 (Anf. und Ende). — Liebe: Nachlese zu Heinr. dem Erl. 70.

    81. (S. 30.) 1259. 31. Aug. Hermann von Lobdeburc, Zeuge,
als Markgraf Heinrich der Erlauchte von Meißen den Kauf eines freien

---

    1) Mit drei Siegeln: ein dreieckiges mit Fisch und Umschrift: S. Ottonis de
Bergowe; ein parabolisches, mit Figur, rechts Schlüssel, links Buch und der
Umschrift: Sigillum Scimnialium et Ctus psi Ober Winmar. Aufschrift: do vinea sita in
Lobede, quod fuit conr. de Erbipoli et Bodonis et h. frm.

    2) Eine alte Abschrift dieser Urkunde mit einigen unleserlichen Worten
habe ich aus dem geh. Staatsarchive zu Weimar erhalten. Sie soll aber außer dem
oben angegebenen Auszug anderwärts gedruckt sein.

    Bischof Dietrich stammte aus dem meißnischen Hause. In Seuselitz, jetzt
Altseuselitz an der Elbe im Amte Großenhain, hatte Markgr. Heinrich ein
Schloß, wo später ein Kloster von ihm gegründet wurde (s. 1268. Nr. 98).

    3) Reichardsdorf im Kreisamte Eisenberg im Altenburg.

    4) Neuenburg bei Freiburg. Vgl. Glo. Horn: sächs. Handbibl. 494 — 498.

Gutes bei Freiberg, welches die Bürger daselbst von Albert v. Freiberg für 150 Mark erworben und zum Besten der Stadt, nämlich zur Veweide (Viehweide), bestimmt hatten, bestätigt. Datum apud Sconenberc [1]).

J. G. *Horn*: Henr. Illust. 317. Nr. 29.

82. (S. 30.) 1259. 24. Octob. Nach dem Tode des Grafen Günther (VIII.) von Schwarzburg tritt dessen Mutter Sophia die Hälfte ihrer beiden Schlösser Kirchberg und Ehrich und die andern Güter an der Unstrut, zwei Meilen um erwähnte Schlösser gelegen, an ihren Bruder Graf Heinrich von Honstein ab, der ihr und dem Herman von Lobdeburg [2]) 600 Mark Silbers hinausgiebt. Geschehen zu Kranichfeld [3]).

Schwarzb. Commun-Archiv Scat. VIII. Nr. 1.

83. (S. 29.) 1259. Hartmann und Herman, Brüder, von Lobdeburg übereignen B. G. u. G. von Querfurt das Schloß Nebere [4]).

Riemann: Gesch. der Grafen von Mansfeld (Aschersleben 1834) 300.

84. (S. 36.) 1261. Nos *Hartmannus* et *Otto* fratres de *Bergowe* protestamur et notum esse volumus, quod Cunradus dictus *Puster* et Heinricus filius ejus vineam quandam sitam in *Trachintall* [5]), quam a nobis feodali iure habuerunt, cunctis videntibus sponte resignaverunt, quam ob reuerentiam beati Georgii martyris et propter misericordiam summi patris promerendam voluntarie dedimus super altare sancti Georgii in *Burglin* ad usus fratrum ibi deo servientium, vt nostra nostrorumque fiat ibi memoria decessorum. Hujus rei testes sunt Cunradus Puster, Heinricus, filius ejus, Cunradus de Glyne, milites; Cunradus, quondam villicus, Nicholaus de Bechstete, Albertus, dictus Smalcz de Rode. Acta sunt haec anno gratiae 1261. Indictione III[a]. Luna XV[a].

Altenburger Copialb. 2, 315. Nr. 144. — Copialbuch des Kl. Bürgel im geh. St. A. zu Weimar 1, 22.

85. (S. 30.) 1262. 13. Jan. Herman von Lobdeburc, Zeuge, als Markgr. Heinrich von Meißen dem Nonnenkloster zu Luseniz (Lausnitz) das Dorf Richenbach [6]) schenkt, welches Henrich von Hainsberg [7]) von ihm in Lehn besessen hatte. Datum apud Suseliz [8]).

---

1) Schönburg, Schloß an der Saale, auf einer Anhöhe, an deren Fuß das Dorf Schönburg im Amte Naumburg liegt. Es soll von Ludw. dem Springer erbaut worden sein und war schon in J. 1291 eine Burgwart des Stifts Naumburg. G o t t s c h a l k : Ritterburgen 4, 139.

2) *Jovius*: Chron. Schw. ed Schöttgen: dipl. 1, 174. glaubt, daß derselbe ihr Vormund war. Vielleicht hatte er eine Schwester dieser Sophia zur Gattin.

3) Das Siegel des Herman von Lobdeburg ist ziemlich wol erhalten.

4) Die Urkunde war im Landesarchive auf dem Petershofe zu Halberstadt, jetzt wird sie in Magdeburg zu suchen sein.

5) Drachenthal, in der Drackendorfer Flur gelegen.

6) Reichenbach im Kreisamte Eisenberg.

7) Vermuthlich Hainsburg im Amte Zeis, Domäne bei Crossen, sonst Hoinsburg, Castrum Hegenesberg. Chron. mont. ser. ed. Mäder. 107.

8) Jetzt Altseuselitz, zum Unterschied von Neuseuselitz, am rechten Ufer der Elbe, im Amte Großenhain. H u t h : Gesch. d. St. Altenburg. 72.

Liebe: Nachlese zu Heinr. dem Erl. 76.

86. (S. 27. 29.) 1262. Nos *Hartmannus* et *Hermanus* de *Lobdeburc* dignum duximus declarare, quod cum consensu ac etiam favore patruorum nostrorum domini *Ottonis* de *Arnshogge*, domini *Hermanni* de *Elsterberc* ecclesie ste Marie in *Luseniz* honorabilibusque in Christo sanctimonialibus ejusdem loci, que propter Christum pauperem extreme ferunt ˛sarcinam paupertatis, unum mansum cum omni utilitate aliisque bonis feodatis et infeodatis, qui situs est in *Luberschiz* [1]), ad sublevandam earundem inopium pro XV marcis argenti vendidimus libenti animo et assignavimus venerabili domino Heynrico, preposito procurate sub ea forma et condicione, quod absque omni actione seu impedimento consanguineorum, amicorum et omnium advocatorum nostrorum libere et quiete perpetuo possidebunt. Ne autem huic geste rei in posterum ulla valeat suboriri dubietas, presentem litteram conscribi fecimus et sigillorum munimine nostrorum roborari in domo *Heidenrici nostri advocati in Jene* terminatum. Anno domini M⁰. CC⁰. sexag⁰. II. Testes vero, qui aderant, sunt hii. Eberhardus de Milyn. Cunradus de Welniz. Theodericus de Robuz. Theodericus de Lichtenhayn. Heinricus de Wormstete. Heynricus de Madela. Albertus de Jene. Theodericus de Aldindorf. Gebehardus frater ejusdem. Heydenricus advocatus et alii quam plures. (a. a. 1254. Nr. 69.)

Archiv zu Altenburg. — Altenburger Copialb. 2, 324. Nr. 151.

87. (S. 30.) 1263. 7. Mai. Hermann von Lobdeburc, Zeuge, als Markgraf Heinrich von Meißen verordnet, daß die Jahrmärkte zu Freiberg, wie in andern Städten, vom Vorabend des Jacobitages an vierzehn Tage dauern sollen. Datum Plawen [2]).

Horn: Henric. illustr. 319. Nr. 31.

88. (S. 29.) 1263. Der Abt Conrad zu Puzowe (Bosau) thut kund, daß Herborto, ehemaliger Kämmerer seiner Kirche, einen Weingarten, aus dem Berge Glisberg [3]) gelegen, von Heinrich, damals Propst in Luseniz, mit Zustimmung der Edlen Hartmann und Herman von Luchtenberg, für 14 Mark gekauft habe. Unt. den Zeugen: Theodoricus, plebanus de Luberschiz.

Schöttgen: dipl. 2, 444. Nr. 38. — *Lange:* Chron. Citic. ed. Pistor. 1, 811. — Leuckfeld: Kloster Bosau ed. J. M. Schamel 26.

89. (S. 36.) 1264. 10. Jan. Hartmann und Otto von Bergowe bekennen, daß sie dem Nonnenkloster zu Cappelendorf eine Mase

---

1) Löberschütz an der Gleise im Amte Jena.

2) Dorf am Eingange in den bekannten Plauischen Grund bei Dresden.

3) Gleisberg bei Kunitz, aus welchem die Ruinen der Burg Gleisberg liegen.

Schmid Lobdeburg.

(mansum) [1]) in Frankendorf [2]), welche Herman von Rosla von ihnen in Lehn besaß, für zwei Mark überlassen haben. Zeugen: Conrad, Ritter von Welniz; Bertold, Ritter von Butstete; Friedrich von Azmanstete, Herman von Rosla u.a. [3]).

Geh. St. A. zu Weimar (Fol. 31. Nr. 27.) — *Mencken.* 2, 685.

90. (S. 30.) 1264. 18. Aug. Herman von Lobdeburch, Zeuge, als Markgr. Heinrich von Meißen bekennt, daß die beiden Brüder Bodo und Otho, genannt von Ilburc [4]), eine Überfahrt im alten Belgern [5]), gewöhnlich Vere (Fähre) genannt, von ihm seither in Lehne besessen, der Kirche und dem Nonnenkloster zu Buch überlassen haben. Dat. Libental [6]).

Schöttgen: dipl. 2, 189.

91. (S. 30.) 1265. Nobilis vir Hermann von Lobdeburg, Zeuge, als Markgr. Heinr. der Erlauchte von Meißen die Rechte der Juden vor Gericht in seinen Landen näher bestimmt.

G. Horn: Henric. Illustr. 319.

92. (S. 36.) 1266. 2. Aug. H(enricus) die gratia advocatus de wida etc., quod dominus H(enricus) prepositus venerabilium ancillarum Christi de Lusenicz dimidietatem ville, videlicet *Warte* [7]), sue ecclesie ad Fridericum dictum de Osterhusen pro XII marcis nostro favore mediante comparavit. Nos etiam omne ius, quod in eadem villa habuimus, prefate ecclesie liberaliter conferimus ad usum et libertatem perpetuo possidendum. Testes sunt hii. Ludewicus miles dictus Morvinc. Gottfridus de polnitz. *Heinricus* et *Gerhardus* fratres *de bergowe* [8]). Sifridus villicus de wida. Syboto plebanus sancti Petri, et Th(eodericus) plebanus sancte marie ibidem. Heinricus plebanus de Bernhardesdorf [9]) et alii quam plures. Datum in Wida in die Stephani pape et martiris, acta sunt hec anno dom. 1266.

Archiv der Landesreg. zu Altenburg. — Copialb. das. 1, 53. Nr. 34.

---

1) Mansus ist gleich der Hube gemeßnes Land und begreift Haus und Hof. Die Benennung stammt aus dem fränk. Reiche und kommt von manere, daher mansio, maison etc. Grimm: deutsche Rechtsalterthümer. 536. Daher kommt auch in Thüringen der Ausdruck Masen für gewisse Grundstücke vor.

2) Frankendorf im Amte Weimar.

3) Zwei Siegel: S. Hartmanni u. S. Ottonis.

4) Über die Herrn von Ilburg. Kreysig: Beitr. zur sächs. Hist. 4, 7.

5) Belgern, Stadt am linken Ufer der Elbe, im Meißner Kreise, im Amte Torgau, sonst (983) civitas Belegora. Die Umgegend hieß pagus Belegori.

6) Liebethal, Dorf im Meißner Kreise, im Amte Stolpen, in der sächs. Schweiz, ehemals der Hauptsitz der „deutschen Pflege." Früher stand hier ein Schloß. G. Horn: sächs. Hdbibl. 804.

7) Jetzt St. Ganglof, halb im Kreisamte Eisenberg, halb im Amte Roda gelegen.

8) Jedenfalls nannten sie sich von Berga, einem Städtchen an der Elster im Amte Weida.

9) Münchenbernsdorf im Amte Weida.

93. (S. 29.) 1266. 12 Nov. Hartmann und Herman von Lob-deburc eignen auf Nachsuchen Heidenreichs von Jene, ihres Vasallen (ministerialis), 30 Acker Holz auf dem Forste bei Jena (in silva sita apud Jene Vorst), auf dem Berge, Crotendorf [1]) genannt, dem Kloster Cha-pelndorf zu. Zeugen: Rudeger, Pfarrer (plebanus) in Trebeniz [2]), Otto, Capellanus in superiori Lobdeburc, Theoderic. von Lichtenhain, Chunrad von Welniz [3]), Heinrich von Slöben, milites; Dieteric. von Robus (Rabis) und Dieteric. von Aldendorff u. A. Datum in *Lobdeburg* [4]).

Geh. Staats-Archiv zu Weimar. — Dipl. Jenens. im g. St. A. z. W. 4[b]. — Heusdorf. Copialb. im Weim. Arch. 51[b]. — *Mencken* 1, 686. — Struve: hist. Arch. 2, 350. Nr. 1. — Avemann: Kirchb. Gesch. Urkb. Nr. 146.

94. (S. 27.) 1267. 12. Mai. Otto, nobilis de *Arnshouge*, Zeuge, als Dietrich, Markgraf von Landisberg, dem Kloster zu Dobirlug [5]) alle Güter seiner Herrschaft, welche demselben von seinen Voreltern oder Getreuen bis jetzt gewidmet worden sind, bestätigt.

Ludewig: reliquiae mscpt. 1, 93. — *Chr. Schlegel:* de vetere cella. 50. §. 39.

95. (S. 36.) 1267. 10. Jul. *Heinricus*, plebanus *de Lobede*, Zeuge, als Hermann, Burggraf in novo castro [6]), mit Zustimmung seiner sieben Söhne und zwei Töchter dem Nonnenkloster zu Butitz vier Hufen zu Lizzene [7]) zueignet. Acta in Osteruellt [8]).

Schöttgen: diplomat. 2, 374. Nr. 17.

96. (S. 24.) 1267. 19. Oct. Albrecht von Lobdenburg und Eberhardt von Lobdeburg erscheinen unter den Domherrn des Stifts zu Würzburg, als durch erwählte Schiedsmänner 13 ledige Pfrün-den und eine Vicarie besetzt werden.

J. P. Ludewig: Geschichtschreiber von Wirtzburg 581. — Salver: Pro-ben deutschen Reichs-Adels. 224. — v. Falckenstein: thür. Chronik 1, 878.

97. (S. 27.) Circ. 1267. *Nobilis Otto* de *Arinsschowe* leistet in die Hän-de des Landgrafen Friedrich in Thüringen auf das Dorf Rütters-

---

1) Krotendorf, Wüstung im Mühlthale, wo auch ein Krotenberg und eine Krotenmühle lag. Die Kraut-, sonst Krotgasse in Jena hat vielleicht daher ihren Namen. Wiedeburg: Beschr. v. Jena 138.

2) Tröbnitz im Amte Roda.

3) Wöllnitz bei Jena, unter den Gerichten von Drackendorf.

4) Zwei Siegel: S. Hartmanni de Lobdeburg und S. Hermanni de Lobdeburg. Aufschrift: Super XXX agros ligni apud Vorst in Jene.

5) Das Mönchskloster Dobrelugk, Cisterzienser- Ordens, ist im J. 1181 von Markgraf Friedrich zu Lausitz und Eilenburg gestiftet worden, der auch das Schloß Landsberg erbaut hat. Chron. mont. ser. ed. Mader. 50. Dobrilugk ist jetzt eine Stadt an der kleinen Elster (Dober) in der Niederlausitz. Kreysig: Beitr. zur sächs. Hist. 4, 57.

6) Schloß Neuburg bei Freiburg a. d. Unstrut.

7) Lissen, Dorf am Mainbache bei Osterfeld.

8) Erst im J. 1256 war zu Osterfeld eine Schloßcapelle. Vorher war Oster-feld in die Kirche zu Lissen gepfarrt.

dorff ¹) Verzicht, welches er von ihm in Lehn gehabt und der Fürst dem Nonnenkloster Isenberc eigenthümlich überläßt.

Gotter: Nachr. vom Nonnenkl. zu Eisenberg 55. Nr. 12.

98. (S. 27. 36.) 1268. 12. Nov. Otto von Lobdeburch, Zeuge, als Markgraf Heinrich von Meißen mit seinen Söhnen Albert, Landgrafen in Thüringen, und Dietrich, Markgrafen von Landsberg, die Stiftung des Klosters zu Seuseliz ²) so wie dessen Güter, namentlich alle zum Besitzthum (proprietatem) Screbiz ³) gehörigen Dörfer, bestätigt. (a. a. 1286. Nr. 122).

Horn: Henric. illustr. 364. — Unsch. Nachk. v. J. 1725. S. 8.

99. (S. 36.) 1268. Ottho von Lobedeberc, genannt von Bergowe ⁴), thut kund, daß auf seinen Rath der Propst Dietrich des Nonnenklosters zu Butiz einem gewissen Diener (famulo) Alexander mit Namen von Gline für ein gewisses Besitzthum zu Butiz, das er als das seinige in Anspruch nahm, anderthalb Mark Silber gegeben habe, mit dem Zusatz, daß er und seine Erben das Kloster niemals anfeinden oder beschweren wollen. Zeugen: *Henricus,* plebanus de Lobde, *Reinherus, noster capellanus,* Rudegerus, plebanus de Trebeniz, Conradus de Wircheberc, Conradus de Gline, milites u. a.

Schöttgen: diplomat. 2, 375. Nr. 18.

100. (S. 27.) 1269. Otto von Marnsowe, miles, Zeuge, als Graf Günther von Schwarzburg eine Hufe in Vdestete ⁵), die jährlich zwei Malder Getraide und zwei (Malder) Gerste zinset, dem Peterskloster zu Erfurt übergiebt.

Schannat: Vindem. lit. coll. 2, 14. — Heydenreich: Hist. v. Schwarzburg. 43.

1) Rüdersdorf im Kreisamte Eisenberg.

2) Das Nonnenkloster Seuselitz wurde im J. 1268 begonnen und im J. 1278 vollendet. Im J. 1271 mußten die Bürger zu Dresden zum Bau dieses Klosters 10 Mark Silber zahlen, wofür Heinrich der Erlauchte sie vom Marktzolle befreite (a. a. 1259. Nr. 79).

3) Schrebitz, seit 1835 im Amte Mügeln, vorher unter dem Schulamte Meißen. Die zu diesem Besitzhume gehörigen Dörfer waren: Duritz (Däbritz), Colzewiz (Gallschütz), Wolffersdorf (Wollsdorf), Geltitz (Göldnitz), Godelitz (Görlitz), Dolen (Döhlen), Cossewiz (Gaschütz), Zenitz (Sömnitz), Grubenitz (Graumnitz) und Dolen (vermuthlich Dölschütz). Früher war in Schrebitz eine Burgwart, deren Spuren um die Kirche herum noch sichtbar sind, wo auch noch das Heerfahrtshaus steht. Nach Aufhebung des Klosters Seuselitz (im J. 1543) wurde Schrebitz vom Herzog Moritz, unter dem Titel einer Voigtei, zu welcher 17 Ortschaften gehörten, der Fürstenschule zu Meißen überlassen. Die sämmtlichen zum Besitzthum Schrebitz gehörigen Dörfer, außer Dölschütz, bilden jetzt eine Parochie mit der Mutterkirche zu Schrebitz und dem Filiale Gallschütz mit dem dahin eingepfarrten Wollsdorf.

4) Vermuthlich als Schiedsrichter erwählt.

5) Udestedt an der Gramme im Amte Vieselbach im Großherzogth. Weimar.

101. (S. 27.) 1271. 30. Nov. Otto von Harneshouge, Zeuge, als Markgraf Dietrich von Landisberck [1]) dem Nonnenkloster zu Butitz zwei Hufen in Schetz [2]) überläßt. Dat. in Groicz [3]).

Schöttgen: dipl. 2, 376.

102. (S. 27.) 1271. Otto von Arnshowe, Zeuge, als Dietrich, Markgraf von Landisberg, das Gericht (judicium) in den Dörfern Ozzek [4]), Hoyndorf, Lomzik [5]), im Gau und Landgericht (comitio) Buzewitz dem Kloster Bosau überläßt.

Schöttgen: dipl. 2, 446.

103. (S. 9. 27.) 1273. 8. Nov. O(tto) von Lodeborg, genannt von Arneshugen, bezeugt dem Abt S(ifrid) zu Ahusen [6]), daß sein von seinen Vorahnen gestiftetes Kloster zu entfernt sei, als daß er ihm immer seinen Schutz angedeihen lassen könne; aber: „in ea libertate et gratia manere volumus, quam a nostris progenitoribus a retroactis temporibus habuistis." Datum in Slowiz [7]). (1248 Nr. 61.) [8]).

Geh. Archiv zu Anspach, mitgetheilt v. Ph. E. Spieß in J. G. Meusel's Geschichtforscher 1, 196. — Lobensteiner Intell. Bl. 1789. 113. — Greizer Amts- u. Verordn. Bl. 1819. 90. — (K. H. v. Lang: Baierns alte Grafsch. u. Gebiete (Nürnb. 1831) 302.)

104. (S. 9. 27. 28.) 1273. 1. Jan. H(erman) von Lodeburc, genannt von Elsterberc, bezeugt dem Abt S(ifrid) zu Ahusen mit denselben Worten dasselbe, was in vorhergehender Urkunde steht. Datum in Elsterberc [9]).

Das. 1, 197.

105. (S. 27.) 1273. Nobilis dominus Otto von Arnschoge, Zeuge, als Markgraf Dietrich von Landsberg den Bürgern zu Lipzk (Leipzig) die Münze (opus fabrice monetae) verleiht, nachdem Johannes Abreck darauf Verzicht geleistet. Datum Grenez [10]).

---

1) Nach dem Tode Heinrich des Erlauchten (1260) erhielt sein Sohn Dietrich der Bedrängte Landsberg.

2) Zschaitz am Jahnbach im Stiftamte Meißen.

3) Vermuthlich Groitzsch bei Pegau. Wipertus Marchio, Pigaviensis ecclesiae fundator, cujus filiam Dedo comes duxerat, anno 1124 XI. Kl. Jun. moritur, relinqueus Henricum Marchionem. Berta, comitissa, filia Wiperti, uxor Dedonis comitis, proprietatem suam *Groicz* dedit Dedoni, filio Conradi Marchionis, quem filii loco nutrierat. Chronic. montis sereni ed. *Menck.* s. r. g. 2, 310. ed. *Mader* 205.

4) Ossig, im Amte Zeiz.

5) Lonzig (Lunzig) daselbst.

6) Abt Sifrid III., aus dem alten Geschlechte de Lacu oder vom See.

7) Schleiz im Voigtlande. Limmer: Voigtl. Gesch. 350.

8) Siegel: ein geschlossener Helm, an dessen beiden obern Ecken zwei Flügel, mit der Umschrift: S. Ottonis de Lobdeborg.

9) Siegel: ein dreieckiger Schild, der durch zwei Linien schrägrecht getheilt ist.

10) Soll vermuthlich Groicz heißen, wie Nr. 101.

106. (S. 27.) 1275. *Conradus,* miles *de Elsterberg,* Zeuge, als der Voigt Heinrich von Weida das Dorf Gerharsdorff [1]), das Mag. Lodewicus, ehemals Pfarrer zu Plewenitz [2]), erkauft hatte, dem Kloster zu Grünhain überläßt.

Schöttgen: dipl. 2, 531.

107. (S. 36.) 1275. 2. Juni. Heinrich, Pfarrer (Plebanus) von Lobde, Zeuge, als Bischof Meinher zu Numburg [3]) die von Heinrich Voigt von Weida geschehene Übergabe des Dorfes Gerharsdorff bestätigt. Dat. Grunhain [4]).

Schöttgen: dipl. 2, 532. — (S. Horn's sächs. Handbibl. 308.)

108. (S. 30.) 1275. 24. Sept. Herman von Lobedeburg, genannt von Luctenberc, zugleich mit seinen Töchtern, beurkundet dem Stadtrathe zu Gene, daß der Schirmvoigt (advocatus) Heydenreich, Bürger zu Gene, und Gutta, seine Gattin, auf ihre Güter bei Gene, als vier Weinberge und einige Äcker, die sie von der Kirche zu Husdorff auf ihre Lebenszeit inne halten, Verzicht leisten und andern genannten Personen verleihen. Acta sunt hec in G(ene).

Heusdorfer Copialb. im Weim. Archiv 25. — (Otto) Thuring. sacr. 357.

109. (S. 30.) 1276. 18. Sept. Hermann von Luchtinburck, nobilis vir, Zeuge, als die Brüder Albert und Ludewig von Hackeborn die von ihrem Vater Albert von Hackeborn an das Nonnenkloster zu Butitz gemachte Schenkung bestätigen. Act. in Wyssenuels.

Schöttgen: diplomat. 2, 378.

110. (S. 30.) Circ. 1276. *Hermannus* dei gracia *dominus superioris castri in Lovedeburck* militibus et civibus in Gene salutem. Significamus vobis, quod Prepositus in Husdorff aream vnam sitam in judicio vestro comparavit, per quam causa necessitatis viam publicam percepimus. Nunc autem ad instanciam domini Prepositi et ipsius conventus et pro salute animarum nostrarum, quicquid juris vel peticionis in predicta area habemus, jam dicto Preposito presentavimus. Quapropter vobis precipimus, quatenus stratum lapidibus signetis, ne super hoc nociva questio possit suscitari. (NB. Weiter war nichts davon im Copialbuche).

Heusdorfer Copialb. im Weim. Archiv 25[b]. Nr. 62. — Thur. sacr. 358.

111. (S. 10. 20.) 1278. Richardus die gratia prepositus, Gertrudis, priorissa, totusque conuentus sancte Marie virginis in *Lusenicz* omnibus hanc paginam inspecturis salutem in domino. Noverint universi tam presentes

---

1) Gersdorf, Dorf im Amte Werda, bei Lauenhain im Voigtlande.

2) Planitz, Dorf mit Rittergut, im Amte Zwickau.

3) Aus dem burggräflich meißn. Hause stammend.

4) Grünhain, ehemals ein Kloster, Cistercienser-Ordens, an der Mulde im Erzgebirge, vom Burggrafen Meinher zu Meißen um das J. 1240 gestiftet. Jetzt ist es eine Stadt mit einem Amte.

quam futuri, quod prepositus de Lusenicz cum suo conuentu post multa placita habita cum suis hominibus in *Loscen* [1]), idem homines vocati ad judicium *Ysenberc* autoritate domini Abbatis, Landgrauii, presidente judicio honorifico viro domino Lodovico dicto de Predil [2]); multis militibus, servis, mercatoribus et aliis quam pluribus audientibus. Idem villani requisiti in animas suas, quo titulo, quo iure a suis progenitoribus bona in *Loscen* ad eos devoluta possiderint. Qui respondentes super animas suas, quod eadem bona possedissent ab antiquis temporibus iure et consuetudine Francorum et in presenti possiderint, quod et quam professionem admisit prepositus et suus conuentus in Lusenicz de consilio et admittit idem prepositus et suus conuentus in Lusenicz in perpetuum eisdem suis hominibus in *Lotscen* ius et libertatem Francorum, tale ius, quale possident etutuntur homines in terra *dominorum* et *nobilium de Lobdeburch*. Quod autem hoc factum inconvulsum et efficax in perpetuum permaneat et a nullo successorum nostrorum, infringi valeat, presentem paginam conscribi fecimus et nostri sigilli valore confirmari et ad maiorem certitudinem rogavimus eandem paginam sigillo domini Landgrauii communiri. Acta sunt hec anno domini M. CC. L. XXVIII. Huius rei testes sunt dominus Albertus abbas in Burgelino, dominus Heinricus prepositus in Ysemberc, dominus Hermanus prepositus in Petersperc. Dominus Ludovicus tunc Judex in Ysemberc et frater suus Guntherus, milites de Predel [3]), dominus Otto de Ysemberc, dominus Heinricus de Syluwitz, dominus Heinricus cognomine Poster, milites. Heinricus de Rosenhahn. Theod. dictus de Robucz, Heinricus de Gline, servi; Guntherus institor et in Ysemberc civitas universa. Conradus Sculthetus de Burgelino, cultellator et alii quam plures [4]).

Archiv zu Altenburg. Nr. 240. — Altenburger Copialb. 2, 310. Nr. 143.

112. (S. 30.) 1280. Hermann von Lobdeburg, genannt von Leuchtenburg, stellt eine Urkunde über Güter und Gerichte zu Gernewitz [5]) und Ulborn [6]) aus. Zeugen: Werner, Propst zu Rode, Reinhold, Priester in Cale, Conrad, Priester in Seitenrode [7]); Theodor von Lichtenhain, Burgold von Trachindorf, Burgold von Lichtenbergk, Heinrich von Glyne u. A.

Amts Roda Copialbuch 21. 252.

113. (S. 30. 36. 37.) 1282. Hermann *senior* und Hermann *junior* von Lobdeburck, genannt von Luchtenburck, bezeugen, daß sie

---

1) Luschen, Wüstung bei Löberschütz. (a. a. 1256. Nr. 74.)

2) Stammsitz Predel, Dorf an der Elster bei Zeiz.

3) Gunth. de Predill; cf. G s c h w e n d : Chron. von Eisenberg. 637. (1274). — *Schöttgen:* dipl. 2, 531. (1273).

4) J. E. H u t h in seiner Geschichte der Stadt Altenburg (1829) 184 führt diese Urkunde an.

5) Gernewitz im Amte Roda.

6) Vermuthlich Eineborn das.

7) Seitenrode unter der Leuchtenburg im Amte Kahle.

einen Weinberg bei dem Dorfe Heinichen [1]), welchen Heinrich Ritter von Ezelinsdorff [2]) besaß, der Kirche des heil. Matthäus zu Butitz übereignen. Zeugen: Otto und Hartmann von Lobdeburg, genannt von Bergowe, Heidenreich von Yene und Heinrich, Ritter; Hermann von Madela, Dietrich von Robitz (Rabis), Otto, capellanus in superiori castro *Lobdeburgk, Heinricus, plebanus in Lobde, capellanus inferioris castri Lobdeburg*, Conradus senior Buler, Conradus junior Buler, Conradus senior Puster, Johannes suus filius, milites u. andre.

> *Schöttgen:* diplomat. 2, 379. Nr. 32.

114. (S. 26. 31.) 1283. 20. Febr. Nos *Hermannus* et *Albertus, fratres,* nobiles *de Lobedeburch,* dicti de *Luchtenberg,* recognoscimus, quod *aduocatiam* nostram in ciuitate *Burgelinensi* deuolutam ad nos a nostris nepotibus [3]) videlicet domino *Ottone* et *Hartmanno* filio suo felicis memoriae, dictis de *Arneshoge,* recepta pecunia pro nostra voluntate ac domino Conrado Abbate et Conuentu in *Burgelin* vendendo absolute et jus proprietatis eisdem donando resignauimus et omnis usufructus siue lucra, que ex judiciis, seruiciis seu quibuslibet juribus, causis et occasionibus in bonis aduocatie et hominibus supradictae Ecclesiae nobis hactenus pertinebant vel qualicunque modo poterant pertinere, dominus Abbas in Burgelino et Conuentus supradicti cum tocius vtilitatis et commoditatis fructu presenti vel futuro recipiant perpetuo possidendo nullo, jure, nullo respectu, nulla denique exceptione nobis ac nostris successoribus in bonis et in hominibus prememorate Ecclesie in Burgelin quodammodo pertinente. Obligamus insuper nos faciendo eidem Ecclesiae in Burgelino plenariam *warandiam,* que vulgariter dicitur *guere* [4]), ut si quis nobilium terrae vel qualiscunque persona praenotatam Ecclesiam vel Conuentum in Burgelin super praedicto contractu tam legitime celebrato impetere videretur, quod nos eandem Ecclesiam ab omni impeticione et *werra* aximere debeamus et haec rata et inviolabilia permaneant praesentem literam sigillorum noatrorum munimine dignum duximus roborandum. Testes hujus rei sunt Dom. Rudegerus plebanus in Jene, Cunradus Puster in Herzberch, Dnus Theodericus, dictus merretich, Dnus Cunradus de Oblocewicz, milites; Petrus de Lubechowe, Lutoldus de Polnicz, Heinricus Franco, Albertus Maroldi, Cunradus cultellifaber, ciues in Jene; Cunradus, Sculthetus Senior, Bertholdus, Scultetus Junior; Heinricus Kruputz [5]) et Cunradus Institor, Ciues in Burgelino, cum pluribus aliis fide dignis. Datum in *Jene.* Anno Dni M. CC.

91

---

1) Haynichen im Amte Eisenberg, um 1802 dem Herrn von Bünau gehörig.

2) Etzdorf, im Amte Eisenberg, seit dem 13. Jahrh. Rittersitz derer von Etzdorf (Schultes Hdschr.). Jetzt Besitzer Prinz Georg v. S. Altenburg.

3) Unter nepotes sind hier wol im Allgemeinen Erben zu verstehen.

4) *Warandia*: praestatio, cautio. Jac. Grimm: deutsche Rechtsalterthümer. 970.

5) Groß- oder Klein-Kröbitz bei Kahle (a.a. 1287. Nr. 125).

LXXXIII. X. Kt. Marcii Indictione V, [1]).

Copialb. des Kl. Bürgel, im geh. Staats-Arch. zu Weimar. 1, 26.

115. (S. 30.) 1283. 10. Juni. Wir Hermann und Albert von Lobdeburg, Gebrüdere, von Leuchtenburg genannt, bekennen vor dem Bischof (Engelhard) zu Naumburg, daß Hartmann, unser Vater, und Hartmann, unser Vetter [2]), in seligen gedechtniß etwan genant die von Leuchtenburg, die Gerichte das Blut, welche gerichte uff deutsch Halsgerichte genannt seyn, und andere gerichte, wie man die aussprechen mag, zu Feldern und Dörffern in Tautendorf [3]) und Yneborn [4]), dem Convent zu Roda mit allen gerichten und eigenschaften gegeben haben. Gegeben zu Kalle 1283 uff den Tag nach Pfingsten.

Amts Roda Copialb. 248.

116. (S. 36. 37.) 1284. 25. Juli. O(tto) und H(artmann), Herrn von Lobdeburch, genannt von Bergowe, überlassen eine Hofstätte, gelegen in der äußersten Straße der Stadt Lobede, die auf dem obern Weg in die Penicke führt [5]), dem Nonnenkloster zu Butitz. Zeugen: *Henricus in Lobede, Ebberhardus, Capellanus ejusdem ecclesie,* Henricus, sacerdos et socius predicti plebani, Conradus, miles de Drachindorff, dictus Puster, Johannes Puster, filius suus, miles, Burgoldus miles, dictus de Drachindorff, Boto, dictus de Wirzeburch u. a. Acta et data in *novo Lobio* [6]) domini plebani in *Lobede,* hora nona.

Schöttgen: dipl. 2, 380. Nr. 35.

117. (S. 27.) 1284. 9. Nov. Vir nobilis, Otto von Arnshouge, 92 consanguineus noster dilectus, Zeuge, als Theoderich, Markgraf von Lendesberch, der Kirche im Dorfe Kolmen [7]) zum Ersatz der Capelle Szicz [8]), die von der Mutterkirche getrennt werden und einen eignen Pfarrer erhalten soll, eine Hufe im Reimansdorf [9]) überläßt, welche

---

1) Unter'm 3. Mai 1290 bestätigt Pfalzgraf Friedrich v. Sachsen vorstehende Urkunde (Nr. 133).

2) Vermuthlich von Arnshaug.

3) Tautendorf im Amte Roda.

4) Eineborn das.

5) Adersus Ponicam in via superiori. Noch jetzt führt dieser Weg in die Penicke, eine Thalschlucht, in deren Ende der Fürstenbrunnen, sonst Penickenquelle, entspringt. S. Brückmann: Nachr. v. dem Fürstenbrunnen in Ötter: Samml. versch. Nachr. 1, 623. Bauer: Versuche aus dem Reiche der Natur 159. Zenker: hist. topogr. Taschenb. v. Jena 136.

6) *Lobium,* ein Wohnort, wo mehre zusammenleben, oder bedeckter Söller; hängt mit Leube, Leubi, Leibi, Leben zusammen. Aug. Wilhelm: Gesch. des Klosters Memleben in Thüringen (Naumb. 1827) 41. Ferd. Wachter: thür. u. obersächs. Gesch. 2, 196.

7) Golm bei Delitzsch in der preuß. Provinz Sachsen.

8) Sietzsch, daselbst.

9) Reindorf, Filial von Golm.

seither Bertold von Szirnicz von ihm in Lehn hatte. Dat. et act. in *Ride-burch* [1]).

Wilke: Ticemannus. Urkb. 48. Nr. 26.

118. (S. 30.) 1284. Nos *Hermannus* de *Lobedeburc*, dictus de *Luchten-berg* senior, recognoscimus, quod de heredum nostrorum unanimi consensu diuini amoris intuitu et pro remissione nostrorum peccaminum in honorem beati Georgii martiris abbati et suo conuentui ordinis sancti Benedicti sanc-tique Georgii in *Nuenburg* vineam sitam in *Ammerbach*, que *Kolbelincberc* nuncupatur, proprietatem dedimus perpetuo possidendam. Testes hujus manumissionis et donationis sunt Dnus Meinhardus de Lesten, Reinboto de Lobegastiz, Hermannus de Madela, milites. Rudegerus plebanus in Jene, Heinricus et Hermannus ejusdem loci vicarii, Heinricus de Dornburg, Arnoldus Nicholaus, Th. de Eccholfstede [2]), H(enricus) et Giselbertus fratres, Heinricus Franco, ciues in Jene e. a. Datum et actum *Jene*. Ciuitate. Anno domini 1284 [3]).

Geh. Staats-Archiv zu Weimar.

119. (S. 27.) 1284. Otto von Lobdeburg, von Arnshaug ge-nannt, verleiht die Kapelle zu Straßberg [4]) dem deutschen Ordenshause zu Plauen. Datum Arnshoge [5]).

Copialb. im Archiv des Schlosses Neudorf bei Plauen.

120. (S. 37.) Circ. 1284. O(tto) und H(artmann) von Lobde-burch, genannt von Bergowe, ersuchen den Landgraf Albert in Thü-ringen, dem Nonnenkloster zu Kapelndorff drei Hufen in Teutsch-Schwabhausen (theutunica Swabehusin) [6]), welche sie von ihm in Lehn haben, zu überlassen [7]).

Geh. Staats-Archiv zu Weimar (F. 24. Nr. 4.) — Doc. Jen. Nr. 10. — Struve: hist. Archiv 2, 369. — Mencken. 1, 689.

121. (S. 27.) 1286. 25. Jan. Vir nobilis Otto von Arnishouge, Zeuge, als Markgraf Friedrich (Tuta) von Landisberg das von seinem Vater Markgraf Theoderich von Landisberc unterm 28. Jan. 1271 dem Nonnenkloster zu Sangerhusin überlassene Patronatrecht der Paro-chie unter der Stadt bestätigt.

Wilke: Ticemannus. Urkb. 50. Nr. 27.

122. (S. 27.) 1286. 21. Jun. Otto von Arnshoige, Zeuge, als Markgraf Friedrich von Landesberg das von seinem Großvater Hein-

---

1) Riedeburg daselbst.

2) Eckelstedt, im Amte Kamburg.

3) Ein Siegel mit der Umschrift: Sig. — Herman ... de Lob ... (a. a. 1307.)

4) Dorf bei Plauen. Limmer: voigtl. Gesch. 394.

5) Von Limmer in seiner voigtländ. Geschichte 348. 350. 404. aus dem Ar-chiv zu Neudorf im Auszug mitgetheilt.

6) Großschwabhausen im Amte Jena.

7) Mit zwei Siegeln: S. Ottonis und S. H. Aufschrift: Super tres mansos in Theu-tonica Swabhusen.

rich, Markgrafen von Meißen, und dessen Söhnen Albert, Landgraf in Thüringen, seinem Oheim (patruo) und Dietrich, Markgrafen von Landesberg, seinem Vater gestiftete Kloster zu Seuseliz mit den dazu geordneten Gütern bestätigt. Dat. in castro Wizenvels in capella, in sede matris nostre. (a. a. 1268. Nr. 98).

Horn: Henric. illustr. 367.

123. (S. 35.) 1286. Herman von Lobdeburg, genannt von Luchtenberg, Zeuge, als Heinrich, Graf und Herr von Gleichen, als Lehnsherr seine Genehmigung giebt, daß der Ritter Hermann von Husingrode das Gericht von Viselbach [1]) (comitia minor) den Erfurtern verkauft.

v. Falckenstein: thür. Chronik 2, 919 [2]).

124. (S. 9. 37.) 1287. 30. Apr. Otto von Lobdeburch, genannt von Bergawe, thut kund, daß das von seinen Vorahnen gestiftete, der Jungfrau Maria geweihte Kloster zu Ahusen, Eysteter Diöces, zu weit entfernt sei, als daß er immer ihm seinen Schutz angedeihen lassen könne. Er will es aber bei allen Rechten und Freiheiten lassen, deren es sich durch die Gunst seiner Vorfahren erfreut habe. Datum Ahusen [3]). (S. 1273. Nr. 103).

Geh. Archiv zu Anspach. — Spieß in Meusels Geschichtforscher. 1, 198. — (K. H. v. Lang: Baierns alte Grafsch. (Nürnb. 1831) 304.)

125. (S. 30. 37.) 1287. 27. Jun. Nos *Hermannus* et *Albertus*, nobelis *Lobedeburckh*, dicti de *Luchtenberch*, recognoscimus, quod *advocatiam* in *Burgelin*, que a nostris progenitoribus ad nos devoluta est, cum omni jure nobis attinente domino Abbati in Burgelino et suo Conuentui pro viginti quatuor marcis argenti vendidimus rite et rationabiliter possidendam libere et quiete nihil in ea juris nobis attrahere amplius presumentes, nec non *warandiam* praenotata advocatis supradicte ecclesiae in Burgelino lucide facientes, ita, si aliquis in posterum non sano ductus consilio praedictam ecclesiam super memorata emptionis et possessionis impetere vellet, ex tunc nos supradicti *Herm.* et *Alb.* obligamus nos, ut ab omni werra et impeticione sepedictam ecclesiam eximere debeamus. Ad evidentiam hujus abrenunciationis presentem literam sigillorum nostrorum munimine fecimus roborari. Testes hujus rei sunt principaliter dominus *Hermannus* et dominus *Albertus* fratres de *Luchtenburch*, ipsi domini, et H(einr.), prepositus dominarum in Rode; dominus Theodericus de Lichtenhain et dominus Heinricus Puster, milites; *Woueramus, Notarius praedictorum dominorum*, Cunradus de Oblocuwicz, Albertus de Heritzberch, *Otto* de *Bergowe* et Fridericus de Clozwicz, Heinricus, plebanus in Hondorff; Cunradus Sculthetus senior in Burglin, Otto

---

1) Vieselbach, Dorf und Amtssitz im Großh. Weimar.

2) Dieser nimt aber comitia für Grafschaft. S. *Buder:* observ. publ. jur. 128.

3) Siegel: ein Schild mit einem geflügelten Fische und einem solchen auf dem Helme.

Wernheri, Heinricus Kropucz [1]) et Cunradus Institor, ciues in Burgelin et plures alii fide digni. Acta et data sunt hec ao dni 1287. V°. Kl. Julii, Indictione XV^a.

Copialb. des Kl. Bürgel 1, 24^b.

126. (S. 30.) 1287. 19. Jul. Hermann und Albert, Brüder, Edle von Lobedeburch, genannt von Luchtenberg, thun kund, daß ihr verstorbener Vater, Hartmann von Lobedeburch, ebenfalls von Luchtenberc genannt, in Übereinstimmung ihrer Vorahnen und Erben, der Edlen von Lobedeburch, eine Hofstätte (curia) in Großen Lubichowe [2]) der St. Bartholomäuskirche daselbst geschenkt habe, und daß sie diese Schenkung bestätigen. Zeugen: Ramuold, Pleban in Kale, Erkenbert, Vicepleban in Ruthardesdorf [3]), und Friedrich von Klozwiz. Datum in Kale.

Schöttgen: dipl. 2, 448. — (Schamelius: Anhang zum Kl. Bosau S. 10. Nr. 42.)

127. (S. 31.) 1288. 2. Jan. Hermann und Albert, Brüder, Edle von Lobdeburch, genannt von Luchtenberc, übergeben dem Kloster zu Caplindorf (Kapellendorf) einen Hof in Jene, den seither Albert, Wolframs Sohn, von ihnen in Lehne besessen, damit die dem Herrn dienenden Klosterjungfrauen, Cistercienser-Ordens, ihn zu ihrem Nutzen gebrauchen, in der Hoffnung, daß sie nicht zugeben werden, daß ohne ihre Zustimmung auf diesen Hof ein Klosterhaus gebaut werde. Zeugen: Rudinger, plebanus in Jene, Bertold, plebanus in Suabhusin, Friedrich, sacerdos in Greben, Henrich v. Dorneburch, Nicolaus von Dornburch, Bürger in Jene. Dat. et act. in Jene [4]).

Geh. Staats-Archiv zu Weimar. — Mencken 1, 703. Nr. 55.

128. (S. 38.) 1288. Hartmann von Lobdebergk, genannt von Arnshawe [5]), übergibt auf Ersuchen seines Blutsverwandten (consanguinei), des Edlen Otto, Burggrafen von Kirchpergk, des Propstes Hartung und der Äbtissin Heddewig des Frauenklosters zu Cappelndorff demselben einen seither von ihm in Lehne besessenen, aber ihm wieder freiwillig überlassenen Hof (aream) in Jhene, welchen seither Albert,

95

---

1) a. a. 1283. 1301.

2) Großlöbichau, sonst in der Pflege Leuchtenburg, seit 1833 im Amte Thalbürgel im Weimarischen.

3) Ruttersdorf im Amte Rode.

4) Zwei Siegel: S. Hermanni und Alberti, beide in Fragmenten.

5) Schultes (Annalen der Herrn von Lobdeburg, Hdschr.), glaubt, daß dieser Hartmann zur Burgauischen Linie gehört, aber eine Gräfin (?) von Arnshaug zur Gemahlin gehabt habe. Sein Recht an dem Hof in Jena; an dem er, wie es scheint, gleichen Antheils wie die in der vorhergehenden Urkunde, gehabt hat, giebt er erst auf Zureden seines Blutsverwandten, des Burggrafen Otto von Kirchberg auf.

Wolframs Sohn, lehnsweise besessen hat [1]). Zeugen: der edle Herr, Otto, Burggraf v. Kirchpergk, Th(eoderich), genannt Merrethig, *noster advocatus*, Günther von Robis, H(einr.) v. Slöben u. a.

Geh. Staatsarchiv zu Weimar. — *Mencken:* 1, 704. Nr. 56. — Avemann: Kirchb. Beschr. 180. Nr. 149.

129. (S. 30. 35.) 1288. 1. Mai. Herman und Albert, Brüder, Herrn von Lobdeburg, Herrn von Luchtenberg, eignen dem Nonnenkloster zu Sunnenvelt [2]) eine Hufe Landes bei dem Dorf Ozzelin [3]) zu, welche Cunrad, genannt Rote, und dessen Gattin von dem edlen Herrn Heinrich von Sunnenberg, Kunemund und Eberhard, seinen Söhnen, als Lehne besessen haben. Zeugen: Arnold, plebanus in Kale. Conrad von Obern-Lockwiz, Ritter. Heinrich von Lichtenhan. Cunrad von Alldendorf [4]). Cunrad Merrecht. Dietrich von Echenberg [5]) u. a. [6]).

Schöttgen: diplom. 3. 649. Nr. 36.

130. (S. 35.) 1288. Dieselben eignen mit Übereinstimmmung des Herrn Kunemund von Sunnenberg alle Lehngüter zu Ozzelin, welche er von ihnen in Lehn hatte, dem Nonnenkloster zu Sunnenvelt zu; desgleichen eine Wiese in Ober-Luter [7]), eine Mühle in Grubne [8]) und eine Wiese bei Wolfswac [9]). Dieselben Zeugen, außer Arnold, pleban. in Kale.

Das. 3, 649. Nr. 35.

131. (S. 35.) Circ. 1288. Dietrich von Cunstat bittet die edlen Herrn Hermann und Albert von Ludeburg, Herrn von Lychtenberg, das Gut zu Ozelin, welches er von ihnen in Lehn gehabt habe, mit Übereinstimmung seiner Gattin und Erben, dem Nonnenkloster zu Sunnevelt zuzueignen.

Das. 3, 649. Nr. 34.

96

---

1) Unter'm 30. Jan. 1380 (dipl. Capellend. ed. *Mencken.* 1., 746. Nr. 143) verkauft das Kloster zu Kapellendorf an den Bürger Hans Sibote und dessen Weib zu Jena ein Haus in der Prediger-Gasse (jetzigen Collegiengasse) zu Jena, um 5 Pfund guter Landpfennige, auf ihr beider Leben, mit der Bedingung, daß sie dieses Haus und andre dazu gehörigen Häuser mit halben Ziegeln decken sollen.

2) Im J. 1260 ertheilte der Bisch. Jring zu Würzburg dem Heinrich von Sunneberg die Erlaubniß, in dem Dorfe Fronlach ein Nonnenkloster unter dem Namen Sonnenfeld zu errichten, was auch im J. 1264 zu Stande kam.

3) Ö s l a u an der Rötha, im Amte Neustadt bei Koburg.

4) Altendorf im Amte Kahle.

5) Eichenberg das.

6) Das an dieser und der folgenden Urkunde hängende Siegel ist abgebildet in Hönn's sächs. Wappenuntersuch. 202. Fig. 33.

7) Oberlauter.

8) Grub.

9) Wolfsbach.

132. (S. 37.) 1288. Hermann, genannt von Duberscen [1]), Burg-
mann (castellanus) auf Bergaw [2]), leistet auf eine seiner Schwester
Gertrude von Madela im Flur derselben Stadt erkauften Hufe Landes
Verzicht. Bestätigt mit dem Siegel seines Bruders Dietrich, Prior des
Prediger-Ordens in Gene, weil er selbst keines besitze.

Geh. Staats-Archiv zu Weimar (F. 201. Nr. 32). — *Mencken:* s. r. g. 1, 703.
Nr. 53.

133. (S. 25. 27.) 1289. 19. Feb. Nobilis vir Ot(to) von Arnshoge [3]), Zeuge, als Markgraf Friedrich von Landisberc (Tuta) die von
seinen Vorfahren der Stadt Vriberg gegebenen Rechte und Freiheiten
bestätigt. Datum Vriberc.

Wilke: Ticemannus. Urkbd. 66. Nr. 36.

134. (S. 35.) 1290. Herman und Albert von Lobdeburg; genannt von Leuchtenburg, Oheime (avunculi) und Vormünder des
Grafen Heinrich von Gleichenstein, als derselbe dem Stadtrath zu Erfurt die Voigtei daselbst verkauft.

Sagittar: Historie der Grafen von Gleichen. 71.

135. (S. 31.) 1290. 3. Mai. Nos Fredericus d. g. Comes Palatinus Saxonie recognoscimus, quod *aduocatiam* in *Burgelino* cum omni jure, quo nobiles viri *Hermannus* et *Albertus* de *Luchtenberc* et *Hartmannus* de *Arnshouge*
quondam habuerunt proprietatis titulo, donavimus Ecclesiae sancte Marie in
Burgelino et Conuentui domino inibi famulanti, sicut in nostris litteris plenius
est expressum. Et quia prenotatem Ecclesiam singulari gratia prosequimur et
fauore super praedicta donatione nostra tam salubri venerabili domino Conrado Abbati et suo Conuenturi ibidem iustam et consuetudinariam warandam
facimus in hiis scriptis. Si quis huiusmodi actioni nostrae praesumpserit
contraire et si, quod absit, domino Abbati et suo Conuentui qualiscunque
necessitas incubuerit de promissis, Nos pro eis stabimus ad ius ipsonum
integraliter obseruandum. Ad cujus rei euidentiam et certitudinem firmiorem
presentem litteram ipsis dedimus sigilli nostri robore fideliter communitam.
Datum *Isinberc* Anno Dni M. CC. LXXXX°. V. Nonas Maii. (a. a. 1283. Nr. 114).

Copialb. des Kl. Bürgel im geh. St.-Arch. z. Weimar. 1, 26[b].

136. (S. 26. 31.) 1290. 20. Mai. Nos Fredericus, dei gratia Comes Palatinus Saxonie, cupimus esse notum, quod *aduocatiam in Burgelino,* quam
Venerabilis Conradus abbas cum consensu sui Conventus ibidem apud nobiles viros *Hermannum* et *Albertum* de *Luchtenberg* comparauit, eidem Ecclesiae proprietatis titulo contulimus sincere et principaliter propter deum.

---

1) Döbritschen, im Amte Weimar. Wegen Dietr. v. Deberzen und Nicol.
von Doberschen s. Müller: St.-Cab. 3. Eröffn. 15. Struve: polit. Archiv 4,
263.

2) Mit Unrecht rechnet ihn Adr. Beier (Geogr. Jen. 314) zu dem Geschlecht von Lobdeburg-Burgau.

3) Dieser Otto kommt hier zum letzten Mal vor und scheint bald darauf
gestorben zu sein.

Insuper jus omne et quicquid *Hartmannnus* de *Arnshouge* in praefata aduocatia dinoscitur habuisse, quod absolute ex morte sua ad nos est rationabiliter deuolutum, pari forma et jure consimili predicto domino Conrado et suo
Conuentui donauimus libere et quiete perpetuo possidendum. Vt autem
huiusmodi donatio tam benigne per nos facta robur valeat obtinere perpetue
firmitatis, domino Abbati et suo Conuentui sepedictis videlicet in Burgelino
presentem litteram dedimus sigilli nostri munimine roboratam. Testes hujus
rei sunt dominus Heinricus in Isenberch, dominus Conradus in Lusenice,
prepositus; Johannes de Syden, Otto de Isenberc, Guntherus de Predele,
milites nostri; Hermannus de Konrice, Theodericus de Franckenberc, Bertho-
chus de Varila, nostri fideles, Guntherus Institor, Conradus scriptor, Heinricus
princeps, ciues nostri et alii quam plures fide digni. Datum Isenberc Anno dni
1280. Indictione tercia, VI. Non. Mai.

    Copialbuch des Kl. Bürgel 1, 25[b].

    137. (S. 35.) 1291. Hermann und Albrecht, edle Herrn zu
Lobdeburg und Leuchtenberg, seine Oheime (avunculi), Zeugen,
als Graf Heinrich zu Gleichen unter der Regierung des Grafen Günther
(XII.) zu Schwarzburg dem Kloster zu Ilm zwei Hufen Landes zu
Elchleben [1]), Heinrich von Gummerstedt vorher gehörig, zuwendet.

    Jovius: Chron. Schwarzb. ed. Schöttgen: dipl. 1, 200. im Auszuge.

    138. (S. 30. 35.) 1294. 13. Nov. Heinrich, Graf von Glichen, ge- <u>98</u>
nannt von Glichenstein, verkauft mit Zustimmung der edlen Männer,
Hermann und Albert, Brüder, von Lobdeburg, genannt von Luthenberg, ihrer Blutsverwandten, welche zur Bestätigung ihre Siegel
daran hängen, seine Schlösser Glichenstein, Scharpenstein und Bircken-
stein, und die ganze Landschaft, teutsch Eychisfeld genannt, mit den
Landgerichten, allen Rechten, Mannen, Orten, Jagden, Wiltphant (Wildbahn) genannt, dem Erzbisch. Gerhard II. von Mainz (v. Eppenstein)
für 1100 Mark geprüften Silbers und 500 Mark ungeprüften Silbers,
Erfurter Gewichts. Act. et Dat. Fritzlar. Unter den Zeugen: Berthold von
Henneberg, ihr Blutsverwandter. Dietherich, Burggrav von Starcken-
berg. Theoderich, Notar der vorerwähnten von Luthenberg.

    de Gudenus: cod. dipl. Mogunt. 1, 887. — (*Jovius:* Chron. Schwarzb. ed. *Schött-
gen:* diplomatar. 1, 197. im Auszuge).

    139. (S. 34.) 1295. Nos *Hermanus* et *Albertus*, fratres, *de Lobdeburg*,
dicti de *Luchtenberg*, recognoscimus, quod de consensu et voluntate nepo-
tum nostrorum, in honorem Dei nostrorumque peccatorum remissionem,
ymo pocius in remedium omnium parentum nostrorum, *parrochiam* in *Ihene*
cum omni utilitate et prouentu, et cum omni iure Patronatus, quo nostram
attinebat iurisdictionem, liberali donacione contulimus Ecclesie Sanctimonialium in *Rode*, que a nostris olim Progenitoribus fundata, *propter malum terre*

---

    1) Elchleben am rechten Ufer der Ilm, im Amte Paulinzelle.

Schmid Lobdeburg.

statum et frequentes predonum incursus, ab ea, qua primum condita fuit, bonorum fufficiencia, non modicum dilapsa; firmiter confidentes, ipsius Ecclesie defectum, per tale tamque efficax subsidii levamen posse recuperari ac in melius reformari, quatenus (vt) sacre Virgines ibidem Deo famulantes pro augmento salutis nostre in divine servitutis officio sumtu copiosiori valeant sustentari. Ut autem super hiis, que solenniter gesta sunt, non possit in posterum dubium aliquod suboriri, Nos ob cautele fundamentum presentem, paginam sigillorum nostrorum munimine fecimus roborari, eandem probatorum virorum testimonio confirmantes, quorum hic nomina sunt adscripta: Dn. Wernerus, Prepositus in Rode, Dn. Rudigerus, Plebanus in Ihene. Acta Anno 1295, Indictione octava [1]).

Dipl. Jenens. im geh. Staats-Arch. zu W. 5. Nr. 7. — Amts Jena Copialbuch der Mich. Kl. Br. 49.

140. (S. 37. 38.) 1297. 26. Jul. Otto und Hartmann von Lobdeburgh, genannt von Bergowe, die Aeltern, und Hartmann und Otto, Brüder, von Lobdeburgh, genannt von Bergowe, die Jüngern, übergeben in Gegenwart ihres jüngern Bruders Otto ihr Patronatrecht der Pfarrkirche zu St. Peter in Azmenstete [2]) mit allen Freiheiten, Rechten und andern Zugehörungen im Dorf und Feld, dem Augustinerhause im Himmelgarten (Orto Coeli) [3]) gelegen, im Gebiete der Grafschaft der edlen Herrn Th(eoderich) und H(einrich) Grafen von Honstein, ihrer Blutsverwandten. Zeugen: Theoderich von Robuz (Rabis), Haldo, milites; Bertram, ihr Capellan, Johannes, Priester (sacerdos) von Raspinberc, Henrich, Vicar zu Sloben (Schlöben); Heinrich, plebanus zu Bresniz (Jenapriesnitz), Burgold, genannt Puster, Cunrad Buler, Cunrad von Wurczeburg u. a. [4]).

Diplom. Jenens. 6ᵇ. Nr. 8. — Struve: hist. Archiv. 2, 363 Nr. 2. — Leuckfeld: hist. Beschr. des St. Georg. Kl. z. Kelbra. 175.

141. (S. 38.) 1297. 26. Jul. Otto von Lobedeburch übergiebt mit seinem Sohne Hartmann und seinen Oheimen Hartmann und Otto die Kirche zu Azmanstete den gemeinhin so genannten Knechten der heil. Maria, Augustiner-Ordens, im Orte, der noch den al-

---

1) Aufschrift: Litera super ecclesiam parrochialem in Ihene monasterio in Rode data.

2) Osmanstedt an der Ilm, im Amte Rosla.

3) Das Mönchskloster Augustiner-Ordens, ehemals Russungen, jetzt noch Himmelgarten genannt, lag unweit Nordhausen gegen Morgen, in der Grafschaft Hohnstein, in dem Amte gleichen Namens, und gehört jetzt dem Rathe zu Nordhausen.

4) Mit drei Siegeln: 1) S. Hartmanni de Bergowe † ein Schild mit einem geflügelten Fisch, abgebildet auf dem Titelbl. Nr. 3 in Struve's hist. Archive im 2. Th. 2) S. Hartmanni Senioris de Lobdeburg. 3) Sig. Ottonis Junioris de Lobdeburg, ebendas. abgebildet Nr. 1. Aufschrift: Super donacionem juris patronatus in Osmanstedte.

ten Namen Russungen führe, innerhalb der Grenzen der Grafschaft der edlen Männer, ihrer Blutsverwandten, Th(eoderich) und Henr(ich) Grafen von Honstein, mit allen Rechten, zum beständigen Eigenthum; und verkauft ferner auf Bitten der genannten Brüder vier Masen (mansi) in demselben Dorfe mit allen Rechten, so wie sie auf irgend eine Weise ledig werden (que primo ex morte hominum nostrum ad nos devoluti fuerint). Dieselben Zeugen, wie in der vorhergehenden Urkunde [1]).

Diplom. Jenens. 6ᵈ. Nr. 9. — Struve: hist. Archiv. 2, 366. Nr. 3. — Leuckfeld: hist. Beschr. des St. Georg. Kl. zu Kelbra. 174.

142. (S. 30.) 1297. Hermann und Albert, Brüder, von Lobdeburgk, genannt von Leuchtenburg, stellen eine Urkunde über Mynewitz [2]) und Gornewitz [3]) im Felde und Dorfe mit Gerichten über Hals und Hand aus. Zeugen: Werner, Propst in Rode, Rüdiger, Pleban in Jhene, Reinpold, Pleban in Cale, Ditterich, Pleban in Rottersdorf; Burgold von Trachindorf, Th(eoderich) von Altendorf, Th(eoderich) von Robutz und sein Bruder Günther, C(onrad) von Welnitz und sein Sohn Henrich, (Heinrich) von Glyne, (Gunther) von Schloben, Ritter (milites); Albert von Jehne u. a.

Amts Roda Copialb. 72. 249.

143. (S. 29. 30. 35.) 1299. 12. Juli. Hermann und Albert von Lobdeburg, Herrn von Luchtenberg, übergeben in Uebereinstimmung mit ihrer Mutter Methildis und der Gattin Hermanns, Elyzabet, vier Güter, als eine Mühle in Ozzelin gelegen, welche Kunemund von Sunnenberg [4]), ihr Dienstmann, von ihnen, und gleicher Weise Eberhard, genannt Wilde, von ihm in Lehn hatten, dem Nonnenkloster in Sunnenvelt. Gotfridus de Richenawe, Henricus de Slossaln, milites; Cunradus de Aldendorf, Albertus de Herzberg, Ludewicus de Polniz, Heinricus de Gline, Heinricus de Lichtenhayn, fideles nostri; Heinricus Bavarus, Heinricus et Johannes, Cives nostri in Cal u. a. Datum in. Cal.

Schöttgen: diplomat. 3, 666. Nr. 73.

144. (S. 28.) 1300. 19. Aug. Nos Borchardus, Hartmannus, Hermannus, filii felicis memorie quondam domini Hermanni de Elsterberg, notum esse volumus, quod nos quendam censum denariorum in Karlisdorfh [5]), valentem singulis annis vnam marcam, appropriamus ecclesie sanctimonialium, in

---

1) Dieselben Ziegel, wie in der vorhergehenden Urkunde. Aufschrift: Super Ecclesiam in Russungen et quatuor mansos agrorum in Hohenstein.

2) Mennewitz, im Amte Roda.

3) Gernewitz das.

4) Von dem in der Pflege Koburg gelegnen, aber längst eingegangenen Schlosse Sonneberg. A. v. Schultes: hist. Schr. 85.

5) Karlsdorf a. d. Roda, im Amte Roda.

Korsviz [1]) iusto titulo proprietatis perpetuo possidendum. Ne autem huiusmodi proprietatem obliuio deleat uel alicuius malignantis ingenium infringat, presentem damus paginam sigilli nostri munimine roboratam. Testes Albertus de wida, et alii. M° CCC°. XIIII°. Kal. Sept. [2]).

Geh. Staats-Archiv zu Weimar.

145. (S. 31.) 1301. 3. Jan. Fridericus, Dei gratia Misnensium et Orientalium Marchio, omnibus in perpetuum volumus esse notum, quod de consensu et bona voluntate *Elsebet, Coniugis nostre* dilecte, Ecclesiam s. Michaelis in *Ihene* cum omnibus proventibus, redditibus et obventionibus, presentibus vel futuris, que ad nos, nec non ad Nobiles viros, *Hermanum* et *Albertum*, fratres de *Lobdeburg*, proprietatis titulo pertinebat, una cum predictis Nobilibus presentibus et consencientibus, primo et principaliter propter Deum, nec non ob reverentiam et laudem gloriosissime Virginis Matris, et pro salute Progenitorum nostrorum, Abbatisse at Conventui Monasterii Sanctimonialium in *Rode*, ordinis Cisterciensis, nec non Dominabus in ipsa Ecclesia *habitantibus de gremio Cenobii* supradicti cum omni iure proprietatis, Abbatisse et Conventui Canobii supradicti Monasterii in *Rode*, Numburgensis dioeceseos, una cum predictia Nobilibus de *Lobdeburg* transferimus in his scriptis, nihil nobis, Coningi dilecte, nostris successobus iuris et proprietatis in antea reservantes. Et ne super hac nostra donacione et translacione iuris et proprietatis per nos facta, publice ad altare s. Michaëlis Archangeli predicti, plurihus et melioribus Civitatis et aliis fide dignis presentibus, cum schola et ad monialem receptionem Sanctimonialium inibi habitantium, oblivionis scrupulus aut sinistre interpretacionis caluminosa questio locum sibi valeant vendicare, hinc nostram literam Abbatisse et Conventui in Rode, nec non Dominabus in ipsa Ecclesia habitantibus dedimus sigilli nostri robore communitam. Datum et actum Ihene Ao 1300 anno primo, feria tertia post circumcisionem domini. Tertio nonarum Januarii. Presentibus infrascriptis: Dno Henrico, advocato in Wide, Cvnrado de Löbichau, Hartmanno de Bulewicz, Gunthero, Burghardo et Bussone de Grashove, militibus; Henrico Frankone, Alberto Maroldi, Hermano et Giselberto, fratribus, Cvnrado Nikel, Conrado Reinfridi, Walthero Monetario, civibus in Ihene, et aliis pluribus fide dignis [3]).

Diplom. Jenens. 8. Nr. 13. — Amts Jena Copialb. der Mich. Kl. Br. 53.

146. (S. 37.) 1301. 24. März. Nos *Otto* et *Hartmannus*, nobiles de *Bergowe*, recognoscimus, quod nos ob honorem dei et reuerentiam beati Georgii martiris bona fide et pia voluntate moti obligauimus nos domino Abbati et suo Conuentui, si contingat nos vel si vendere volumus *aduocatiam*, quam habuimusin *Burgelin* cum omni jure, dominio et prouentu, nulli hominum

---

1) Kronschwitz, ein im J. 1239 von Frau Jutta, Freyin von Gera, gestiftetes Nonnenkloster. S. P. Beckler: stemm. Ruth. 479. Jetzt ein zum Kammergut Mildenfurt (1381. Nr. 235) gehöriges Vorwerk; gewöhnlich, aber mit Unrecht, Kronspitz genannt.

2) Siegel: Sigill. Bvrchardi de I ohde ...

3) Aufschrift: Confirmacio donacionis Monasterio in Rode anno 1293 facta.

vendere debemus, nisi ipsi domino Abbati in Burgelin et Suo Conuentui et pro tanta summa pecuniae, quantam pro ipsa aduocatia possemus ab alio optine-re. Volumus enim praecavere eidem Conuentui antedicto, ne grauamen aliquod siue damnum tulore vel aduocato alio accedente incurrat, si alteri venderemus. Testes hujus rei sunt Conradus de Wirceburch, Dominus Ericus, sacerdos et monachus in Burgelin, Heinricus de Lichtenhain, Heinricus Kroputz (a. a. 1283. 1287), Heinricus Picariator, Conradus senior scultetus, Ciues in Burgelin. Dat. ao dni 1301, Indictione XIIII. Nono Kl. Aprilis. Haec supra dicta sigilli nostri munimine confirmamus.

Copialb. des Kl. Bürgel. 1, 17ᵇ.

147. (S. 28. 31.) 1301. 23. Aug. Nos *Burchardus* senior, *Hermannus* de *Lobdeburgk*, dicti de *Elsterberg*, fratres, cum illustris princeps Fridericus, Misnensis et Orientalis Marchio, nec non et Nobiles viri, patrueles nostri de *Lobdeburg*, dicti de *Luchtenberg*, ad quos eque, sicut ad nos, ius patronatus ecclesie collegiate sti Michaelis in *Ihene* de antiqua et approbata et actenus pacifice observata consuetudine pertinebat, honorabili Abbatisse, nec non et Conuentui sanctimonialium inibi habitantium dedissent, primo et principaliter propter deum, habito super hoc consilio sapientum de consensu *Catharine*, sororis nostre dilecte, nec non et aliorum, quorum interesse poterat uel debebat, uel quorum interesse potest uel debet, Abbatisse et conventui predicti ordinis Cisterciensis, Moguntine dioecesis, *de gremio Rodensi*, ipsum ius patronatus cum omni iure et utilitate, presentibus vel futuris, dedimus et donamus et in ius et proprietatem predictorum transferimus in nomine do-mini in his scriptis, primo et principaliter propter deum, nec non pro remedio animarum progenitorum nostrorum attendentes, quod secundum sanctorum Canonum instituta plurimorum vtilitas et voluntas unius utilitati et voluntati preferenda, scilicet in piis operibus et honestis; nihil nobis iuris nostrisue successoribus in antea reseruando. Et ne super hac donacione seu translaci-one iuris patronatus, per nos rite et racionabiliter facta, obliuionis scrupulus aut sinistre interpretacionis calumpniosa questio locum sibi valeant vendi-care, domine Abbatisse et conuentui sanctimonialium monasterii s. Michaelis in Ihene supradicti hanc nostram literam dedimus sigilli nostri munimine roberatam. Actum et datum in *Ihene* Ao Dni 1301, in vigilia B. Bartholomei Apostoli, presentibus infra scriptis: dn. Henrico, preposito Sanctimonialium in Rode, viro religioso, quondam Abbate in *Grunhain* (Grunenhayn), Henr. de Glyne, et Gunth. in Robucz, militibus et fidelibus nostris, Gunth. Schurtau, Ebir (Eber) de Milen, Alb(erto) dicto Clugeln, Gotfr. de Madala, Conrado Sculteto in Ihen, Conrado Nicolai, Hen(rico) et Gy(selberto) fratribus, Alberto Maroldi, H(enr.) Frankone, Nicolao et Theodoro de Dornburg, Civibus in Ihen, et aliis quam pluribus fide dignis [1]).

Diplom. Jenens. 11. Nr. 15. — Amts Jena Copialb. der Mich. Kl. Br. 57.

148. (S. 28.) 1301. 23. Aug. Nos *Burckardus* et *Hermanus*, fratres, de *Lobdeburg*, dicti de *Elsterberg*, volumus esse notum, quod de consensu et

---

1) Aufschrift: Super ecclesiam parochialem in Ihene.

bona voluntate *Catharine*, sororis nostre dilecte, coniugis Rudolfii pincerne [1]), quattuor curias domine Abbatisse et conuentui sanctimonialium Monasterii̯s. Michaëlis in *Ihene*, ordinis Cisterciensis, diöc. predicte, vendidimus immediate, quas quidem curias Heidenricus et Henricus patrueles, dicti de Ihene, a nobis tenuerunt titulo feodali, cum omni iure et utilitate, presentibus vel futuris, dedimus et donamus, et ex tunc in jus et proprietatem eorundem transferimus in his scriptis, nihil nobis iuris nostrisque successoribus in antea reservando. Et ut hec vendicio, translacio seu etiam donacio per nos facte inviolabiliter observentur, hanc nostram literam eisdem dedimus sigilli nostri munimine roboratam. Datum et actum in Ihene, Ao Dni 1301, in vigilia beati Bartholomei presentibus infra scriptis: H(enr.) preposito sanctimonialium in Rode, viro religioso, quondam Abbate in Grunhayn, *Ottone de Elsterberg*, confratre ibidem [2]), Henr. de Glyna et Gunther de Robucz, militibus et fidelibus nostris. Bernardo de Scortow, Ebir de Mylen, Alberto, dicto de Clugeln, Gothofr. de Madala, Cunrado Sculteto in Ihene, Cvnrado Nicolai, Henrico et Giselberto fratribus, Alberto Maroldi, Henrico Frankone, Nicolao de Dornburg, civibus in Ihene, et aliis quam plurimis Clericis et laycis fide dignis [3]).

Diplom. Jenens. 12. Nr. 16. — Amts Jena Copialb. der Mich. Kl. Br. 61. — Wiedeburg: Beschr. v. Jena. 96.

149. (S. 26. 33.) 1301. Markgraf Friedrich von Missen thut kund, daß er sechs Männer, den Voigt Heinr. von Wyda, Conrad von Löbichaw, Albrecht von Brandenstein, Hartmann von Bulewiz, Heinrich von Slöbin und Günther von Robus, als Schiedsrichter bestimmt habe, welche in allen Sachen mit Hermann und Albrecht von Luchtenburg wegen dem, was ihm mit Recht von seiner Hausfrau angefallen sei, „als es von dem von Arnshawe von Alter herkommen ist," Recht sprechen sollen. Wenn er es drei Tage vorher zu wissen thue, sollen sie zusammenreiten und nach dieser vorbeschriebenen Rede entscheiden, als ihnen ihre Treue und Ehre lieb sei. Und so einer abginge, soll es ihnen beiden nicht zum Schaden gereichen [4]).

Diplom. Jenens. 10. Nr. 14. — Amts Jena Copialb. der Mich. Kl. Br. 697. — *Buder:* observ. j. p. feud. germ. 184.

150. (S. 36. 37.) 1304. 18. Apr. Hartmann v. G. G., genannt von Bergowe, giebt auf die Hälfte des Zinses auf einer Hofstätte im äußersten Theile der Stadt Lobde, welche seine Bruderskinder Otto und Hartmann, genannt von Bergoẉe, schon längst dem Nonnenkloster

---

1) de Dornberg.

2) Schon im J. 1272 kommt ein frater Otto de Elstirberg vor. — *Mencken.* 1, 691. — Avemann: Nr. 31.

3) Aufschrift: Super quatuor curias in Ihene.

4) Aufschrift: Exemplum compositionis s. Austregarum inter Fridericum Marchionem et Nobiles de Lobdeburg et Luchtenburg.

zu Buthiz zugeeignet haben [1]). Datum et act. in *Gline* [2]).

Schöttgen: dipl. 2, 389. Nr. 59.

151. (S. 37.) 1305. Otto, Hartmann und Otto der Jüngere, Herrn in Lobde und Burgau, versichern dem Landgrafen Friedrich in Thüringen: „daß wy unse Statt zcu Lobde nicht vester schullen machen, denne sie itzund ist [3])."

152. (S. 32.) 1306. 25. Apr. Conrad, Schenk von Varila (Varela), genannt von Dobriczchen (Döbritschen), und Rudolff Schenk, dessen Bruder, Domherr der Kirche zu Naumburg, ersuchen die edlen Männer Hermann und Albert, Brüder, von Lobdeburg, genannt von Leuchtenberg, den Weinberg, „der Steiger" genannt, welchen sie und ihre Vorfahren, von ihnen zu Lehn hatten, dem Michaeliskloster zu Jhene zu überlassen, zu dessen Bestätigung Conrad sein Siegel anhängt [4]).

Diplom. Jenens. 14. Nr. 17. — Amts Jena Copialb. der Mich. Kl. Br. 66. — Buder: nützl. Samml. ungedruckter Schriften. 284. — Wiedeburg: Beschr. v. Jena. 63. Not. **).

153. (S. 29. 35.) 1306. 30. Aug. Das Nonnenkloster zu Sonnenfeld bekennt, daß die Güter zu Ozzelin, welche Eberhard, genannt Wilde, von Kunemund von Sunnenberch in Lehn gehabt und diesem Kunemund überlassen, und welche derselbe wieder Herman und Albert von Lobdeburch, genannt von Luchtenberch, überlassen hat, welche sie mit Uebereinstimmung ihrer Mutter Methildis und der Gattin Hermans, Elyzabet, diesem Kloster mit allen Nutzungen übergeben haben. Zeugen: Kunemund von Sunnenberch, Otto und Burchard von Staffelstein u. a.

Schöttgen: diplomat. 3, 675. Nr. 93.

154. (S. 32.) 1306. 8. Octob. Nos *Hermanus* et *Albertus*, fratres, de *Lobdeburg*, dicti de *Luchtenberg*, recognoscimus, quod Dythmarus, dictus de Dornburg, civis in Ihene, cum suis heredibus constitutus in nostra presencia novem agros, sitos in Owa [5]) versus Lobgeschecz [6]), quos a nobis tenuit in feodo, ad manus nostras pro se et suis heredibus libere resignavit. Predictos quos novem agros damus et donamus et in ius et proprietatem cenobii sanctimonialium in *Ihene* transferimus per hec scripta, nihil nobis iuris nostri- <u>105</u>

---

1) Dies geschah im J. 1284. Nr. 116.

2) Gleine, gewöhnlich Schöngleina, Dorf im Amte Roda mit einem Kammergute, das ehemals die Herrn von Lobdeburg besaßen.

3) Adr. Beier (Geogr. Jen. 315) theilt den Inhalt dieser Urkunde mit, sie selbst ist aber vielleicht in seinen auf der Universit.-Bibl. zu Jena befindlichen Handschriften enthalten.

4) Aufschrift: Super vineam dictam *Schenckenberg*, retro cimeterium s. Johannis in monte, dictus: der Steiger.

5) Jetzt Oberau.

6) Löbstedt unweit der Saale, im Amte Jena.

que suocessoribus in antea reservantes. Et ne super hec nostra donacione alicui dubium in posterum eriatur, hanc literam dedimus nostrorum sigillorum munimine roboratam. Datum anno domini 1306, Sabatho proximo post octavam beati Michaëlis Archangeli [1]).

Diplom. Jenens. 13. Nr. 18. — Amts Jena Copialb. der Mich. Kl. Br. 64.

155. (S. 38.) 1307. 27. Apr. Nos *Hartmannus* senior de *Bergow* vendidimus Dno Erico Abbati et conuentui monasterii sti Georgii in Burgelino *aduocatiam* in Ciuitate *Burgelin* cum omnibus juribus pro undecim marcis argenti Fribergens., hoc etiam adjecto, ut nobis singulis annis exhibeant ad tempora vitae nostrae vnam marcam et dimidiam in festo Walpurgis et tantundem in festo Michaelis, que pensio post obitum nostrum ad Ecclesiam libere revertetur. Dat. et actum 1307 V. Kal. Maji. Testes huj. rei sunt: Heinricus de Gline, Theodericus de Greuschen, milites. Johannes de Lichtenhain, Albertus de Boilwar, Heinricus et Theodericus, fratres, de Gline, Heinricus de Lichtenhain, ciuis in Burgelino.

Copialb. des Kl. Bürgel. 1, 34.

156. (S. 38.) 1307. 27. Apr. Nos *Hartmannus* senior de *Bergow* recognoscimus, quod cum Dno Erico Abbati et Conuentui in Burgelino *aduocatiam* nostram in Ciuitate *Burgelin* vendidissemus, nos jus libertatis et translationem proprietatis ad ipsum monasterium ipsis promisimus ordinandi et promittimus fideliter procurandi, quod si facere non possemus, extunc dictus Dnus Abbas et Conuentus tantum pensionis recipient de profectu et emolumentis aduocatie iam predicte, quantum nobis dederint super tali emptione. Dieselben Zeugen.

Das. 1, 35.

157. (S. 38.) 1307. 22. Mai. Nos *Hartmannus* de *Lobdeburg*, dictus de *Bergau*, senior, recognoscimus, quod Theodoricus, miles, dictus de *Groytsche*n, in nostra constitutus presencia, unam vineam sitam in campis ville *Amerbach* quondam Rapponis militis, quam colit Hermanus, dictus Cluge, pro se et suis heredibus ad nostras manus libere resignauit et nos post resignacionem ad manus nostras factam predictam vineam dedimus et donamus Abbatisse et conuentui sanctimonialium cenobii in lhene, ordinis Cisterciensis, et in ius et proprietatem transferimus in nomine Domini in his scriptis, nihil nobis iuris nostrisque successoribus in antea reseruando. Et ne super hac resignatione et donatione per nos legitime facta alicui dubium postea valeat suboriri, predictam hanc nostram literam dedimus nostri sigilli robore communitam, sub anno Domini 1307. 11. Kal. Juniarum. Presentibus infra scriptis dno Poppone plebano in Kall, dno Johanne, plebano in parvo lhen, Dno Joh., Viceplebano in lhene, Henr. de Lichtenhayn et Frider. de Wörczburg, militibus. Alberto Maroldi, Conrado Reinfridi, Theodoro et Hermano fratribus, dictis de Kall, nec non Theod., dicto de Trache, cibus in lhen et

---

1) Aufschrift: Appropriacio novem agrorum in Owe prope Lobegeschecz.

aliis quam pluribus fide dignis [1]). (a. a. 1284. Nr. 118.)

Diplom. Jenens. 12. Nr. 23. — Amts Jena Copialb. der Mich. Kl. Br. 72

158. (S. 32.) 1307. 23. Mai. Nos *Hermanus* et *Albertus*, fratres, de *Lobdeburg*, dicti *de Luchtenberg*, recognoscimus, quod honorandi et strenui viri, Dns Rudolffus pincerna, Canonicus ecclesie Numburgensis, et Dns Cvnradus, frater eius, pincerna de Varila, dictus de Döbriczchen, in nostra constituti presencia recognoverunt, se vendidisse vineam eorum, sitam in monte, qui dicitur: der Steiger, prope cimiterium S. Johannis, quam vineam a nobis tenuerunt iusto titulo feodali, Dno Pupponi, plebano, Nicolao et Henrico Frankoni, civibus in lhene, pro sexaginta marcis argenti Fribergensis et ponderis Jenensis, ipsis integre persolutis, quam quidem vineam Rudolff et Cvnrad predicti ad manus nostras pro se et omnibus, quorum intererat vel interesse poterat et debebat, libere resignaverunt. Et nos quidem *Hermanus* et *Albertus*, fratres predicti de *Lobdeburg*, dicti de *Luchtenberg*, post liberam resignacionem prefate vinee ad manus nostras factam, ad diligentem instanciam predictorum sepedictam vineam dedimus et donamus honorande Domine Abbatisse et Conuentui cenobii ecclesie s. Michaëlis in lhene, ordinis Cisterciensis, Mogunt. dioecesis, cum omni iure et utilitate etc. Et ne super hac vendicione calumniosa questio locum sibi valeat vendicare, domine Abbatisse et Conuentui sanctimonialium cenobii in lhene hanc nostram literam dedimus sigillorum nostrorum munimine roboratum. Dat. et act. *lhene* anno 1307. X. Kal. Junii. Testes huius rei sunt: Dns Bertoldus, Vicedominus de Appoldia, Dns Bertoldus de Ischerstete et Nicol de Döbritzchen, Hermanus Leo, Tithric. de Oberstete, Albertus Maroldi, Hermanus Giselberti, Waltherus Monetarius, Cvnradus Nicolai, Cvnradus Reinfridi etc., cives in lhene, et quam plures fide digni [2]).

Diplom. Jenens. 14. Nr. 24. — Amts Jena Copialb. der Mich. Kl. Br. 67. — (A. Beier: G. J. 55.)

159. (S. 31. 32.) 1307. Nos *Hermanus* et *Albertus*, fratres, de *Lobdeburg*, dicti de *Lichtinberg*, publice protestamur, quod fidelis noster et dilectus Heynricus, miles de Glyne, et sui filii quandam vineam circa *Lobde* sitam, ita pro mediatate colit, nobis possident titulo feodali, quam vineam idem miles, de consensu et beneplacito suorum heredum vnanimi pro remedio peccatorum suorum et suorum progenitorum, et Rudegeri et Heidenrici quondam ab ipso grauiter offensorum, deuoto in cristo Collegio sororum ordinis predicatorum in *Cronswiz* donauit perpetuo possidendam, volens et ordinans, quod soror *Mechtildis de Plawe*, dilecta nostra *consanguinea*, predictarum sororum nunc *priorissa*, ipsam vineam pro suis vsibus, quoad vixerit, libere possideat, post mortem vero ipsius, ipsi Conuentui remaneat perpetuo vtililatibus infirmarum applicanda. Nos igitur predicti militis deuotam donacionem et salubrem donacionis modum et ordinacionem, gratam et ratam habentes, predicto Conuentui sororum sepedictam vineam appropriando sigillorum

---

1) Aufschrift: Super vineam in Amerbach.
2) Aufschrift: Confirmacio donasionis vinee Schenckenberg.

nostrorum munimine perpetuo confirmamus. Datum et actum a. d. 1307; presentibus infra scriptis, videlicet: Heynrico de Lichtenhayn, milite. Friderico de Herbipoii, milite. Johanne de Lichtenhayn et pluribus aliis fide dignis [1]).

Geh. Staats-Archiv zu Weimar.

160. (S. 32.) 1308. 6. Oct. Nos *Hemanus*, dei gracia, et *Albertus*, Nobiles viri de *Lobdeburg*, dicti de *Luchtenberg*, recognoscimus, quod Guntherus de Robucz vendidit rite et racionabiliter silvam, vocatam *Tuczhelme*, sitam circa *Triptisen* (Tripusen) [2]), dno Pupponi, preposito et conventui cenobii sanctimonialium in Ihene, de unanimi consensu et voluntate suorum coheredum, pro habenda ipsius anime memoria salubriter et devote, quam silvam a nobis in feodo obtinens, nostris manibus libere atque voluntarie resignavit. Nos vero ad ipsius prefati Guntheri instancias et favorem specialem superscriptum silvam dno preposito et conuentui prenominate appropriamus iure proprietario presentibus et donamus absque vexacione et impeticione quorumlibet pacifice possidendam, hac condicione vero apposita supradictis, quod si prefatus Conventus in ipsius prelibati prepositi amicicia constanter perseverraverit et favore; si vero quidquam aliud, quam de ipso presumitur, in aliquo excesserit temere presumendo, ex tunc sepedictam silvam alteri vendendi seu alienandi liberam obtinebat absque reclamatione qualibet facultatem. In cuius rei testimonium et certitudinem omniumque premissorum presentem literem nostrorum sigillorum appensione duximus firmiter corroborandam. Actum et datum anno Dni 1308, pridie Nonas Octobris [3]).

Diplom. Jenens. 14. Nr. 25. — Amts Jena Copialb. der Mich. Kl. Br. 75.

161. (S. 32.) 1308. 23. Juli. Nos *Hermanus* senior et *Albertus*, fratres, Nobiles viri, dicti de *Luchtenberg*, recognoscimus, quod discretus vir, Henricus sacerdos, dictus de Salcza, unum mansum, situm in *Kossbode* [4]), apud Henricum de Ihene iusta emptione racionabiliter comparavit, quem mansum idem Henricus a nobis habuit feodali titulo et ipsum nostris manibus libere et voluntarie resignauit. Nos vero prenominatum mansum cum iure suo monasterio et conuentui sanctimonialium in Ihene contulimus, eisdem appropriando perpetuo presentibus et donando adeo sane, videlicet, quandoquidem ut villanus, dictus Tizmarus, prefatum mansum iure hereditario possidens, vel quicunque alter ei succedens, memorato dno Henrico dabit et persolvet maldrum frumenti et (h)ordei, triginta denarios in festo Michaelis et in festo beate Walpurgis proximo sequente tres solidos et quatuor pullos, et modium pise, duo picaria papaveris, que dari consueverunt de censu annue pensionis, ita tamen, quod census dicti mansi sepedicto dno Henrico cederet et racione emptoris absque impedimento quolibet deserviret (destinet) ad tempora sue vite, post ipsius vero obitum id ipsum ius cum censu prefato conventui perpetuo relinqueretur, tali condicione videlicet apposita, quod domine,

---

1) Zwei Siegel: 1) Sigillum Hermanni de Lobdeburg. 2) S. Alberti de Lobdeborg.
2) Triptis am Urspr. der Orla, St. v. 224 H., im Amte Neustadt.
3) Aufschrift: Super silvam prope Cupendorff.
4) Kospeda im Amte Jena.

que tunc temporis supervixerint, in die obitus sui annis singulis sui memoriam feliciter habeant ipsius anniversariam in missis et oracionibus dominicis soleniter peragendam. In cuius rei testimonium literam nostrorum sigillorum appensione duximus roborandam. Nos insuper *Mechtildis*, Abbatissa totusque conuentus sanctimonialium in Ihene nostrum sigillum appendimus nostra cognicione omnium premissorum. Huius rei testes sunt dn. Puppo, Prepositus, dn. Johannes, plebanus in parvo lhen, Dns Conradus; Plebanus in Nore, Henricus de Lichtenhayn, Fridericus de Wirczburg, Hermanus de Kossbode, milites; Albertus Maroldi, Conradus Reinfridi, Philippus Maroldi, cives, et quam plures alii fide digni. Datum et actum anno dni 1308, decimo Kal. Augusti [1]).

Diplom. Jenens. 13. Nr. 24. — Amts Jena Copialb. der Mich. Kl. Br. 77.

162. (S. 38.) 1308.   Vniversis hanc, litteram visuris, lecturis, audituris. Nos *Hartmannus* senior, dictus *de Bergawe*, omne ius proprietatis, nec non ipsam proprietatem, quam habuimus in vinea, sita in *Trachinsdorf* [2]), in loco, ___109___ qui dicitur *Anger*, quam Henricus de Gera dictus a nobis in feodo possedit et habuit, conuentui sanctimonialium in *Cronswicz* offerimus et damua, diuine glorie intuitu, in nostrarum quoque remedium animarum. Ne autom de hac nostra donacione seu collacione vlla emergat obliuio vel contradictio, sigillum nostrum presentibus apposuimus in iam dicte donacionis seu collacionis perpetuum firmamentum. Testes huius rei sunt Dominus Theodericus dictus de Robuz, dominus Henricus de Glina, Dominus Guntherus de Robuz, milites, Johannes de Lichtinhain, Fridericus de Wirzburg, et quam plures alii fide digni. Acta sunt hec a. d. 1308 [3]).

Geh. Staats-Archiv zu Weimar.

163. (S. 30. 32.) 1309. 26. Apr.   *Hartmanus* et *Albertus*, fratres, domini de *Lobdeburg*, dicti de *Luchtenberg*, cupimus esse notum, quod *Mechtilde* Abbatisse, predilecte sorori et conuentui sanctimonialium in *Ihene regimen scolarium* et *scolam* cum *officio campanacie* omni iure, quod dominus Rudingerus suique ante successores, plebani parochie S. Michaëlis, ab antiquo in dictis officiis habuerunt ibidem, damus libere et appropriamus voluntarie, abrenunciantes etiam omnibus, que in prefatis officiis nos ac nostros heredes possent contingere ob nostrarum animarum ac parentum nostrorum remedium et salutem. In huius donacionis et appropriocionis fidem et evidens testimoniam premissorum dictis sanctimonialibus presentem literam damus, sigillorum nostrorum munimine debita consignatam. Testes huius rei sunt Dn. Poppo, tum temporis prepositus, et Fridericus de Wirczburg, miles, suus frater, et Henr. miles, dictus de Lichtenhayn, et Theodoricus de Closchwicz et Albertus de Madela, et quam plures alii fide digni. Datum et actum *Luchtenbergk*. Anno 1309. VI. Kal. Maii [4]).

---

1) Aufschrift: Super uno manso in Kossbode.
2) Drackendorf unter der Lobdeburg, im Amte Roda.
3) Siegel: S. Hartmanni Senioris de Lobdeburg.
4) Aufschrift: Appropriacio super altare collacionem scole et campanacie.

164. (S. 32.) 1309. 27. Apr. Nos *Hermanus* senior et *Albertus*, fratres, nobiles viri dicti de *Luchtenberg*, recognoscimus, quod dns Puppo prepositus et religiose matrone cenobii sanctimonialium in *Ihene* iusto emptionis titulo comparaverunt tres curias, sitas iuxta ipsorum claustrum, apud Heydenricum, filium militis ibidem, qui ipsas a nobis possidebat, et ob devocionem ac favorem specialem, quo apud dictum clausatrum pre ceteris nos movemur, ut nostrorum memoriam habeant sempiternam, memoratas curias cum omni iure et fructu, quo nos respiciunt, sepe dicto conuentui et monesterio appropriamus libere et voluntarie perpetuo presentibus et dotamus. In cujus rei testimonium, ut prefata nostra appropriacio robur habeat ac firmitatem, presentem literam dedimus nostroram sigillorum munimine firmiter roboratum. Datum et actum Anno Domini 1309. V. Karl. Maii [1]).

Diplom. Jenens. 15. Nr. 26. — Amts Jena Copialb. der Mich. Kl. Br. 85.

165. (S. 40.) 1309. 3. Juli. Nos *Hartmannus* de *Bergowe*, dictus de *Lobdeberg*, recognoscimus, quod Johannes prepositus, Kunigundis Priorissa totusque conuentus sanctimonialium in *Lusenicz* cum unanimi consensu totius conuentus unum mansum, situm in campis *Lubenicz* [2]), ipso iure, quod vulgariter dicitur Gastgut, Hermann dicto de Glina ad sex annos locaverant, tali forma interiecta, quod idem Hermannus prefato conuentui quinque fertones argenti in festo Michaelis singulis annis ministrabit, cuius pecunie partem quatuor marcas in uno fertone minus imparato et in presenti iam persolvit, quas marcas et pecuniam predictus conventus a tali annuali pensione in tribus annis mediate subsequentibus eidem Hermanno defalcavit. Testes huius rei sunt Henricus de Sconeberg, Johannes de Lichtenhain, Albertus de Bolwar et alii quam plures fide digni. Dat. a. d. 1309. V. Non. Jul. (a. a. 1256. Nr. 73.)

Schultes: cod. dipl. mscpt.: 1, 83.

166. (S. 37.) 1311. 31. Mai. Otto von Bergovve, Zeuge, als Landgraf Friedrich von Thüringen bekennt, daß die Brüder Albert, Henrich, Bartholom. und Albert von Droschwics [3]) die Einkünfte von zwei Mark, im Dorfe Storkewicz [4]) gelegen, welche sie von ihm in Lehn hatten, in seine Hände gegeben und dem Kloster zu Pygavia (Pegau) eigenthümlich überlassen haben.

Chstn. Schöttgen: Hist. des Grafen Wiprecht v. Groitzsch (Regensb. 1749) 40. Nr. 16.

167. (S. 28.) 1312. 8. Jan. König Johannes von Böhmen und Polen und Graf von Lucenburg sagt urkundlich dem gestrengen Mann (strenuo viro) Busso von Elsterberg allen Schutz zu, wenn er ihm gegen Friedrich, des Landgrafen Albert von Thüringen Sohn, beistehen

---

1) Aufschrift: Super tres curias in Ihene.
2) Jenalöbnitz, im Amte Jena.
3) Draschwitz a. d. Elster, im Amte Zeiz.
4) Großstorkwitz am Mühlgraben, im Amte Pegau.

wolle. Datum Prage [1]).

Beckler: stemma Ruthen. 264. — *Mencken:* s. r. g. 2, 962.

168. (S. 37.) 1312. 25. Juli. Der edele Mann Herr Otto van Ber-
goue, Zeuge, als Landgraf Frederich von Duringen mit Volbord seines
Sohnes Frederich sein Eisen zu Turgone, Hus und Stat, Lant und <u>111</u>
Hufen, und allez, daz zu der Burchwere gehoret, seinen Vettern Margrau Woldemar und Margrau Jan (von Brandenburg) vor Gericht und in
dem gehegten Dinge gegeben hat. Geschehen zu Lipzik.

Gercken: cod. dipl. *Brand.* 1, 185. aus dem Copialb. vom J. 1340 im Archiv
zu Berlin.

169. (S. 25. 26. 28. 33. 34. 35.) 1315. 11. Apr. Wir Buse [2]), Herr
zun Elsterbergk, bekennen, daß wir uns mit dem hohen Fürsten und
Herrn, Landgraven Friederich zu Döringen, Marggraven zu Mißne und
in dem Osterlande alle der Sache, alle der „Ansprache und aller Brüche
gesünet und berichtet haben gänzlich," daß wir sin getreuwe Gesinde
wurden und geloben, ihm ze allen Zeyten diensthaftig zu sein als unserm rechten Herrn. Wir haben auch unse Viertheil, das wir an der Stad
zu Jehna hatten, mit allen Rechten, Nutzen und Ehren, als wir es und
unse Vordern haben gehabt, an unsern Herrn, den Marggrafen, gewiesen und daß die Bürgere des Viertheils auf unser Geheiß ihm als ihren
rechten Herrn gehuldet haben. Zeugen: der edle Mann, „unser Ohme
[3])," Herr Herman von Luchtenberg, Ludwig von Blankenhayn,
Heinrich von Arnstete, Ludwig von Pölniz, Heinrich von Lichtenhayn,
Friderich von Würczburg, Dieterich von Wintersleyben, Herman Goldacker, „unsers Herrn Marschalck," Meister Walther, „unsers Herrn
oberster Schreiber" und Thyme von Lubenicz. Gegeben zu
Zweczen [4]).

Diplom. Jenens. 17. Nr. 29. (verlöscht). — Amts Jena Copialbuch der Mich.
Kl. Br. 88. — J. J. Müller: Staats-Cabinet 3, 216. — *Buder:* observatt. jur. publ.
175 (nach der vorliegenden Urschrift).

170. (S. 32. 33.) 1316. 6. März. Nos *Hermanus* et *Albertus*, fratres de
Lobdeburg, dicti de *Luchtenberg* recognoscimus, quod honorabili Johanni
preposito, nec non reverenda domine *Mechtildi*, Abbatisse, *nostre sorori*,
Elizabet priorisse totique conventui cenobii sanctimonialium in *Ihene*, 30
modios frumenti Ihenensis mensure, et quindecim modios, eiusdem mensure
ordei, annue pensionis, que pensio matria nostre, bone memorie, fuit, pro
eius dotalicio assignata, et quo pensio: Zcollkornn vulgariter nuncupatur,
unanimi consensu et bona voluntate dedimus assignando tam diu, donec

---

1) Huth: Gesch. der Stadt Altenb. 143.

2) Auf dem Siegel steht: Burchard. Aufschrift: Herren Bussen von Elstirberg Huldung und Anweysung seines Viertheyls an der Stad Jhene an Landgraf Friedrich mit dem Biß. 1315.

3) Ist nicht im gewöhnlichen Sinn zu nehmen.

4) Zwäzen, im Amte Jena, ehemals Sitz eines teutschen Komthurritters.

ipsis de jam dicta pensione quattuor marce et decem sunt persolute integrali
teret complete, et post solutionem debitam et completam predicta pensio
dicatur (debet) nostro usui derivari. Quos marcas in inferiis et exequiis ac in
testamento legato, pro remedio anime matris nostre predilecte totaliter et
laudabiliter consumpserunt, prout ipsos petivimus cum affectu. In huius rei
certitudinem presentem literam sigillorum nostrorum munimine iussimus
fideliter communiri, presentibus testibus infra scriptis, sc. Conrado Reinfridi,
Alberto Maroldi, Henrico Ane (Aue), Conrado Halbschephel, Johanne et
Ditherico fratre, dicto Franckone, Johanne de Swarzburg, Johanne de Numburg, Herbotone dicto Swinsho(e)pt, Henrico de Coswicz, Henr. et Titherico
fratribus, dictis Coswicz et aliis quam pluribus fide dignis. Datum anno Dni
1316, in sabbato ante dominicam, qua cantatur: Reminiscere.

Diplom. Jenens. 18. Nr. 31. — Amts Jena Copialb. der Mich. Kl. Br. 100.

171. (S. 32.) 1316. 5. Jun. Nos Fridericus, d. g. Thuringie Landgravius,
Missnensis et Orientalis Marchio, dominus terre Plissensis, ad noticiam volumus devenire, quod ad devotas supplicationes dilecte nobis *Mechtildis de
Lobdeburg*, dicte de *Luchtenburg*, Abbatisse monasterii et conventus sanctimonialium s. Michaëlis intra muros opidi nostri Ihene, per dominos, viros
Nobiles *Hermanum* et *Albertum*, Germanos *de Lobdeburg*, dictos *de Luchtenburg*, cum voluntate clare memorie illustris Alberti Landgravii Thuringie,
genitoris nostri, fundati et per eundem genitorem nostrum et dictos Nobiles
de Lobdeburg et alios dominos terre dotacionibus, fundacionibus, appropriacionibus intra et extra muros opidi predicti nostri in *Ihene*, plurimisque aliis
benefactoribus in remedium saluberrimum animarum suarum stabilitis,
omnes fundaciones, dotaciones, appropriaciones intra et extra factas et
fiendas, in domibus, areis, curiis, plateis, stratis, viis, semitis, agris, allodiis,
pascuis, sylvis, nemoribus, arbustis, ortis, pomeriis, aquis, aquarum decursi-
bus, piscacionibus, quocunque genere pietatis eis oblatis, ad honorem omnipotentis dei glorioseque virginis matris sue Marie, sanctique Michaëlis Archangeli, de devoto beneplacito inclite Elizabet, nostre charissime conthoralis, in remedium animarum, nostrorum progenitorum et nostrarum, secundum omne genus ratihabicionis et exemcionis confirmamus et laudamus,
approbamus et ratificamus, et ipsam nobis dilectam prediotam Abbatissam
cum dicto suo monasterio et conventu et cum omnibus graciis, libertatibus,
donacionibus fundacionibus, appropriacionibus, de quibus premittitur
quomodocunque ipsis concessis et concedendis, indultis et indulgendis, per
quemcunque nostrum feodalem vel subditum in nostram et nostrae supradictae conthoralis et filii nostri tuicionem, protectionem, defensionem as-
sumimus et ad exequendum hec ipsum nostrum filium Fridericum post nostrum descessum futuris temporibus, in quantum possumus et quando id ab eo
postulatum fuit, firmiter obligamus; mandantes nostre gracie sub obtentu, ne
quis nostre magnificentie et ratihabicioni, appropriacioni et confirmacioni
aliquatenus audeat contraire. Ut autem hec semper inconvulsa remancant et
robur accipiant perpetue firmitatis, presentes literas desuper dari fecimus
communitas, cuius testes sunt Mag. Waltherus, Misnensis ecclesie prepositus

prepositus, Henricus de Arnstede, Hartungus de Bulewitz et Hermanus, dictus Goltacker, nostri milites et fideles, consiliarii et quam plures alii fide digni. Datum et actum in Wisenfels, anno ab incarnacione domini 1316, Sabbatho quattuor temporum in septimana penthecostes [1]).

Diplom. Jenens. 19. Nr. 32. — Amts Jena Copialb. der Mich. Kl. Br. 95.

172. (S. 28. 33. 34.) 1316. 28. Sept. Wir Friedrich, v. G. G. Landgraf zu Thüringen, Marggraf zu Meißen und in dem Osterland, Herr in dem Lande zu Pleißen, bekennen, daß wir vntruwen gelobet haben Heinrich dem Eldern, Voyte von Gera, eine rechte Sune vor uns und unsre Frunthe und vor uns. Helfer, die hie noch bescreben stehn.

Wir sollen kiesen zwei Man und he zwei — die Mannen sollen Gewalt und Macht haben, uns zu berichten vme alle Sachen, die wir zu einander zu suchen haben, nach Minne oder nach Rechte und nach unsrer beide Rede. Zweiten sich die viere, so haben wir zu einen Obman gekoren Grafen Günther von Schwarzburg; was der uns heißet um alle Sache uf Minne oder uf Recht nach uns. beide Rede, dis sollen wir stete u. ganz halten. Und sollen des einen eines Tages warten auf aller Heiligen Tag, der nun wirt zu Weißenfels.

In diese Sune nehmen wir auf Bernhard, den Erzbischof von Magdeburg, und alle die Harzherrn, die uns. Helfer sint gewes't. — Wir nehmen auch in uns. Sune uns. lieben Schwägerin, Frau Elisabeth, die Landgräfin war zu Thüringen, und alle Leute. — Wir nehmen auch darin die edlen Leute Herman und Albrecht, Herrn zu Luchtenberg. — Albrecht und Heinrich, Burggrafen von Lyznik, Erkenbrecht, Burggrafen von Starkenberg, Hermann von Elsterberg.

Diese Sune haben geteydinget [2]) zu Aldenborg der Edelmann Albrecht von Hackeborn, Busse von Elsterberg u. andre. D. d. Altenburrg 1316 an santhe Mich. Abend [3]).

Freiesleben, Canzler: Deduction u. s. w. (1742) Urk. V. Fol. 27. — Limmer: Voigtl. 446 (im Auszug).

173. (S. 32. 35.) 1317. 17. Febr. Nos *Albertus*, dominus de *Lobdeburg*, 114 dictus de *Luchtenberg*, Magistri Consulum ceterique consules in Ihene recognoscimus et cupimus fore notum, quod facta computacione inter honorabilem dominum Johannem, prepositum et plebanum in parvo Ihen, ac inter reverendam dominam Mechtildin, Abbatissam, et suum conventum sanctimonialium in *Jhene*, ordinis Cisterciensis, invenimus dominam Abbatissam et

---

1) Aufschrift: Confirmacio bonorum Cenobii S. Michaëlis.

2) Von Ding: causa, concilium, conventus; daher taiding, das Gericht (judicium) sowohl, als auch die Vertheidigung (Proceß). Grimm: deutsche Rechtsalterthümer. 747.

3) Aufschrift: Verein zwischen Landgr. Friedr. v. Thür. u. Hermann dem Eltern, Voigt zu Gera.

Schmid Lobdeburg.

suum conventum fuisse oppressas gravi onere debitorum, excogitantes ipsis aliqua remedia opportuna, videlicet, quod dno Johanni preposito dna Abbatissa et suus conventus curiam sitam in curiis ipsarum, que quondam erat reverenda domine *Mechtildis de Luchtenberg*, felicis recordacionis, et dni Popponis, quondam prepositi in tali amplitudine et latitudine stabuli ac viridarii cum omni spacio, sepi incluso, prout possessa fuerat ab eisdem, vendiderunt ad tempora vite sue pro octo marcis Fribergensis argenti ipsis persolutis integraliter et complete, hac adiecta condicione, quod ab ipso dno Johanne preposito datur et dari debet pro tali pecunia, pro qua fuit curia empta, libera condicio reemendi, quando possibilitas sive facultas ipsis fuerint reemendi. Et facta reemptione ipsius curie statim debet ad usus conventus, velut antea, derivari. Insuper vendiderunt eidem domino Johanni duas marcas annue pensionis in curiis adiacentibus curiis earum ad tempora vite sue pro decem et octo marcis Fribergensis argenti, ipsis integraliter persolutis, hac condicione eciam adiecta, quod quandocunque integrum censum domino Johanni venditum reemere voluerint, eis datur et dari debet libera condicio reemendi pro decem et octo marcis, pro quibus fuerat census emptus. Si vero medietatem census sive marcam annue pensionis venditam reemere voluerint pro noven marcis. Si vero quartam partem census venditam reemere voluerint pro quatuor marcis et pro media marca eis datur et dari debet libera condicio reemendi et reemptus census statim debet conventui derivari, cum qua pecunia ipse dn. Johannes dominam Abbatissam et Conventum suum, exceptis tribus marcis, quas strenuo militi Friderico de Wurzburg solvere tenebantur absolvit ab omni iure debitorum, quas tunc temporis solvere tenebantur. In huius rei testimonium presentem literam cum appensione sigillorum nostrorum fecimus communiri, presentibus testibus infra scriptis: Walthero Franckone, Alberto Vice-plebano in Gynna, Nicolao Gerhardo, sacerdotibus; Henrico Wolffram, Henr. Closewiz, Henr. de Sconberg et quodam dicto de: Durchdenstein, Alberto Maroldo, Conrado Reinfridi, et aliis quam plurimis Clericis et laicis fide dignis. Datum anno Domini 1317. 16. Kal. Febr. [1].

Diplom. Jenens. 23. Nr. 35. — Amts Jena Copialb. der Mich. Kl. Br. 108.

174. (S. 26.) 1318. 1. Febr. Hardewig, genannt von Arneshoge, Gattin Gevehards, des Aeltern, Edlen von Quernvorde [2]), bekennet, daß sie nach dem Tode ihres Sohnes Siffrid, Domherrn in Halberstadt, die von ihm gestiftete Rente vollendet habe. Dat. Querenvorde.

Ludewig: Reliq. mscpt. 1, 278. Nr. 191. 298. Nr. 205.

175. (S. 31.) 1319. 15. Sept. Nos *Hermanus* et *Albertus*, fratres *de Lobdeburg*, dicti *de Luchtenberg*, recognoscimus, quod cum domina Jutha, relicta quondam Alberti Maroldi, civi Jenen., pie memorie, dimidium molen-

---

1) Aufschrift: Quo vendiderunt unam domum: *genant die alte Probistey* et alios redditus suo preposito ad tempus vita sue.

2) Limmer: Osterl. Gesch. 170.

dinum, situm in opido *Jene*, quod quondam dictus Schezzeln possidebat [1]), et septem agroa sitos versus *Lubgastiz* [2]), sex areas ante *valvam Lobdensem* cum (h)ortis, dictis areis adiacentibus et annexis, sex areas ante *valvam* beati *Johannis*, quarum quatuor fuerant Maroldi, quatuor pullos annue pensionis, qui pulli quondam fuerunt Arnoldi de fossato, et pratum ante *foramen diaboli* [3]) situm, quod habuit Fridericus dictus Schezzeln, iam dudum a nobis iure dotalicii possidebat et adhuc possidet, memorata bona omnia et singula prenotata prefate Domine, Petro, fratri ejus, Johanni et Kristano, filiis suis et heredibus prescriptis conferimus titulo feodali post obitum antedicte Domine quiete et pacifice possidenda et cum hoc iure dotalicii Elizabet, Katerine et Elizabet, vxoribus eorundem, conferimus in hiis scriptis; et ne nostris successoribus dubium alicunque valeat suboriri, hanc literam nostris sigillis dedimus communitam. Testes hujus sunt H(enr.), miles de Lichtenhayn, Joh. de Konditz, H(enr.) de Gline, nostri fideles; Conr. Reinfridi, Th(eodor.) Franco, Conr. Schethin, Joh. Franco, cives Jenen. et alii quam plures fide digni. Datum et actum ao dni 1319 in die Nicomedis martiris [4]).

Archiv des Stadtraths zu Jena Nr. 136.

176. (S. 5. 34. 40.) 1320. 1. Jun. —. —. [5]) Item Ecclesia in *Lobde* vacavit in secundo anno, taxata est ad VIII marcas, et solvit.... [6]) marcas, nec plus dare potuit, quia vix medietas census et decime percipitur, nec agri excoli possunt, quia sita est in medio nationis prave et magis quam perverse propter vicinitatem castrorum et raptorum commorantium circa ripam Orla, in nemore, quod vocatur Wilke, in *Brisengowe*, in castris *Tutenberg* [7]), *Lobdeburg* et *Werrinberg* [8]), qui pro majori parte de rapinis nutriuntur. Et sic juratus Rector deposuit eo modo qua supra. — — — Nos H( ) Dei gra. Episcopus, Er( ) prepositus, Ul( ) Decanus totumque capitulum Numburgensis, H( ) dei gratia prepositus, Ul( ) Decanus ceterique canonici de capitulo Cycensis ecclesiarum et Heinricus de Czernczin, Archydiaconus — subcollectores per Nuenburgensem civitatem et dyocesiu deputati profitemur publice esse vera. Et in premissorum omnium evidens testimonium nostra sigilla appensa sunt. Datum anno Dni. M. CCC. XX. Kal. Junii.

Archiv des Domcapituls zu Naumburg.

---

1) Vgl. a. a. 1331. Nr. 194.

2) Löbstedt, sonst Lobgeschitz, unweit bei Saale, im Amte Jena.

3) Teufelslöcher, nach Wölnitz zu.

4) Die Urkunde hatte zwei an rothen und grünen seidenen Fäden hängende Siegel, von denen das eine in gelbem Wachse nur noch vorhanden ist, ein Helm mit Pfauenfedern, mit der Umschrift: Sigillum Hermanni de Lobdeborg.

5) Littera super taxatione beneficiorum dioceseos Nuenb. 1323.

6) Lücke.

7) Tautenburg bei Frauenpriesnitz.

8) Wernburg unweit der Orla, ehemals im Amte Arnshaug, jetzt im Amte Ziegenrück.

177. (S. 36. 38.) 1320. Wir Hartman von Lobdeburg, von Bergowe genant, der eldiste, Herre zu Glyne, bekennen vnd bezugen offenberlich in disem briue vnde wollen, daz iz allen den wizzentlich sie vnd werde, di disen brif gesehen adir horen lesen, daz wir mit Rate vnsis Swagirs vnd vnsis bichters, brudir Heynrichis von Wida der prediger ordins, den Wingarten, den wir ern Conrate bulere abe gekouft haben vnde vnse eigen ist, gegeben haben deme clostire zu Jene der prediger ordins, vns vnde alle vnsen vordern zu eyme ewigene Almusene, nach vnseme tode, wen wir vor langir zit vnse bigraft dar gekoren haben, vf hoffenunge groser hulfe vnser sele; vnd wen di selben brudere von ires ordins weyn nicht eigenschaft phlegen zu haben, so habe wir vf gelazen vnde lazen vf in disem briue di eigenschaft des selben wingarten zu der priolin hant zu Cronswitz, der selben Sammunge zu Cronswitz, di wol eigenschaft beheldit den bruderen prediger ordins zu Jene, nach vnsme tode ewiclich vor zu behaldene di gabe, di wir in gegeben haben an deme vor genanten wingarten. Were abir, daz der vor genante ritter er Cunrat vnser adir sine kint den selben brudern zweyzik mark nach vnseme tode wolden geben, so scholde an den bruderen ste, ob si in den wingarten wider wolden lazen adir nicht, vnde daz ist vns nicht wider. Dirre gabe vnd dirre wise zu eyme ewigeme gezucnisse habe wir disen brif den brudern gegeben, bevestint vnd bestetiget mit vnseme Jngesigele nach gotis geburte tusint jar, drihundert jar, vnd in daz zwenzigiste jar. Des sint gezuge Heyneman vnd vriderich von glyne, Heynrich vnd Heynrich der Alde vnd der Junge, Spiler, vnd andere gnuk, di wol gezagen mugen: —∴—∴—

Archiv des Stadtraths zu Jena.

178. (S. 30. 33.) 1320. Nos *Hermannus* et *Albertus, fratres* de *Lobdeburg*, dicti de *Luchtenberc*, promittimus, quod cum nobilibus viris H(enr.) et H(enr.) fratribus, dicti de Gera, cum quibus hic usque Gwerras hostiles habuimus, pacem bonam, omni dolo postposito, tenebimus, nullum malum eisdem de cetero intemplantes, nisi premisso octo dierum spatio, nos eis in *Gera*, vel ipsi nobis in *Luchtenberc*, invicem, oppositis in patentibus literis mandaremus, et tunc captivos nostros, quos interim induciavimus in *Gera*, et ipsi suos in *Luchtenberc* ad redeundum in captivitatem debemus admonere. Anno. Dni 1320.

Archiv zu Schleiz. — Lobensteiner Intelligenzbl. 1795. S. 116. — (Limmer: Voigtl. 447).

179. (S. 32.) 1321. Nos *Hermanus* senior et *Albertus* senior de *Lobdeburg*, germani, dicti de *Luchtenberg*, recognoscimus, quod *Henricus* de *Ihene*, dictus *Wolfferam, curiam* suam in *Ihene*, quam ipse a nobis titulo feodali hueusque tenuit ac eodem titulo sui progenitoris a nostris progenitoribus dudum a longe retroactis temporibus tenuerunt, vendidit dilectis nobis ancillabus christi regule sti *Benedicti*, ordinis Cisterciensis, in dicto *Ihene* deo devote, ut speramus, famulantibus cum omni iure et libertate, quo ipsi et sui

117

progenitores ipsam curiam usque in hoc tempus possederunt. Nos autem cum *in eodem Cenobio* similiter *simus* eius *fundatores*, cultum divinum non minuere, sed semper augere intendentes, eandem curiam iure proprietatis cum omni nostre proprietatis iure pro nostrarum animarum remedio dicto cenobio libere donavimus et donamus. Donacionis eiusdem domus seu areas intra septa ipsius curie exeuntes cum vinea, quam Henricus, dictus de Closewiz, eidem cenobio protestando assignavit, et cum vinea, quam Hermanus, dictus Lammeshöbt, qui ordinem supredictarum ancillarum christi, sancto quoque instigante spiritu assumpsit, ad suam prebendam comparavit, libere inserentes, volentes sepedictas ancillas christi et suum cenobium supradictam curiam rite et racionabiliter emptam, cum areis seu domibus et vineis iam prescriptis, perpetuo proprietatis titulo possidere, ac suis usibus, sicut utiliter decreverunt, applicare; et ne per aliquem nostrorum successorum aut per quemcunque alium seu alios obstaculum vel impedimentum in predicta possessione predictorum eis per nos appropriatorum in posterum pacientur, abrenunciamus ex nunc omni actioni et omni impeticioni et omnibus sub quacunque forma verborum iuris subtilibus, que nobis aut nostris successoribus possint in sepe dicte appropriacionis et libere donacionis preiudicium suffragari. Actum et datum anno 1321 cum testimonio publico infra scriptorum, videlicet fratris Henrici, prioris Ihenensis, ordinis predicatorum. Theodorici de Closwicz et aliorum plurium dignorum fide [1]).

Diplom Jenens. 27. Nr. 38. — Amts Jena Copialb. der Mich. Kl. Br. 123.

180. (S. 32.) 1321. *Hermanus* et *Albertus*, germani, de *Lobdeburg*, dicti de *Luchtenberg*, omnibus fidelibus in perpetuum. Nostris memoribus incidit mentibus, dilectis nobis femulabus cristi regule S. Benedicti, ordinis Cisterciensis, *nostre fundacionis* in *Ihene* iniuriosum posse litigium preiudiciale futuris temporibus suboriri eo, quod in instrumento eis a nobis dato super appropriacione *curie Henrici de Ihene dicti Wolffram* cum areis et domibus septem ipsius curie interclusis ipsis per nos factam non fit vie et semitarum per eandem curiam seu predictas areas licet ad tempus permissae, non tamen semper duraturae faciende et faciemdarum ex scriptoris negligencia mencio specialiter facta, factam et factarum, expressa mencio. Ideo animarum nostrarum saluti proinde providendo volentes ipsas dei famulas in plena libertate devote nostre appropriacioni liberas et illesas in omnibus in perpetuum conservare, nos dictam viam et dictas qualescunque semitas per quemcunque vel quoscunque trans predictam curiam et predictas areas factam et factas, ipsi supradicte appropriacioni nostre inclusisse literae, rite et racionabiliter publice profitemur, eam nostram intencionem utique fuisse, totam ipsam curiam cum areis suis et domibus contiguis et continuis, sine discissione seu aliqua diminucione, sicut supradictis dei servitricibus appropriare et appropriando incorporare, ut opurtunis temporibus usibus aedificiorum claustri sui et necessariarum officinarum suarum possint omni impedi-

1) Aufschrift: Super quandam curiam, sitam in Ihene, et vineam dictam: der Cloßwiczer und Lammeshobt.

impedimento amoto libere et sufficienter applicare. Datum anno D. 1321 post primum instrumentum ipsius appropriacionis datum, eodem anno in suppletorium per scriptorem in ipso primo instrumento contra nostrarum voluntatum mentem neglectum. Testes hujus sunt loco dni Henricii prioris Ihenensis, ordinis predicatorum, frater Henricus de Wida, eiusdem ordinis, *dilectus noster sororius Theodericus de Closwicz* et Henr. de Durrengline, fideles nostri, et plures alii fide digni [1]).

Diplom Jen. 28. Nr. 39. — Amts Jena Copialb. der Mich. Kl. Br. 129. — (Beier: Georgr. J. 319.)

181. (S. 37.) 1322. 18. Mai. Otto von Bergavv, Zeuge, als Landgraf Friedrich von Thüringen, Markgraf von Meißen und Osterland, Herr des Landes Pleißen, das Dorf Cęthewitz [2]), mit allen Zugehörungen und Gerechtsamen, wie es Joannes und Vnarchus von Wildenfels in Lehn besessen, dem Kloster zu Grünhayn wegen dessen unfruchtbaren Lage übereignet. Dat. Eysenach.

Schöttgen: dipl. 2, 539. — (G. Horn: sächs. Handbibl. 313.)

182. (S. 32.) 1323. 21. Jan. Herman und Albrecht von Luchtenberg, Oheime und Zeugen, als die Brüder Otte, Albrecht und Hartman, Burggrafen von Kirchberg, die Vogtei, Pfarr- und andre Lehn im Dorfe und Felde zu Löbeschetz (Lobgesetz), dem Mich. Kloster zu Jena um zwanzig Mark verkaufen.

Dipl. Jenens. 32. Nr. 42. — Amts Jena Copialb. der Mich. Kl. Br. 137. — Avemann: Beschr. der Bggr. v. Kirchb. 191. Nr. 73.

183. (S. 38.) 1323. 24. Sept. Wir Friedrich der Jüngre, v. G.G. Landgraue zu Düringen und Marc Graue zu Meißen, bekennen, daz wir mit Willen unsirs Vaters, Friedrichs, v. G. G. Mark Graven und Herrn der vorgenante Lande, zwölf Hufe und eine halbe der cleinen Hufe mit einem Sadelhofe und mit eine Hove, der cinset fünff Schillinge und vier Hüner, mit einer Wiesen, die da gelein sind zu Stuternheim [3]) in dem Dorff und in denen Feilde, eignen dem Probiste und der Eptische und der Samenunge Gemeine der heiligen Vrauen des grauens Ordens in dem Kloster zu Ilmene [4]). Zeugen: Walther, Probist zu Mynstene, unse uberste Rath und Scriber, Greve Heinrich von Swarzburg der Eldere, der da Herre ist zu Blankenburc, Albrecht, der Burgkherr von Aldenburck, Otto und auch Otto, Gebrüdere, von Burgowe genannt und Herre zu Lodeburgck. An dem andern Tage Sente Mauritius.

Schultes: cod. dipl. Mscpt. Urkunden des Klosters zu Ilm. Nr. 22.

---

1) Aufschrift: Illustracio appropriacionis curie Henrici de Ihene.

2) Schedewitz im Amte Zwickau.

3) Stotternheim im Amte Großrudestedt, vor 1815 zum Gebiet von Erfurt gehörig.

4) Stadtilm. Schamelius versetzt das Kloster nach Ilmenau.

184. (S. 37.) 1325. 3. Juni. Ego Ludovicus, dictus de Polnicz, miles, notum esse cupio, quod villam, que dicitur *Kirchbobock* [1]), quam a nobilibus viris dominis Ottone, Alberto et Hartmanno, fratribus, Burgrauiis, dictis de Kirchberg, hactenus vna cum meis heredibus iure tenui feodali, Erico Abbati totique Conventui monasterii in Burgelino vendidi pro tredecim marcis mihi integraliter persolutis. Testes: Hermannus Prepositus Cenobii sanctimonialium in Cappelndorff, Henricus de Trebuz, Hermannus de Leystenn, Theczemannus de Groyczchen, Wolfinus de Loberschziz, *Otto de Lodeburg* et a. Dat. ___120___ et act. ao dni 1325, in octaua Penthecostes.

Copialb. des Kl. Bürgel 1, 32[b].

185. (S. 31.) 1325. 18. Oct. Nos *Hermannus* et *Albertus*, fratres de *Luchtenberg*, dicti de *Lodeburg*, vna cum nostris heredibus recognoscimus, quod quosdam agros sitos campis ville *Winczern* [2]) soluentes dimidium fertonem annue pensionis ad instanciam Wolframi dicti de Bolewar, nec non ob reuerentiam sti Georgii ad custodiam Ecclesiae in monte ejusd. sti. Georgii prope *Burgelin* contulimus in hunc modum, quod predictae Ecclesiae Custos siue Rector, quicunque fuerit, suo tempore vnum Cervum ad altare prefati sti Georgii pro officio misse procurabit, quem Cervum Wolframus ob animi sue ac suorum parentum salutem destinauit. Testes: Albert. de Bolewar, Aduocatus in Waldecke, Henricus dictus de Dorrengline [3]), Johannes dictus de Conditz, Albert. dictus Kilian de Gornewicz et a. Dat. 1325, in die beati Luce Evangeliste.

Copialb. des Kl. Bürgel 1, 36.

186. (S. 38.) 1327. 7. Juni. Otto der Aeltre und Otto der Jüngre, Brüder von Lodburch, genannt von Bergow, bekennen, daß sie Belehnte und Vasallen des Königs, Johann von Böhmen und Polen und der Grafen von Lucemburg von ihren Gütern, nämlich von Alt- und Neu- Seberg [4]) und ihrer Stadt Belina [5]) mit dem Schlosse daselbst und allen Gerechtsamen worden seien, mit Vorbehalt von 2000 Mark Prager Denariengroschen, die Mark zu 64 Groschen gerechnet, als Heirathsgut ihrer Frauen, was aber auch auf ihre Söhne und, wenn diese fehlen, auf ihre Töchter übergehen soll. Dat. Pragae.

Ludewig: reliq. manusc. 6, 38.

187. (S. 35.) 1327. 7. Juli. Nos *Albertus* et *Johannes*, patrueles, dicti de *Lobdeburg*, dni in *Luchtenberg*, notum facimus, quod dilectis nobis, dno Walthero Francken, plebano in parvo Ihene, Theodorico, fratri suo, Tizkau Gerhardi, Theod. de Groyschin (Greitschin), Henrico de Butenicz [6]), vineam

---

1) Bobeck im Amte Roda, zum Unterschied von Wüstenbobeck im Amte Bürgel.

2) Winzerle im Amte Jena.

3) Dürrengleine bei Altenberge, im Amte Kahle.

4) Seeberg im Bezirk von Eger.

5) Provinz Belina: Bisch. Cosmas v. Prag, ed. *Mencken:* 1, 1980.

6) Beutnitz a. d. Gleise im Amte Dornburg.

dictam: Brunsperg, sitam prope vineam Conradi Reinfridi, que Buckedraw vocatur, cum omnibus et singulis pertinentiis, fructibus et proventibus ad eandem vineam pertinentibus et ex eadem nunc et in futuro provenire potentibus, sicut ipsa vinea cum circumferentia in suis limitibus est situata et destinata, quam ipsi cives in Ihene prescripti, principaliter predictus Henricus (sc. de Butenicz) apud dominam *Elizabet*, relictam *Conradi de Plauen*, atque heredes eiusdem, residentes in *Slowicz* [1]), que Elizabet et alii amici eorum atque ceteri, quibus ipsa vinea prius fuerat collata a nobis, eandem libere resignaverunt, pro parata pecunia eisdem utiliter et plenarie statim persoluta, rite et racionabiliter compararunt, nomine veri feodi contulimus et conferimus per presentes ab omni iure hereditario perpetuo possidenciam impeticione et contradictione cuiuslibet de cetero (retro) quiescente adhibitis circa eandem collacionem solennibus debitis et consuetis promittentes pro nobis et nostris heredibus bona nostra fide et in solidum sive manu coniuncta ipsos et quemlibet eorum et nominatim sive principaliter. Henricum pre(supra)dictum in possessione ac fructuum, sive proventuum perceptione eiusdem vinee ullo unquam tempore nullatenus impedire. Huius collacionis et rei testes sunt Bertoldus, Dns in Yscherstete. Henr. de Gline. Otto Hold. Henricus et Wypermanus, fratres de Lichtenhayn, Puppo de Wirczburg et Wernerus plebanus, et alii plurimi fide digni [2]). Act. Ao Dni 1327, feria sexta ante festum Margarethae [3]).

Diplom. Jen. 35. Nr. 44. — Amts Jena Copialb. der Mich. Kl. Br. 142.

188. (S. 38.) 1327. 5. Nov. Otto und Otto von Bergau stellen ihre Sachen auf Heinrich von Waldenburg und Friedrich von Schönburg, sie zu vertragen. Jena, Donnerstag nach Allerheiligen [4]).

Wittenberger Archiv, Schrank 3. Nr. 83., jetzt in Dresden.

189. (S. 28.) 1327. „Bußo von Elsterbergk der Eltre und Bußo vnser Sun" schließen mit Heinrich Reuß dem Kleinen den Ronneburger Verein, eine Familienvereinigung und zugleich einen Landfrieden. Gegeben und scriben zcu Ronberg [5]).

P. Beckler: stemma Ruthen. 48. — Chr. Löber: Historie v. Ronneburg. Anh. 12. Nr. 6.

190. (S. 32.) 1329. 18. Febr. Landgraf Friedrich zu Thüringen bestätigt das von seinen Voreltern, den Landgrafen Thüringens, namentlich

---

1) Schleiz.

2) Unterm 22. Mai 1336. eignet der Landgraf Friedrich in Thüringen auf Zureden des Grafen Heinrich von Swarzburg, Herrn in Arnstete, den Hof Heinrichs von Buteniz, Bürgers von Prag, in Jhene gelegen, mit den anstoßenden kleinen Häusern und dem Weinberg Brunsberg, dem Frauenkloster St. Mich. zu Jhene zu. Copialb. 24[b].

3) Aufschrift: Super vineam dictam Brunsperg. Adrian Beier (Geogr. Jen. 526) führt den Inhalt dieser Urkunde an, aber mit der Jahrzahl 1325.

4) Mit 2 Siegeln.

5) Mit 8 Siegeln. S. Limmer: voigtl. Gesch. 534. 670. 680.

dem Markgrafen Friedrich von Meißen, den edlen Herrn von Luchtenburg und andern Herrn des Landes begründete und begabte Frauenkloster St. Michaelis innerhalb der Mauern seiner Stadt Jhene. Zeugen: Heinrich jun. Voigt von Plauen, genannt Ruze, Ludwig von Schenckenburg, unser Protonotarius (oberste Schreiber), Otto von Kotewicz, Ritter, noster Marschalcus, Conrad, plebanus in Lobda, Nicolaus, plebanus in Glichen, nostri notarii. Dat. Gotha [1]).

Dipl. Jenens. 36. Nr. 45. — Amts Jena Copialb. der Mich. Kl. Br. 145 — Buder: obs. jur. p. 183.

191. (S. 38.) 1329. 3. Dec. Otto von Bergovv wird als Lehnsmann erwähnt, als König Johannes v. Böhmen und Polen, Graf zu Lucemburg, den edlen Mann, Heinrich den Jüngern, Voigt von Plavve, Reuz genannt [2]), wegen dem Schloß Steyn [3]), als Vasall und Lehnmann annimmt. Datum Lucemburch.

P. Beckler: stem. Ruthen. 292. — (Canzler v. Freiesleben in Gera) Deduction der Gerechtsame des Hauses Reuß. (1742) Urk. Z. Fol. 33.

192. (S. 41.) 1330, 25. Apr. Hartmann, genannt von Bergow auf Lobdeburg, bestätigt mit seinem Siegel den Verkauf einer Hufe in der Flur von Lome [4]) an das Kloster zu Capelndorf, welche die Brüder Nicol. und Wilh. von Bechstete durch die Güte Hermans, Herrn auf Cranichfeld, besessen haben, die eines Siegels ermangeln.

Mencken: s. r. g. 1, 724.

193. (S. 41.) 1330. 14. Oct. Albert de Boylwar recognosco, quod quatuor mansos agrorum sitos in campis ville *Drockusen* [5]), quos a Dno meo *Hartmanno*, Dno in *Lobdeburg*, dicto de *Bergow*, hactenus tenui et possedi iusto titulo pheodali, monasterio ste Marie in Burgelino contuli. Testes: Henr. et Frid. de Gline, fratres, Henr. de Sloben, Henr. et Frid. filii sui, Henr. dictus

---

1) Auf dem Siegel: ein berittener und geharnischter Mann mit einer Fahne, in welcher ein Löwe, mit der Umschrift: S. Friderici Dei gracia Misnensis et Orientalis Marchio Thuringje Landgrav.

2) Im J. 1282 hatte ihn Kaiser Rudolph zum Oberhofrichter im Pleisnerlande bestellt. Limmer: voigtl. Gesch. 385.

3) Gewöhnlich Stein bei Altenburg, jetzt Posterstein genannt, von dem alten Geschlecht Puster so genannt, das es im Anfange des 15. Jahrhunderts besaß, jetzt ein Rittergut in der Herrschaft Obergreiz, vier Stunden von Altenburg. S. Enoch: Schloß und Herrsch. Stein in den sächs. Provinc.-Blättern, Jahrg. 1800. 2r. Bd. S. 200. Im J. 1327 war der Ast der alten Grafen von Eberstein ausgestorben, dem Plauen lehnsverbindlich war. Die Voigte trugen dasselbe freiwillig dem König Johann von Böhmen, namentlich auch Stein, zu Lehn auf. Darauf bezieht sich diese Urkunde. Zur nämlichen Zeit verlieh der König von Böhmen den Voigten von Plauen das von Otto von Bergow erkaufte, schon früher den Voigten zugestandene Voigtsberg. Schultes: handschr. Nachr. Limmer: voigtl. Gesch. 546.

4) Groß- oder Kleinlohme im Amte Blankenhain im Weimarischen.

5) Trockhausen im Amte Roda, unter den Gerichten von Schlöben.

Spiler, Ulric., Johannes et Henr. dicti de Lichtenhain, fratres. Dom. ante diem b. Galli proxima. (a. a. 1333. Nr. 203).

> Kl. Bürgelsche Urkunden. S c h u l t e s : Samml. Nr. 52. — *Schultes:* cod. dipl. Msc. Vol. IV, 90.

194. (S. 36.) 1330. Wir, A l b r e c h t v o n L o b d e b u r g , von L u c h t e n b e r g genant, der Eldiste, bekennen, daz wir vnseme liben Brudere, Bruder J o h a n s e , der P r e d i g e r O r d i n s , des erbis, daz vnse vatir vf vns beide geerbit hatte, dri Mark geldis gelazen haben alle Jar, di wile er lebit zu J e n e in der stat, vnseme teile, durch daz er in sime ordine, da er zu gekoren hat, gote zu dienene, siene notdurft deste baz muge gehaben, vnd ouch darinne, daz er sich aller Ansprache vorzihe an andirme vnseme erbe. vnde den zins hat ime Cunrat von Rode — vnd Cunrat Schetin — vnd Johannes Franke globit, di zu deme male an deme rate waren, von vnses teiles weyn, do er sich begap vnd dyez geschach. wir haben vns ouch verbunden vnd verbinden vns in dieseme briue dar zu, ob ime zu Jene dirre dinge cheyn bruch werde von cheynerhande sache, daz wir ime daz irnullen wollen vnd achullen an eyner andiren stat vf vnseme erbe, da er vorgenanten zinses ane allirslachte Hindirnisse gewis blibe, di wile er lebit. Dirre dinge sin gezuge vnse libe vater. vnd vnse S w e e r e r V r i d e r i c h v o n S c h o n e n b u r g vnde vnse erhafte man. Heynrich von glyne. Otte holt. Heynrich von Lichtenhayn. vnde krlyan von gornewitz. vnd vnse burger zu Jene Cunrat Reynfrit Tyzel vranke vnd Johannes von Nuwenburg. vnd andire erhafte Lute. Dirre dinge zu eyme gewisser vrkunde habe wie deme vorgenanteme vnseme liben brudere, brudir J o h a n s e , der prediger ordins, disen brif, der dar uber geschriben ist, gegeben. vnd haben vnse Jngesigil vnd vnses vorgenanten Swehers Jngesigel dar an gehengit zu eynir gewissen stetikeit. Dise dink sin gesehen nach gotis geburte tusent jar. drihundirt jar. vnd in daz drizegeste jar [1]).

> Archiv des Stadtraths zu Jena.

195. (S. 25. 26. 33. 35.) 1331. 6. Febr. A l b r e c h t und J o h a n n e s , Herren zu L u c h t e n b e r c k , genannt zu L o b d e b u r g , bekennen, daß sie dem Marggrafen Friedrich von Mizsen, ihrem Herrn, die h a l b e S t a d t z u J h e n e , die sie bisher von ihm gehabt halten, mit allem, was dazu gehört, und in aller Weise, wie sie sie ihren Oheimen von Schwarzburg versetzt haben, gegen Erlegung des Pfandschillings verkauft haben. Zeugen: Greve Bertold von Hennebergk der ältere, Bertold Vicetum von Eck(e)stede der ältere, Otte von Kotewiz, des Marggr. Marschalck, Boppe von Wircz(e)burg, Heinrich von Gline, Otte Holt u.

---

1) Diese Urkunde hat zwei Siegel: 1) ein Helm mit Pfauenfedern, mit der Umschrift: Sigillum Alberti de Lobdeborc. 2) ein Schild mit Querbalken, mit der Umschrift: S. Fridrici d Sonburç.

andre. Gegeben zu Wartbergk [1]).

Geh. Staatsarchiv zu Weimar, Schrank 10. Nr. 12. — Dipl. Jen. 37. Nr. 46. — Amts Jena Copialb. der Mich. Kl. Br. 154. — J. J. Müller: Staats-Cabinet. 3, 218. — *Buder:* observ. jur. p. germ. 177.

196. (S. 40.) 1331. 17. Febr. Wir Friedrich v. G. G. Lantgr. zu Doringen bekennen, daß wir zu der Pfarre zu St. Michael in der Stadt zu Jhene eignen die halbe Mühle in derselben Stadt [2]) und drei Acker das. an der Gebind, die Ticzels Francke, Bürgern das., waren. Zeugen: unser Ohme Graue Günther, Herr zu Schwarzburg, Bertold Vitztum von Eckestet der Ältere, Otto von Kotewitz, unser Marschalk, Her Conrad, Pfarrer zu Lobde, unser Schreiber u. a. Gegeben zu Wartburg 1331. An aller Mann Faßnacht.

Diplom. Jenens. 38. Nr. 48. — Amts, Jena Copialb. der Mich. Kl. Br. 698.

197. (S. 35.) 1332. 12. März. Wir, Albrecht vnd Johannes, Hern von Lobdeburg, genannt von Luchtenbergk, bekennen, das wir den erbarn Knechte Bertolde von Kosbode vnd sin Erbin das Gut und Gericht ubir sin Gut in dem Dorffe zu Kosbode, ubir Hals vnd ubir Hant, beyde ym Dorffe vnd ym Felde, leyen vnd geleyen habin, zu rechtem Lene und zu Erbe ewiglich zu besiczen. Ouch bestetigen wir yn die eigenschaft vnd ire freiheit irs Forstlehns, die seine Eldern vnd sine Vorfaren von uns hatten vnd habin gehat an alles Wandel vnd Hindernisse. Dirre rede sint gezeug Heinrich von Gline, Dittrich von Lichtenhayn, Weyze von Obloquitz, Freyding Poster vnd ander frommer Leute gnug. Das diese rede stete vnd gancz bliebe vnd unvorbrochen, des habin wir desin Briff gegebin, das geschehn ist 1332, an Sant Gregoriustage, in der Stad zu Kall [3]).

Diplom. Jenens. 40. Nr. 52. — Amts Jena Copialb. der Mich. Kl. Br. 156. u. 461.

198. (S. 38.) 1332. 24. Apr. „Elisabeth v. G. G. etzwan Landgrewin zo Duringen unde Marckgrewin zo Myssen" kommt mit dem Stadtrathe zu Jhene [4]) wegen einem Zins von jährlich 100 Mark löthigen Silbers, wegen Gerichten, Münze, Zoll, Eröffnungsrechts u. s. w. überein. Zeugen, „unser Oehme Hartmann von Burgau, Dietrich von Sebileibin (Siebeleben), Heinr. von Azmenstete (Osmanstedt), unser Ritter, Hein- <u>125</u>

---

1) Mit 2 Siegeln: das eine ein mit drei Kugeln und Pfauenfedern besetzter geschlossener Helm; auf beiden Seiten zwei Schilder mit Querbalken und der Umschrift: † Sigillum Johannis. de. Lobdeborg; abgebildet in Struve's hist. und polit. Archiv. 2, 348. Titelbl. Nr. 4.

2) Vgl. a. a. 1319. Nr. 175.

3) Siegel mit einem Querbalken und der Umschrift: Sigillum Alberti de Lobdeburg. Aufschrift: Super bona in Kospode et judicio capitali.

4) Jena war der Landgräfin Elisabeth als Leibgeding mit angewiesen worden. Rohte: thür. Chron. ed. *Mencken.* 2, 1789.

rich v. Lichtenhayn, Henr. v. dem Hayn, Hartung Sommerlatte [1]), Fridrich Buster, Petir von Osmeriz, Friz von Welniz, Brun von Appolde" u. a. Datum Gotha. (Die Urkunde ist teutsch).

Buder: observ. j. p. 178.

199. (S. 35.) 1332. 2. Jul.   Heinrich und Günther, Grafen von Schwarzburg, verkaufen ihre halbe Stadt J e n e, welche sie von den Herrn von L o b d e b u r g erhalten hatten, an den Landgrafen Friedrich zu Thüringen, mit Vorbehalt von 14 ½ Schock Groschen Rente, die sie jährlich an dem Ambte zu fordern haben. Geschehn zu Altenburg.

Jovius: Chron. Schwarzb. ed. *Schöttgen* 1, 328.

200. (S. 35.) 1333. 15. Febr.   Albrecht und Johannes, Vettern, edle Herrn zu L e u c h t e n b e r g, überlassen das Haus L e u c h t e n b e r g [2]) an und über dem Saalstrom, auf einem sehr hoch und hell leuchtenden Gebirge, Schloß und Stadt Kahle, die Stadt R o d e und die R a b e n s b u r g [3]), auch alle deren Herrschaften, Land und Leute mit allen dazu gehörigen Gerichten und Lehen, mit Vorbehalt dessen, was sie in Franken und Baiern und jenseit des Waldes aus dem Gebirge haben, ferner alle ihre Wälder und Gehölze mit der Wildbahn, mit den Fischereien in allen ihren Wassern, alle Fünde über und unter der Erde u. s. w. den Brüdern Graf Heinrich (XIV.) zu Schwarzburg und Graf Günther (XVI.) um zwölfthalb hundert Schock Groschen Prager Pfennig, auf nächste Michaelis zu Zeiz oder zu Gera zu erlegen.

Jovius: Chron. Schwarzb. ed. *Schöttgen:* dipl. 1, 209.

201. (S. 35.) 1333. 26. Febr.   O t t o der ältere, edler Herr v o n B e r g o w, Zeuge, als Landgraf Friedrich in Thüringen als Lehnsherr wegen des in vorhergehender Urkunde erwähnten Kaufs von L e u c h t e n b e r g die Grafen von Schwarzburg nach Dresden ladet und in den Kauf eintritt, mit der Bedingung, daß, wenn er binnen sechs Jahren die Kaufsumme nicht erlege, die Grafen von Schwarzburg im Besitz von

126

---

1) Die alte Sommerlate besaß an dem Wege, wo man von Lobeda zum Schloß Lobdeburg geht, zwei Weinberge, Meißner und Hayn genannt, die auf das Gut nach Gleina lehneten und zinseten.

2) Diese Herrschaft ist in der brüderlichen Theilung im J. 1340 an Graf Günther gekommen, der auch auf dem Hause Leuchtenburg eine Zeitlang seinen Sitz genommen, weil aber der Ort zu hoch gelegen, ist er im J. 1348 auf das Haus Wassenburg (Wachsenburg) gezogen, das ihm in der Erbtheilung auch zugefallen war, wo er auch gestorben ist. *Jovius*, a. angef. O. 235. 237. 239. 240. 242. 245. 251. 252. 253. H e y d e n r e i c h (Historie von Schwarzburg 66) theilt diese Urkunde unter dem J. 1310 mit und verbessert sie willkührlich nach seinem Sinne.

3) Rabsburg, ein altes Schloß, von welchem noch wenige Spuren im breiten Holze bei Beulbar unweit Bürger, im s. g. Zeutzschgrunde, übrig sind.

Leuchtenberg bleiben sollen [1]).

Das. 1, 210.

202. (S. 40.) 1333. 25. Mai. Wir Hartmann, Herre von Berga, wonhaftig zu Lodeburgk, bekennen, daß wir vnser Dorff zu Munchenrade [2]) mit einem Forwergke darinne gelegen mitt anderthalb Hufen Landis, einen Wingarten vnde Holcz, mit allen seinen Zugehörungen und Gerechtigkeiten, alleine was Hals und Hand antrifft, das behalden wir vns vnd vnsern Erben vnd Erbnemern vor, nemlich im Dorfe Todtschlag vnd einen Dieb, ob der darinnen gegriffen würde, soll man vns ausantworten, sust keinerlei darinnen zu thun haben, im Felde Todtschlag, zeugbare Wunden, Diebereien ober fünf Schillinge vnd Zetergeschrei, das ander Alles soll das Closter zu thun haben, erblich verkauft haben dem Abt Johannes zum Burgelin vor vierhundert gute Rynsche Gulden. Dieses Kaufes sind Gezeugen: Hermann von Arnstete, Ritter Poppe von Werceburgk, Ritter, Heinrich vnde Lipman Gebrudere von Lichtenhain.

Copialb. des Kl. Bürgel 1, 43. — Altenburger Copialb. 2, 325.

203. (S. 40.) 1333. 4. Sept. Nos *Hartmannus* senior de *Bergowe*, dictus de *Lodeburg*, recognoscimus, quod Alberti, dicti de Boilwar, viri idonei interventu quatuor mansos in campis ville *Trochusen* sitos nostre proprietatis, quos idem Albertus a strenuo viro Ludolfo de Alrestete dicto jure feodali noscitur habuisse, conuentualibus monasterii in Borgelino donauimus. Testes huius rei sunt: Hermannus de Azcemestete, miles, Poppo miles, dictus de Werzceburg, Heinricus et Lipmannus fratres, dicti de Lichtenhain, Fr. et Conradus fratres dicti de Slöben, Fr. de Gline, Vlricus, Johannes et Henricus fratres, dicti de Lichtenhain, et alii. Dat. et actum ao dni 1333. II. Nonas Septembris. (a. a. 1330. Nr. 193.)

Copialb. des Kl. Bürgel 1, 41[b].

204. (S. 28.) 1334. 29. Oct. Busse und Hermann, Brüder, von Elsterborg, treten dem Bund der Grafen und Städte, namenlich der Stadt Mühlhausen, auf fünf Jahre bei.

Mencken: s. r. g. 3, 1044. — Limmer: voigtl. Gesch. 680.

205. (S. 40.) 1334. Hartmann, genannt von Burgau, Herr in Lobdeburgk, stellt über eine halbe Hufe zu Laasdorf [3]) eine Urkunde aus.

Amts Roda Copialb. 246[b].

206. (S. 28.) 1335. 11. Oct. Hermann und Bosse von Elster- 127
berg werden in den Landfrieden mit aufgenommen, den einige Edle

---

1) Diese Auslösung ist, wie der Erfolg zeigt, nicht geschehen. Aber im J. 1392 benutzten die Landgrafen Friedrich der Streitbare und Wilhelm eine Gelegenheit, das Haus und die Herrsch. Leuchtenberg doch in ihren Besitz zu bekommen. *Jovius* l. c. 252.

2) Münchenrode im Amte Jena.

3) Laasdorf im Amte Roda, unter den Gerichten von Drackendorf.

und Städte in Thüringen mit dem Landgrafen Friedrich von Thüringen schließen.

Schmid: kirchberg'sche Schlösser. 174. Nr. 130.

207. (S. 40.) 1339. 2. Dec. Nos Johannes, sacerdos, ac Heinricus, laicus, fratres, dicti de Leisten, profitemur, quod Rubetum dictum: *das grosse Lohr* situm in campis ville *Gynna* cum agris et humuletis venerabili in Christo patri Henrico; dicto Hindolph, Episcopo Ecclesiae Constancien [1]), pro certa summa pecuniae nobis utiliter persoluta vendidimus ac ipsa eidem loco personae seu personis, quibus ipse dederit vel legaverit, per Nobilem virum *Hartmannum* de *Bergow*, a quo dicta bona hucusque in feudo habuimus, appropriari procurauimus. Testes Heinric. de Tunna, Johannes de Erfordia, Heinricus de Illeybin, plebanus in Vssleybin, Johannes de Roxtete, Capellani ac socii in Huestorf, Guntherus Cellerarius ibid. e. a. 1339. IIII. Nonas Decembr.

Copialb. des Kl. Bürgel. 1, 44ᵇ.

208. (S. 40.) 1339. 2. Dec. Nos *Hartmannus*, nobilis *de Bergow, dominus Castri* in *Lobdeburg*, profitemur, quod proprietatem rubeti, dicti *das* Groze Lö, siti in campis ville *Gynna* cum humuletis ac agris, prout venerabilis pater in Christo Henricus dictus Hundolph Episc. ecclesiae Constanciensis apud fideles nostros dnum Johannem ac Henricum fratrem suum dictos de Leysten pro certa summa pecuniae comparauit, damus cum consensu nostrorum heredum cum solemnitate qualibet juris legalis similiter et Ciuilis.

Das. 45ᵃ.

209. (S. 40.) 1342. 9. Febr. Nos *Otto* et *Albertus*, patrui, nobiles, domini de *Bergowe*, recognoscimus, quod vendidimus. Hermanno Abbati totique Conuentui fratrum ordinis sti Benedicti Monasterii sti Georgii in Burgelino, *Aduocatiam*, in *oppido Burgelin* pro triginta marcis puri argenti Erforden. ponderis. Testes strenui viri Hermann. de Aczimenstete, miles, Lypmannus de Leychtenhayn, Vlricus de Lychtenhayn, Otto dictus Mirretich, Nicolaus Puster et alii. 1342. quinta Idus Febr.

Das. 47.

210. (S. 39.) 1343. 13. Nov. Wir Rudolf von Dornburg bekennen, daz wir den Edeln Herren Greuen Frederi. vnd Greuen Hermanne, sinen Brudere von Orlamünde, vnde Greuen Günthere, Greuen Henri. vnd Greuen Günthere von Swarzburg den geuatern Hern czu Arnstete gelobit habin vnd geloben. Jz daz sie vns an Tusent schoken tzal grossen, die sie vns schuldig sin vor vnse. Erbe, daz sie vns abe gekouft ha-

128

---

1) Heinrich, Bisch. von Constanz, Hundolf genannt, ist nicht zum Besitz seines Bisthums gekommen und hat im Kloster Heusdorf seinen Sitz aufgeschlagen, wo ihm im J. 1351 die Wohnung des Capellan Heinrich von Tunna eingeräumt wurde. Thur. sacr. 383. Er scheint öfter den Unterhändler gemacht zu haben. S. m. Gesch. der Kirchb. Schl. 72. Im J. 1385 kommt im Felde Gynne eine Holzmarg: Ern Hundolfs Holz genannt, vor, das dem Pfarrer zu Löbstedt gewidmet ist.

ben Dornburg vnse teil an dem Hus vnd an der stat. czv koufe schaffen daz Hus czu Glizberg oder die Herrschaft Lodeburg des Herren von Bergowe teil, der czv bemen ist, inn der Wise vnd Maze, als vnsir beder frunde czene cziclich vnde glich dynket. Daz sul wir nemen vnde an welcher der czveiger Erbe ein sie vns brengin, daz sul wir von en oder von eren Erben intsan vnd habe czv rechtem lene. Ouch sullen sie daz gut, daz wir also von en intfan, vnsen frunden mit vns lien, die wir darczv irkiesen. Czv vrkunde deser vorgeschreben rede habe wir desen brif gegeben mit vnsen Jnsigele bevestent, der gegeben ist noch Gotis geburt 1343 an sente Lucientage der Juncfrowen [1]).

Archiv zu Arnstadt Nr. 60[b.]

211. (S. 28.) 1346. 1. März. Nos *Buso* de *Elsterberg* senior, dominus in *Schwarczenberg* [2]), vna cum *Hermanno* et *Heinrico*, filiis nostris, Hermanno Abbati et Conuentui Monasterii sti Georgii in *Burgelino* totam partem advoca-tie in ciuitate *Burgelyn*, pro VIII sexagenis grossorum paruorum vendidimus et appropriamus. Testes Heinric. et Theoderic. fratres dicti de Swarczberg, Heintzce de Orla, Henr. de Bolywar et a.

Copialb. Kl. Bürgel 1, 48[b.]

212. (S. 28.) 1346. 1. März. Nos *Busso* de *Elsterberg* senior, Dominus in *Schwarczenberg*, vna cum *Hermanno* et *Heinrico* filiis nostris profitemur, quod ob reuerentiam bte Marie et sti Georgii et pro vna missa perpetua in Capella beate Marie in ambitu Monasterii Burgelin sita, ius patronatus eccle-siae nostre parrochialis in villa *Ruckirsdorff* [3]) site Monasterio et Conuentui ordinis sti Benedicti in Burgelin contulimus, donamus et appropriamus. Tes-tes: Heinric. et. Theoderic. fratres dicti de Swarczberg, Heinricus de Orla, Heinric. de Baliwar e. a.

Das. 1, 49[b.]

213. (S. 36.) 1346. 22. Mai. Nos *Albertus* de *Lobdeburg*, dictus de *Luchtenberg*, recognoscimus, quod nos villam, dictam *Cosebode*, sitam prope Ihene, cum omnibus suis utilitatibus, usufructibus et obvencionibus, in qui-buscunque existant et quocunque nomine censeantur, sicut ad nos perti-nebat, appropriavmius et presentibus appropriamus ecclesie sti Michaelis in

129

---

1) Das Siegel ist abgerissen. *Jovius* in seiner Chronik von Schwarzburg (ed. *Schöttgen:* dipl. 1, 337) giebt nur den Inhalt dieser Urkunde an. Heydenreich in seiner handschriftlich hinterlassenen im Weim. Archiv befindlichen Ge-schichte der Grafen von Orlamünde hat im Urkundenbuch nicht nur den Kaufbrief (Nr. 149), sondern auch diesen Revers (Nr. 148) mitgetheilt. Schwabe in seinen Nachrichten über Dornburg spricht S. 54 über die nähern Verhältnisse.

2) Die Herrschaft Schwarzenberg im Erzgebirge, welche um diese Zeit die Herrn von Lobdeburg-Elsterberg besessen haben. Im J. 1212 hatte der Kaiser Friedrich dem König Ottokar von Böhmen das Schloß Schwarzenberg seiner geleisteten Dienste wegen verehrt. Schultes: Dir. dipl. 2, 481.

3) Rückersdorf im Amte Ronneburg.

civitate *Ihene*, et specialiter altari sti Laurencii et b. Margaretha *sub campanili* de novo per ydoneum virum Henricum de Rudelstet presbyterum construendo, renunciantes pro nobis et successoribus nostris omni juri et dominio, quod nobis et successoribus nostris in dicta villa et suis pertinenciis competebat seu competere posset, aliqualiter in futurum dantes, donantes et transferentes id ius et dominium ipsius ville. *Cosbode* ecclesie sti Michaelis et specialiter altari predicto et rectori ipsius altaris pro augmento ipsius divini cultus, nihil nobis penitus in dicta villa et suis pertinenciis omnibus et singulis iuris aut dominii reservantes, sed sicut ad nos ex successione progenitorum nostrorum est devoluta, ita pleno iuri et dominio prefate ecclesie sti Michaelis et specialiter altari sancti Laurencii et beate Margarethe sub campanili ipsius ecclesie atque rectori ipsius altaris, quicunque fuerit, bona voluntate matura super eo deliberacione prehabita resignantes. In testimonium omnium premissorum presentes literas dedimus coram strenuis viris Rudolffo de Nedissiz (Tessedissicz), Nicolao de Brau (Bran), Ludolffo de Morawicz et aliis pluribus fidelibus nostro sigillo consignatas.   Anno Domini 1346. XI. Kal. July [1]).

Dipl. Jenens. 50. Nr. 62. — Amts Jena Copialb. der Mich. Kl. Br. 298.

214. (S. 31. 40.) 1346. 28. Oct.   Wir Hartman von Lobdeburg, genant von Bergaw, bekennen, daß wir mit guten Willen unser elichen Wirthen vnd alle vnser Erbin, zcw dem Gotzhnws der Pharre zw Jhene zcw eynem Altar, zcw welchin Er Frentzel Will, der doselbst nu ist ein Cappellan, geeygent habin vnd eygen eyne Hufe mit alle dem, das darzw gehort, dye do gelegen ist in dem Dorffe vnd Flure des Dorffs zw der Gynna, die sie von vns gehabt han bis an dise Zceit Wirich genant von Wochaw, vnd vorzcihn vns daran alle des rechten, das wir daran gehabt habin ader gehabe mochten, vnd behalden igkeins rechten daran, noch vnser Erbin vnd benamen gerichtis Wirdigkeit noch gnuzes (Genusses). 1346, an dem Sonabende der zwölff botin tage Symonis vnd Jude. Zeugen: Poppe von Wirtzeburg, der Ritter, Concze sein Bruder, Fritze vnd Poppe sein Söne, Wirich, der vorgenante vnd sein Son u. andre mehr Lewte, den wol zw glewben ist [2]).

Dipl. Jenens. 51. Nr. 63. — Amts Jena Copialb. der Mich. Kl. Br. 698.

215. (S. 39. 40.) 1349. 12. Jul.   Wir Hartman v. Gotis Gnaden, Here zu Lobdeburg, genant von Bergov, thun kund, daz wir gelobet habin unsine Omen, Grafen Henrich von Swarczburg, Grafen Günthers Sone, Hern zu Arnstete und Frankenhusen, und lieben Vrunden, Grafen Henriche, Dieterich, Bucze und Ulrich von Honstein, Herrn daselbst, das unse halbe Teyl unses Huses zu Lobdeburg ein uffen Hus sin sall zu alle von noten ane alle Argelist; und dasselbe Hus

---

1) Aufschrift: Super villam Cosbode ad vicariam sancti Laurencii sub turre.
2) Aufschrift: Super unum mansum in villa Gynna.

Schmid Lobdeburg.

nicht verkoufen sullen, noch entwenten, noch vorseczen, dywyl wir leben; ouch geloben wir met unsine Omen, Grafen Henrich von Swarzburg und unsin Vrunden von Honsteyn ane Argelist etwenne eyne rechte Burghute zu halden. Ouch haben sy uns irlaubet, eynen Owen (Ofen) zu haben zu Lobde met allen Nucze und Genisse, als gewonlich ist, da ire Lute bagken sullen und andirs nirgen. Ouch habent unse Ome Graf Henrich v. Swarczburg und Vrunde von Honsteyn uns gelobet, ab wyr an unsine Erbe von irrewegen Schaden liten, den sollen sy uns genzlich erlegen. Ouch globen wy Johann, genant von Bergowe, met unsin Geswister, alle beschriebene Rede dises Brives stete zu halden, dywyl unser Vater lebet, ane Argelist. Hirumme geben sy uns achczig smale Schock krosschen. Der sollen sy uns beczalen czen Schock an eyme Pherde und funfczen Schock (sind) bereit bezalt, und sollen uns 55 Schock besetzen, dy sollen sy uns halb uf sanct Michaeltag, und halb zu Wyhnachten bezalen. Vor das geylt haben sy uns zn Borgen gesetzt unsin Omen Albrecht, den Borkgraven von Kirchberg, Rudolf von Meyldingen, Ditherich von Holtzhusen [1]), Ludewig von Sundershusen, Schenk Henrich den Jungen von Dornburg und Otte von Brandensteyn. So aber das Geld nicht zur bestimmten Zeit gezalt würde, sollen sy, wenn sy gemanet werden, zu Jene inriten und ihr Jnlager halten, bis das Geld gezalt ist. Zeugen sind unse Omen Albrecht Borkgraf von Kirchberg und Ditherich von Holczhausen [2]).

Diplom. Jenens. 60[b]. Nr. 73. — Struve: hist. Archiv. 2, 370. Nr. 5., vom Jnspector und Consistorial-Assessor J. Chstoph Olearius zu Arnstadt im Original mitgetheilt.

216. (S. 19.) 1353. 11. Febr. Bisch. Rudolf zu Naumburg, Propst 131 Ludewig und die ganze Sammlung daselbst bezeugen, daß sie die unverletzten Schenkungsbriefe, dem Kloster Puzau (Bosau) durch die edlen Männer Dietrich, Burgraven von Kirchberg, ingleichen Hermann von Lobdenburg und deren Erben [3]) gegeben, über die Parrochialkirchen zu Brisenicz und Lobichowe, mit Einkünften und Capellen, innerhalb der Grenzen dieser Parochieen begründet, nämlich Winteperg, Kyrchberg und Vbir-Lobichowe, gesehen haben und bestätigen sie demselben Kloster, als ihrer Tochter, die der Aufhilfe bedarf, mit einigen nähern Bestimmungen.

Diplom. Jenens. 69. Nr. 83. — P. Lange: Chron. Ciz. ed. Pistor. 1, 839. — Schöttgen: dipl. 2, 461. — Leuckfeld: Kl. Bosau 38. — Schamelius: Anhang zum Kl. Bosau S. 41. Nr. 55. — Avemann: Kirchb. Nr. 90.

217. (S. 40.) 1355. 30. Juli. Wir Johannes, genant von Bergaw und Heere zu Lobdeburg, Otto und Albrecht, unser Brüder, und

---

1) S. G. Horn: von den edlen Erbbeamten in der sächs. Hdbibl. S.93.
2) Mit einem (alten) Siegel in gelbem Wachs und einem geflügelten Fisch.
3) Dies geschah im J. 1252. Nr. 65.

andere unser Geswistere bekennen, das vor uns der erbare Knecht Hans von Bölwer bekant hat, das er vorkauft habe recht und redelich den biderwin Pristern, Ern Cunrad, Pherrern zu Kundicz, und Ern Henrichn von Prage zwu Hufe Ackers mit Hoffesteten, mit Weingarten, mit Hopfegarten und was mehr dazu gehört, gelegen in dem Velde, in dem Dorfe und in dem Flure des Dorffis zu Kosbode ¹), und hat uns den Teyl an denselben zwun Hufen, den er von unsern Vater und von uns gehabt hat, zu Lehne, williglich und gutlich aufgelassen, der eine Concze von Kotzow und seine Brüdere, dy andre Apecz Rothe und seine Erbin von uns habin gehabt zu Lehne, dy habin wir geeygent dem Probste, der Eptischen, der Sammunge und der Kirchen Sant Michels in der Stad zu Jhene vor ein recht eygen und vorzcihn uns an denselben vorgenanten Gute alles Rechten, Wirdigkeit, Nutzen und aller Herschaft, die unser Eltern und wir daran gehabt han, und dy wir ader unser Nachkomlinge gehabin mochte; auch weysen wir die vorgenanten Cunczen von Cotzoven und seine Brudere, Apecz Rothen und seine Erbin mit dem Lehn der zweyer Hufe an den Probst, an dy Eptischen, an dy Sammunge vnd an dye Kirchen Sant Michels, von yn dieselbigen Lehn vorbas ewiglich zcu nehmen. Dieser vorschriben Dinge seind Gezcuge der erbar Man Er Conrad von Robitz, Capellan zu Drakendorf, Niclas Puster, Otto von Doffil, Heincz von Selbir und ander vill guter Lute mehr ²).

Dipl. Jenens. 89. Nr. 95. — Amts Jena Copialb. der Mich. Kl. Br. 413.

218. (S. 40.) 1356. 2. Febr. Wir Otto, Albrecht Gebrudere, genant von Bergaw, Hern zw Lobdeburg, bekennen, daß wir mit Willen vnser lieben Mutter Frawen Sophien vorkouffen zcwölff Hoffestete vnd eyne Hufe Landis in dem Dorffe vnd Velde zw Nerckewitz ³) den erbaren Pristern Ern Heinrichn, Probst zw Jhene, vnd Ern Conrade Pfarrer, zw Condicz, die sie vns nutzlich vnnd fruntlich mit gereytem Gelde habin bezcalt; dasselbe Gelt besitzt einer, der heisset Titzman, den wir an sie gewiesen haben. Auch eignen wir das vorgenante Gut mit Gericht und allem Rechte der Ebtissin vnd der Sammlunge der Closterfrauen der Kirchen sant Michels zw Jhene. Auch bekennen wir vorgenanten Herrn, das dasselbe vorgenante Gut ist gewest vnser lieben Mutter Leibgedinge, die sich mit vns vnd wir mit ir, ane argelist, des Gutes williglich vorzcewt vnd hat vorzcigen. Vnd ich Sophia etzwanne Frawe des Edeln Heren, Ern Hartmans von Bergaw, das diesen Ding sint geschehen mit meyn guten Willen, des gebe wir den vorgenanten Pristern vnd der Samlunge zcw Jhene disen Brieff zw einen ewigen Bekentnis bevhestent mit vnserm Jnsigel. Zeugen: dy erba-

132

---

1) Kospeda, bei Jena.
2) Aufschrift: Super bona in Kosbode.
3) Nerkewitz im Amte Jena.

ren Knechte Hentze von Bockadraw, Nicolaus Puster von Trackendorff, Merrettich von Lobde u. a. [1]). (a. a. 1434. Nr. 248.)

Diplom. Jenens. 93. Nr. 98. — Amts Jena Copialb. der Mich. Kl. Br. 699[b].

219. (S. 40.) 1357. 6. Jan. Nos Heinricus de Praga, Presbyter, Cvnradus, plebanus in Conditz, nec non Fridericus, dictus Klotz, plebanus in
Gumperde, in honorem S. Martini, Dorothee ac beate Elizabete… instau-
ravimus, fundavimus et donavimus bonis et reditibus subscriptis *unam
missam* perpetuam seu Vicariam secundam perpetuam in ecclesia parochiali
et conventu cenobii Sanctimomaliutn in *Ihene*, in eodem altari, vicini iuxta
maioris introili ostium sanctorum praedictorum. Bona autem et redditus per
nos ad dictam primam missam altaris prenotati sunt hec…. Item mansum
cum duabus areis in villa et in pago ville, dicte Nerckewitz, emptum et
solutum per nos; approprialum et dotatum per nobiles dominas, dnum *Johannem* et *Ottonem* et *Albertum* fratres, dictos de *Bergov*, dnos in *Lobdeburg*, quem quidem mansum possidet dictus Tizmanus et sui haeredes [2]).

Dipl. Jenens. 99. Nr. 101. — Amts Jena Copialb. der Mich. Kl. Br. 434.

220. (S. 28.) 1357. 31. Dec. Wir Her(man) von Lobdeburg, genant Heere czu Elstirberg, bekennen, das wir Gote czu eren vnde
vnßer Frouwen vnde des getruwen Herren sentte Nyclauß allir hiligen
vnde sunderlichen durch bete der erbern, ern Henrich, genant von Prage, vnde er Conrad, des pharners czu Kondicz, vnde durch heiles vnßer
vnde vnßer altvordern Sele, eygenen vnde haben geeygend mit wolbe-
dachten mute, mit Rate vnßer manne vnde mit Willen allir vnßer erben
czu dem Spital, das do ist gebuwet vor der Stad vnde vor dem Salthore
czu Jhene alle den czins vnde alle das gut, das von vns haben gehabet
vnde hatten dy gestrengen vnde vnße lieben er pope vnde Concze, von
Wirczburg genant, in dem Dorffe vnde indem velde des Dorffes czu
oßmericz gnant, mit alle dem Rechte, alße sie is die vorgenante er
pope vnde Concze von uns gehabt haben vnde vns vffgegeben haben,
mit gerichte uber Hals vnde uber Hand vnd mit allem Rechte. Ouch
geben wir uff vnde vnsze nachkomlinge alle Recht, das wir an den vorgnanten guten ymmer mochten gehaben ader gehabt haben vnde globen
nummer an czussprechene, nach gehindere ane argelist, daz geben wir
den vorgnanten pristern ern Henrich vnde ern Conrad vnde dem Spitale
deßin keginwertigin Brieff, befestend mit vnßin Jngesegil, des syn
geczugen die erbern Hern vnde Lute er Elkenbrech von Stargkenberg,
Pharrer czu Elstirberg, Jan von Valkenstein, Heidenrich von Jesse-
nicz, Otte Rodder, Concz von Neczkow, vnße wirt czu Jhene, vnde
andere gute lute. In die sancti Silvestri pape [3]).

1) Aufschrift: Super censns in Nerkewitz, emptos apud dominos de Bergau.

2) Aufschrift: Privilegium super secunda vicaria sti Martini duarum personarum.

3) Adr. Beier erwähnt in seinem Geogr. Jen. (S. 284) diese Urkunde; so
auch Wiedeburg: Beschr. v. Jena. 424.

Geh. Staatsarchiv zu Weimar.

221. (S. 28.) 1358. 18. Febr. Nos Theodericus de Lobenicz et Theodericus Vornhanyn. Magistri consulum. Johannes Bychardi Camerarius, Th. de Rode. Heinricus Matstete. Apeczo de Aldenberge. Th. Bellicus. Johannes Vorstar. Hermannus Francko iunior, Heinricus Beylwar. Johannes Matstete et Johannes dictus vom Hus, celeri consules opidi Ihen. Recognoscimus dilucide per presentes coram personis quibuscunque ecclesiasticis et mundanis. M. Honorabilis vir dns Heinricus de Rudolfstad, dictus de praga [1]), divina inspiracione compunclus ad opera pietatis atque motus; speciali quoque devocione ac voluntate inclinatus ad hospitale novum, quod apud civitatem predictam sistit fundatum. Cupiens, quod ibidem infirmis ac miseris personis fiat consolacio sempiterna villam, dictam *Volraczroda* [2]) quoddam spacium humuletorum ibidem dictum *dy Lyte* cum quindecim agris lignorum, quos tenet et possidet iure hereditario dictus Egindorf [3]), residens in *Wyndischen Swabehusen* [4]), dans annuatim ab eisdem agris decem grossos usuales cum ipsius denariis et pecuniis emptam suisque denariis et laboribus apropriari ordinatam per nobiles dominos Fridericum et Hermannum, comites de Orlamund. dominos in Wymaria. Etiam bona in villa et in pago ipsius ville dicte *Ozmaricz* [5]), empta apud strenuos milites, dnum popponem et dnum Cunrad. eius filium, dictos de Wurzburg, et eorum heredes rite et rationabiliter persoluta, resignata. ac apropriari ordinata per nobilem dnum dnum de *Elstirberg* suis laboribus et expensis cum omni iure, fructu ac iurisdicione hospitali predicto et nomine ipsius hospitalis nobis et nostris successoribus ad manum, potestatem et tutelam in ipsius hospitalis utilitatem presentavit et libere resignavit. Condicionibus cum hiis annexis, videlicet, quod ipse magister hospitalis et magistricons. et consules, qui pro tempore fiunt ipsi dno Heinrico prefato et Heinrico dicto Selber, civi Ihen. ad eorum vite tempora unam sexagenam, sedecim gross. usualm cum dimidio Ihens. pagamenti. Quatuor maldu frumenti et tot (h)ordei, decem et septem modios avene Ihens. mensure, unam sexagenam pullorum cum decem et novem pullis annui census, sicud se extendit in villis et in bonis pronotatis dare presentibus annuatim promittimus in quolibet festo sancti Mich. et pagme (paschae) ad vnum hospicium determinatum in civitate preasscripta, prout requisiti fuerimus ab eisdem. Postquam autem hec due persone prescripte migraverint ab hoc seculo, dno deo annuente, predicte ville *Volraczrode* et *Ozmaricz* cum omni iure, fructu et dominio, quod ad sepedictas personas pro tempore dinoscebatur, ante-

---

1) Propst des Mich. Kl. in Jena, kommt vor v. 1356 — 1366; seit 1353 Priester; stiftet die Vicarie St. Barthol. u. Agnes, ferner Martini, Laurent. u. Marg; kauft 1354 das Dorf zum Hayn, 1358 eine Vitzthumsche Hufe das., stiftet 1357 den Altar Martini, Doroth. u. Elisab.; endlich 1366 Matthäi, Laur. u. Marg.

2) Volradisrode am Jenaischen Forste, im Amte Jena.

3) Egendorf, jetzt ein Kammergut bei Blankenhain.

4) Kleinschwabhausen, jetzt im Amte Jena.

5) Osmaritz, ein Brückenhofdorf, jetzt im Amte Jena.

dicto hospitali perpetuo permanebunt. In cuius resignacionis et pacti testimonium manifestum Sigillum magnum nostre civitat. presentibus duximus appendendum. Datum anno dni. M° CCC° L VIII° feria quarta proxima post Valenti mius [1]).

Archiv des Stadtraths zu Jena.

222. (S. 40. 41.) 1358. 15. Apr. Wir Hanns vnd Otte, gebrudire, Burgrauen von Bergou, bekennen, das wir den irluchtin Furstin, unsirn liebn gnedigen Herin, Herin Frideriche, Herin Balthazare, Herin Wilhelme, Lantgrauen zcu Duringin vnd Margrauen zcu Misne, vnd iren erbn Vnsir eygin, das wir hattin am niddirst in Huse zcu Lodeburg, uf gegebin haben mit allin zcugehorungin, als wir is vormals bis an disse zciet gehabt habin, vnd habn das widdir von in genomm mit allin rechtin, nuczin, zcugehorungin, wi di nam gehabn mogin, zcu rechtin lehen vns vnd vnsirn erbn von in vnd iren erbn ewigliche als ein recht lehen zcu behaldene vnd zcu besitzine. Vnd gelobn in vnd irn erbn das obgenante Hus Lodeburg zcu offene gen allirmeniglich vnd ir is mitte zcu gewartine vnd behalfin zcu sien getrulich, wene odir wi digke (oft) sie das bedorfin ane (ohne) geuerde vnd argelist. Da widdir vns dy vorgenantin vnsir Herrin vortedingin sullin zcu vnsirm rechte vnd vnsir daz zcu mechtig sien volliglich gein allirmenniglich vnd habn vns ouch darubir vnd durch vnsirs dinstes willen gegebn funfczig schog smalir groschin. Des sint gezcuge di Ediln Grauen Graue Hanns von Swarczburg, des Luchtenberg ist. vnd graue Ernst zcu Glichin vnd der gestrengin von kochewicz Canceller, Her Hinrich von Brandenstein. Her Vlrich vonTennestete, Marschalg, rittere vnd heimlichere der vorgeschribn vnsir Herin. Ouch habn wir zcu vestlichien gezcugnisse vnsir beydir Jngesigele an dissin brif gehangin, der gegebin ist zcu Gotha nach Christi geburt 1358, am Suntage, als man singit nach ostirn Miseri cordia dni [2]).

Geh. Staatsarchiv zu Weimar Nr. 39. (292, 1.)

223. (S. 41.) 1358. 2. Aug. Zwei Bischöfe und achtzehn Grafen und Herren in Thüringen und Meißen bekennen und thun kund dem römischen Kaiser Karl, daß sie dabei gewesen, als der Landgraf Friedrich von Duringen zu Lehnrecht gesessen hat am andern Tag des Monats August den Grafen Heinrich und Günther von Schwarzburg, Herrn zu Sondershausen, als Lehnrecht ist... — Darnach ward denen von Schwarzburg vertheilt so gethan Gut, da ihn unser Herr Landgraf Friedrich darum getedinget hatte zu Lehnrechte. „Das ist Frankenhau-

---

1) Das Siegel fehlt. Aufschrift: Super cens. spectant. in hospital. in villa Swabehusin et Uolradisrode. Richtiger Volraczrode et Ozmaricz.

2) Mit zwei Siegeln: 1) S. Johannis de bergowe. Mit einem Fisch. 2) S ... V ... bergow. Adrian Beier erwähnt in seinem Geogr. Jen. (272. 274. 283.) diese Urkunde, aber unter falscher Jahrzahl.

sin, Husire vnde Stete mit, allin iren Zugehorungin. Lodeburg, das Hues mit allir siner Zugehorunge, vnd sunderlich die Manschaft, di vmme Lodeburg gelegin ist, di von Aldir von der Landgrafschaft zu Duringen zu Lehn gegangin hat." Vnde hat der Landgraf alle sein Recht zu Lehnrecht gegen den von Schwarzburg, Grafen Heinrich und Günther, Herrn zu Sondershausen, iruordirt, als ihm Vrtheil und Recht gegeben haben [1]).

Ehemal. Wittenberger Archiv Schrank, 2. Nr. 700. jetzt in Dresden. Fehlerhaft abgedruckt in *Ludewig:* Reliq. Msc. 9, 686.

224. (S. 26. 41.) 1358. 7. Sept. Landgr. Friedr. zu Duringen beurkundet, daß die Grafen Heinrich (21.) und Günther (25.) von Schwarz

burg ihm und seinen Erben für alle Ansprache um Frankenhausen eingeben und überantworten sollen: "Dorinburg, Hus und Stat, Lodeburg vnd Wintberg, die Husire mit Manschaftin, Gerichtin, mit allin Rechtin, Eren, Nuczin" und die Lehen an Tuthinburg; und es soll auf nächst künftigen Dienstag vollzogen werden, wie seine Eltermutter Elysabeth, etteswenne Landgräfin zu Duringen, und die sechse [2]) entscheiden werden. Gegebin czu Gotha.

Archiv zu Rudolstadt. — S c h w a b e: Nachr. v. Dornburg 60. Nr. 5.

225. (S. 28. 36.) 1358. 24. Dec. Wir H e r m a n n von L o b d e b u r g, genannt der Eltere und H e r r z u E l s t e r b e r g, bekennen mit H e rm a n n, unserm Sohne, daß wir das Vorwerk zu M e n n e w i t z [3]), das G o t t f r i e d v o n L o b d e b u r g etzwenne von uns zu Lehn hatte, und das Forwerg zu T y s s a w [4]), das Burgkart von Tyssaw und seine Erben von uns und unsern Eltern gehabt haben, und alle das Gut zu T o r n a w [5]), das im Dorf und Felde ist, und das Gut zu L a a ß d o r f [6]) den geistlichen Frawen zu Rode eignen. Und auch durch Bethe willen des erbaren Mannes Herrn Holder, Propstes zu Roda, unsrer lieben Muhme S op h i a Eptissin, genant von L u c h t e n b u r g, das wir die vorgenanten Forwerge und die Güter beide zu Torna Tisse, Laßdorf mit allen Rechten, Gerichten über Hals und Hand verzeyhen uns Zeugen: Johann von Valkenstein, Heinrich von Jessenitz, Otto Röder, Conrad, Pfarrer zu Tautendorf, Johannes, Pfarrer zu Karlsdorf, Nicol. Maurer von Turnaw, Herman Tyzel von Triptis.

---

1) Mit 20 Siegeln, von denen zwei fehlen. Eine richtige Abschrift habe ich durch die Güte des Herrn geh. Archivars Dr. H e s s e in Rudolstadt aus dem Arnstädter Archiv mitgetheilt erhalten.

2) Die sechs Schiedsrichter sind genannt in *Jovius:* Chron. Schwarzb. ed. *Schöttgen:* dipl. 1, 373. nämlich: Conr. v. Tannrode, sen., Christi. von Witzleben, Heinr. v. Kochberg, Hans Deinhard, Hans v. Weinsberg u. Dietr. v. Weißensee.

3) Mennewitz im Amte Roda.

4) Tissa das.

5) Dorna das.

6) Laasdorf das.

Amts Roda Copialb. 71. 245.

226. (S. 41.) 1362. 2. Apr. Nos *Johannes, Otto* et *Albertus*, fratres, dicti de *Bergau* et domini in *Lobdeburg*, recognoscimus, quod dei precipue intuitu ad instantes preces strendorum virorum Ulrici de Lichtenhayn, Nicolai et Ulrici, fratrum de Butenicz, Henrici dicti Schönehufe (Schonebuse), plebani in Pfolczbu(o)rn, Theoderici, dicti Selbir, plebani in Wormstete, nec non Heinrici fratris sui, civis in Ihene, duo plaustra vini, annui census, que dari et solvi consueverunt in villa dicta *Ammerbach* de bonis et redditibus, que quondam fuerunt Alberti et suorum fratrum, dicti de Ortingstorf, damus et donamus et irrevocabiliter appropriamus cum iuribus et pertinenciis suis tanquam ad nos titulo proprietatis pertinencia, ecclęsie Ssti Michaelis in Ihene, nec non ad ̲1̲3̲7̲ altare ste Marie virginis, sti Sebastiani et sanctorum Cosme et Damiani, circa baptisterium ecclesie sti Michaelis predicte; Ita sane, quod vicarius altaris iam dicti, aut qui pro tempore fuerit deputandus, huiusmodi duobus plaustris vini predicti inde sustentetur, ac etiam proprietatis titulo huiusmodi census perpetue possidebit, transferentes plenarie in his scriptis ius omne et dominium, ac omnem proprietatem, quod vel que nobis seu nostris posteris in dictis duobus plaustris vini competere posset, in prefatam sti Michaelis ecclesiam et ipsum altare predictum et vicarium eiusdem possessorem, fraude et dolo omnibus procul motis, renunciautes expresse pro nobis et onmibus nostris heredibus et posteris omni iuri, omni dominio et possessioni, et omni servituti, que nobis (h)actenus compecierant, bonis in eisdem seu competere posset, quolibet in futuro. Dantes in robur et evidens testimonium nostre donacionis et appropriacionis presentem literam appensorum sigillorum nostrorum fide communitam. Datum anno dni 1362 Sabatho proximo post dominicam Laetare ¹).

Diplom. Jenens. 111. Nr. 108. — Amts Jena Copialb. der Mich. Kl. Br. 474.

227. (S. 28.) 1365. 30. Apr. Landgr. Balthazar in Duringen bestätigt den Vergleich zwischen dem Abt Johannes zu dem Burgelin und dem Edeln Hermann von Elsterberg, dem Aeltern und Hermann dem Jüngern, seinem Sohne, Herren daselbst, nach welchem die letztern alle Rechte an der Kirche zu Rutherßdorf ²) aufgeben. Gegeben zu Elstirberg.

Copialb. des Kl. Bürgel 1, 71. 2, 154ᵇ. — v. Gleichenstein: Beschreibung v. Bürgel. 20. Nr. 11.

228.ᵃ (S. 40.) 1365. 25. Nov. Wir Otto von Bergau, Herre daselbst vnd zu Lodeburg, bekennen, das wir dem erwürdigen Herren ern Johann, Abte zum Burgelin, und dem wirdigen Herren ern Ludewig, Probst zu Remsen vnd allen oren Nachkommen unser Dorf, die Hart ³) genannt, erblich vnd ewiglich verkauft haben mit allen Gütern und

---

1) Aufschrift: Dominorum de Bergau appropriacio vini ad alture sti Sebastiani et Damiani.

2) Rüdersdorf im Amte Eisenberg.

3) Die Hart, ein Dorf im Amte Remsen in der Grafschaft Schönburg.

Rechten, vor vierhundert gute reinische Gulden, die sie vns mit berei-
tem Golde gnuglichenn obir bezalt haben. Gegeben nach Gottes Geburt 1365 auff Dinstag sanct Catharinen Tag. Dieses Kaufes Zeugen
sind: er Anarg von Wildenfels, Friedrich von Wildenberg, Dietrich von
Kaufung vnd Hans von der Plannitz.

Kl. Bürgel'sches Copialb. im geh. Staatsarchiv zn Weimar. 2, 156ᵇ. Altenb.
Copialb. 2, 320.

228.ᵇ (S. 28.) 1365. 25. Nov. Hermann v. Elster̯berg stellt dem
Kl. Bürgel über dasselbe Dorf Hart auf gleiche Weise eine Urkunde
aus.

Das. 2, 154ᵇ.

229. (S. 41.) 1366. 20. Jan. Wir, Hans vnd Otto, Gebrudere, genant von Bergaw, Hern zn Lobdeburg, bekennen, das wir mit gunst
und guten Willen unser lieben Mutter, Frauen Sophien und durch
Bitte Ern Somerlatten, des Pharrers zu Eckolstet ¹), und Dietmars, seines Bruders, und zcu unser Eldern und unser Sele Seligkeit eygen und
geeygent und gefreyt haben der Ebtissin und der Sammung der Klosterfrauen der Kirchen zu Jhen sant Michels, und zu dem Altar sant Peters
und sant Pauls in derselbin Kirchen eyne Hufe Landes, mit alle dem, das
doreyn gehort, gelegen in dem Velde des Dorffs zu Czymerwicz ²),
dovon jerlich Zcins geht vier Scheffel Weys, ein Scheffel Gersten und
eyn Scheffel Haffern vnd ein halben Scheffel Erweis Lobder Mass,
achtzehn Grossin, sechs Hunere, ein Mandil Kese, iglichen Kese zu achte-
ne besser den ein Pfennig, und ein Schog Eyern. Dasselbe gut besitzt
und hat Hans Meyner, Peter Wirt und Heinrich Jacoff. Auch habin dy
vorgenanten Somerlatten vor uns uffgegebin uns sich vorzcigen des-
selbin guts mit alle dem Rechten, das sie daran gehabt mochten, recht
und redlich. Doruber gebin wir auch uff dy vorgenanten Hans und
Otto, Hern zcu Lobdeburg, und verzcyhen uns Lehn und Freyheit
und alle Rechte, das wir gehabt habin adir gehabe mochten, und unser
Nachkomlunge, und geben das auff luterliche durch Got den vorgenanten Closterfrauen und des Altars Besitzern und behalden uns mehr kein
Recht an dem Gute und geben sie des eygens zu werne an Argelist.
Auch geloben wir, nemelich zcu syne unser Mutter und unsers Bruders
Albrechtis, wan er in dem Lande nicht ist, als schirer er zcu
Lande kompt, das er das vorvolge und sein Jnsigell an disen Brieff hen-
ge. Auch hengen wir vorgenanten Hans und Otto, Hern zu Lobdeburg, unsere Jnsigele an disen Briff, zcu einer Bevestunge der vorge-
schriben Rede und Eygenschafft, der gegebin ist nach Gots geburt 1366,
an der heiligen sant Fabiani und Sebastiani Tage. Des sint gezcuge dy

---

1) Eckelstedt im Amte Camburg.
2) Zimmritz im Amte Kahle.

gestrengen Knechte Nicol. Puster, Contze Puster, Concz Merretticht und andere gute Leute genug [1]).

Diplom. Jenens. 119. Nr. 93. — Amts Jena Copialb. der Mich. Kl. Br. 491.

230. (S. 41.) 1367. 9. Dec. Wir Otte von Bergowe bekennen, daz wir myt wolbedachtim mute vnd myt gutem ‚willen vnser Muter vnd <u>139</u> vnser Bruder ern Hannis vnd ern Alberechs der Stad zcu Jhene vnd vormunden des Spytals zcu sente Nyclawse; gebuwet vor deme Salthore der Stad zcu Ihene, recht vnd redelich vorkouft habn dri vnd zcweinczik schillinge phennyge, fünf Lemer, sechs Hünre, eyn halbin scheffil korns vnd eynen halbn scheffil hauern Lobder Mazses, jerlichs Cinses, den ierlich gebn sullen Nyclaws Amphort, Cuncze Hyllen, Heinrich Erber, Fricze Tucheler, Cuncze Hasehart vnd petir von Ozzemericz von etlichen guten, die sie besitzcen vnd innehabn, gelein in velde vnd in Dorfe zcu Ozzemericz vnd sünderlich vnse dritteil alle vnse friheit, gerichte vbir Hals vnde Hant vnd alle nutze, die wir gehat habn in velde vnd in Dorfe des egenanten Dorfes zcu Ozzemesricz. vnd habn yn daz gegebin vor sybindehalp phunt vnd zcweinczik guter phenige, die sie vns nach Jeinscher were gutlich vnd gancze beczalt haben, also, daz vns wol gnuget.

Ouch habn wir vorgenanten Otte mit wolbedachtim mute vnd mit guten willen der obgenanten vnser Muter vnd vnser Bruder Gote zcu eren siner liben Muther dem getruwen nothelfer, Seinte Nyclawse vnd allen Heiligin, durch Heil vns, vnser nachkomlinge vnd alle vnser Altfordern Sele, deme mergenanten Spytal vnd den Sychen darinne geeygint vnse dritteil in deme vorgenanten Dorfe zcu Ozzemericz myt Cynsen, nutzcen, friheyten, myt gerichte vbir Hals vnd vbir Hand, myt allen rechtin vnd zcugehorungen vnd Eygin daz williglich mit orkunde dicz briefes. Vnd habin vns ouch vorczigen vnd vfgegebin, vnd gebin vf vnd vorczihen vns von vnsir vnd vnsir nachkomelinge wegin recht vnd redelich an disem briefe alle des rechtin, doz wir in dem dicgenanten Dorfe zcu Ozzemericz an vnsern dritteile gehat habn odir vmer vnd vnse nachkomlinge gehabe mochten, woran daz gesie mag, alz vor steit beschriben, myt gutem willen, numer ykeine forderunge wedir geistlich nach werltlich dar nach ane alle argelist zcu tunde Vnd zcu eyme vffinbaren vnd ewigin geczugnizze beide koufes Eginschaft vnd vorczignizses habn wir mergenanter Otte von Bergowe der vilgenanten Stad vnd deme Spytal zcu Jhene disen brif mit vnserm anhangenden Jnsigil wol lassen verfestint. Daby sint gewest vnd sint ouch geczuge die Strengen Heincze von Buckedrouwe, Cuncze von Ozzemericz, Cuncze Pustar, Jan, sin Bruder, vnsere man vnd andirre vil gloybiger lute. Gegebn ist diser brif nach Gotes geburten 1367, am nestin Dunrestage

---

1) Aufschrift: Super altare sti Petri et Pauli.

nach Seinte Nyclaws atque des heiligen Bysschofs [1]).

Archiv des Stadtraths zu Jena.

231. (S. 29.) 1368. 11. Dec. Hermann von Lobdęburg, v. G. G. Herr zu Elsterberg, stellt eine Urkunde über das Eigenth. mit Gerichten über Hals und Hand im Dorf und Feld zu Carsdorf [2]) aus.

Amts, Roda Copialb. 58. 250.

232. (S. 41.) 1377. 26. Juli. Hans und Albrecht, Brüder, von Burgau, Herrn zu Lobdeburg, übergeben zur Unterhaltung der Brüder im Nicolai-Spitale und der Saalbrüder das. ihr Holz zu Leutra dem Rathe zu Jena [3]).

233. (S. 40.) 1381. 1. März. Nos *Sophya*, dicta *de Bergowe*, relicta domini *Harthmanni* quondam in *Lodeburc*, recognoscimus et publice protestamur, quod dominus Fridericus de Richenowe acceptis debitis et justis placitis equitatis a dominabus in *Cronswiz* [4]) per nuncios ipsarum, bonis in *Cloderowe* [5]) et omni iuri et actioni ipsorum nobis et pedissequis nostris et aliis pluribus de familia nostra ac domino Northmanno preposito sanctimonialium in Rode presentibus, tam pro se quam pro filiis suis abrenunciauit, nichil sibi aut filiis suis in posterum in eisdem bonis exactionis aut iuris ullatenus reseruanda; et quia proprium sigillum non habuimus, hanc litteram cum sigillo domine abbatissa in Rode studuimus roborare. Acta sunt hec anno domini 1381. Kal. Marci [6]). (A. a. 1300. Nr. 144.)

Geh. Staats-Archiv zu Weimar.

234. (S. 40.) 1381. 3. Dec. Wir Hans, Albrecht, Gebrudere von Bergowe, und unser Erben, Hern zu Lodeborg, bekennen, daß Rudolf von Lengefelt, Berterad, seine ehliche Wertin, Albrecht, Cune und alle ehre Erben met unser Gunst und Willen verkoufen mit Orkonde dieses Briefes dem erbern Probst, der Eptischen unde der heyligen Sammunge gemeyniglich des Closters sente Michaelis zu Jhene einen Hof und eine halbe Hufe, gelegen in Dorfe, in Velde zu Nerckewitz, derselbigen Gute nu ein Besitzer ist Gerhard von Winnigen Jhene [7]), dy sy uns zu Lehen habin, darumme der Probst den Vorkoufern nutzlich gantz und gar bezahlt hatt sechs lötige Marg Silbers Jenisches Gewichtes, Wiße und Wehre.

---

1) Vom Siegel ist nur noch ein Stückchen vorhanden.

2) Carsdors im Amte Roda.

3) Adrian Beier führt zwar den Inhalt dieser Urkunde in seinem Geogr. Jen. (S. 334. 381. 471) mehrmals an, und verweis't auf seine handschriftlich hinterlassenen Annalen zum J. 1377, die auf der Univ.-Bibl. zu Jena aufbewahrt werden, die Urkunde selbst ist aber noch nicht bekannt. S. auch Wiedeburg: Beschr. v. Jena 424.

4) Kronschwitz a. d. Elster im Amte Weida.

5) Clodra, Dorf mit Rittergut im Amte Weida.

6) Das Siegel in Stücken.

7) Wenigenjena im Amte Jena.

Alle diese Rede geloben wir stete zu haldene, ane Argelist, under
myne Herren Hans von Bergowe Jnsiegele, daß er, ich und Albrecht und unser Erben met uns zu desen Mahl mete gebruchin. By
dieseme Koufe sind gewest dy Erbern Pristere Herman Stocz, Jan Puster, Cunrad Merretich u. andere. Am Dinstage nach Andree.

Amts Jena Copialb. der Mich. Kl. Br. 555.

235. (S. 40.) Circa 1381. 23. Jun. Vniversis presens scriptum visuris
ego Fridericus de Richenowe (a. a. 1254. Nr. 69.) notum esse cupio, quod
contra ecclesiam in Cronswiz, de quatuordecim marcis et de aliis dampnis
superadditis, que ab eadem ecclesia receperam, proposueram nocionem,
prefate vero ecclesie priorissa de hiis se iuramento expurgauit; ego igitur et
filii mei eidem accioni irreuocabiliter abrenunciamus, sub sigillo et testimonio
prepositi Nortmanni sanciimonialium in Rode. Hujus rei testes sunt domina
Sophia de Bergowe, Cunradus, prepositus in Mildenvorte [1]), plebanus in
Bernarstorf [2]), Dominus Heynricus, dominus Hermannus, capellani prepositi
in Rode, Heynricus Reyo, Arnoldus de Crucewis. Antiquus Ysinerus, frater
Dithmarus. Hec acta sunt in Rode in vigilia beati Johannis baptiste, VIIII Ka-
lendarum Julii [3]).

Geh. Staats-Archiv zu Weimar.

236. (S. 29. 42.) 1382. 13. Nov. Balthazar und Wilhelm, Friedr.
Wilh. u. Jurge haben alle ihre Lande in drei Theile gesondert. Auf Wilhelm sind gekommen die von Elsterberg mit Elsterberg und Valkenstein. Auf Friedrich Wilhelm und Jurge ist gekommen Burgow,
Lodeburg, Jhene, Arnshoug u. s. w.

Horn: Friedr. der Streitbare. 106. 658. Nr. 18.

237. (S. 29.) 1394. 29. Oct. Hermann von Elsterberg, Zeuge,
als Caspar und David von Wozdorf dem Kloster zu Burgelin, mit
Zustimmung ihres Oheims, des Abts Volrad das., die Wiesen unter
Bulwar [4]), so weit sie ihnen zugehören, mit dem Fischteiche im Bache
und den Äckern zu Albersdorf [5]), mit allen Einkünften zu dem Zwe-
cke schenken, daß es jährlich am Walpurgistage eine Frühmesse feire.
Datum Otendorf [6]).

Von Gleichenstein: Beschr. v. Bürgel. Urkb. 21. Nr. 12.

238. (S. 41.) 1400. 6. Dec. Wir Hans von Bergow, Herre zcu
Lodeburg bekennen, daz wir zcu lobe gote almechtigen in ere der
hymmelkonigen iunefrowe marie vnde dez nothelffers Sancti Nicolai
durch Heil allir vnßir vorfarn vnß selbes vnd allir vnßir nachkomenden

---

1) Mildenfurt, ein im J. 1193 v. Heinrich dem Reichen, Voigt von Weida
gestiftetes Augustiner-Mönchs-Kloster, jetzt ein Kammergut im Amt Weida.

2) Münchenbernsdorf, eine Stadt im Amte Weida.

3) Das Siegel mit der Umschrift: Sigill. Prepositi Nortmanni in Rode.

4) Beulbar im Amte Bürgel.

5) Albersdorf im Amte Roda.

6) Ottendorf das.

Sele Seligkeid willin zcu eym Rechten erbe ewiglichin vnd erblichin zcu folgene zcu dem hospital Sente niclawß, gelegin an der brugken zcu Jhene vnde in den brugkenhoff, den Ratismeistern, den Rethen vnde Burgern der stad Jhene vnde allin iren nachkomlingen eyne huffe landes, eyn sedilhoff zcu der gynna [1]) in Felde vnd in Dorffe vnde eine hutte do selbes by der kirchin gelegin, die gut iczund ynne had vnd besiczczit herman von czweczan Recht vnde redelichin mit krafft deßis briues zcu rechtem erbe vorerbin vnd vor erbz habin liehn vnd gelegin habin mit allin nuczczen, fryheid, wirdekeiten, gerichte vnd Rechten, alßo herman von lestan [2]) doran gehabt had, der die gut vor von vns zcu lehene hatte vnde er ouch vme sunderlicher bewegunge, gunst vnde liebe willin, die er treid vnde getragen had czu dem egenanten hospital vnde den obgenanten Ratismeistern vnd burgern in oren brugkenhoff alßo gelegen vnde ewiglichin vor erbz habin, vnde die obgenanten burgere sollin vns von den vorgenanten guten zcu erbeczinse jerlichin uffe sente Martins abind vz irem brugkenhoue eyne gans reichen vnde langen vnde sie sollin vnde mogin die gut förd bestaten, beseczczin vnd vör erbin vnde liehn, wann vnde wie digke dez not geschijd vnd weme sie woln, do en sollin wir nach vnße erbin nicht widersprechen, nach zcu den guten icheine anlangunge mer habin, dann sundern vnde alleyne vnßn erbeczins also vorgeschrebin sted. Dez czu orkunde vnde sicherheid habin wir deßin brieff mit vnßerm anhangenden ingesigele gegebin nach xsti gebortte in dem vierczenhundertsten Jahre am mantage nach Sente andree tage etcet [3]).

Archiv des Stadtraths zu Jena.

239. (S. 41.) 1415. 12 Nov. Ich Hartung von Längefelt, geseßen zu Lißlow [4]), bekenne, daß ich vorkouft habe Zinsen in dem Velde und Dorfe zu dem Hayn [5]) dem Closter zu Sente Michel zu Jehne. Bye desen Koufe sind gewest der edle Herr Johannes von Burgow, zu Lobdeburg; die gestrengen: Hanß Sommerlate, Nickol Puster, Hanß von Wörczburg unde Herman an Berge, Börger zu Jehne u. a.

Amts Jena Copialb. der Mich. Kl. Br. 776.

240. (S. 42.) 1418. 28. Aug. Friderich und Wilhelm, Landgrafen in Doringen ꝛc., vergleichen sich durch schiedsrichterlichen Ausspruch: „Das Gerichte zcu Lodeberg vnde Borgaw sal bliben, als das vor Aldir gewest ist, worhen sich die erbarn Manne swern, darhen sullen sie sich mit dem Gerichte halden" [6]).

---

1) Altengönna im Amte Jena.
2) Lehesten das.
3) Das Siegel fehlt.
4) Lieslau in der Grafschaft Camburg.
5) Hainchen im Amte Dornburg.
6) Mit vier wolerhaltenen Siegeln.

143

241. (S. 41.) 1418. 13. Sept. Wir Fredrich der eldere von gotisgnaden Lantgraue in Doringen, marggraue zcu Myssin vnde pfalczgraue zcu Sachsin, bekennen und thun kund. Als der edele er H a n s v o n B e r g o w , H e r e z c u L o d e b u r g , vnser liber getreuer, eyn phunt, eylff Sck, sechs phenige, eyn halbin scheffel vnde eyn fertel korns, vier scheffel vnde andirthalb fertel hafern, allis Jhenischer mas, virczen hunere vnde eczlich frontage in dem Dorffe zcu O s m e r i c z deme Bruckenhoffe vnde Spital der Statt zcu Jhene vorkoufft had, das wir dem almechtigen gote syner werden muter Marian der Jungfrouwin, allin gotis heilgen vnde dem heiligen Hern sente Niklause in des ere derselbe Spital gewyhet ist, zcu lobe vnde zcu eren, die selbin gut vnde czinsen, mit sulchin rechtin Eren, Nuczen, Werden vnde zcugehorungen, alse dye der gnante er H a n s v o n B e r g o w gehabit vnde vns die williglichin uffgelassin had, zcu dem obgeschrebin bruckenhoffe vnde spitele geeygent vnde gefryhet habin, von vnser furstlicher gewalt vnde eygen vnde fryhen die guter, gabe vnde zcinse gnädiglichin mit disem briefe, so vorbas mer ewiglichin dabie zcu bliben vnde darczu zcu volgen, ane vnser, vnser erbin vnde nachkomen hindernisse in allir masse, als obgeschrebin sted vnde eygens recht ist. Des zcu orkunde vnde mercr sicherheit habin wir vnser Secret wissentlichin an desin briff lasen hengen, der gegebin ist zcu Ezicze nach gotisgeburt 1418 am Dinstage noch vnser liben Frouwen tage Nativitatis Marie.

Geh. Staats-Archiv zu Weimar. — Diplom. Jenens. 157. Nr. 141.

242. (S. 41.) 1419. 24. Apr. H a n s v o n B e r g a u , Herr zu L o b d e b u r g , Nicol Puster, Voigt zu Burgau, Otto von Würzburg, Erbsaß in Lobde, Zeugen, als die Äbtissin und der Rath zu Jena sich wegen der Pfarrei und dem Gottesdienst zu Lichtenhain vergleichen [1]).

Diplom. Jen. 159. Nr. 143.

243. (S. 41.) 1424. 2. März. Wir H a n s v o n B o r g a u , Herr zu L o b d e b u r g k , bekennen, das wir leien dem erbaren Prister Ern Cunradt Rosenhain, Pfarherr zu Bodenitz [2]), in der ehre des lieben heiligen sanct Nicolaus, der da ist ein Hauptherr doselbst, einen Weingarten, der da ist genandt die L e i m g r u b e , der do liegt vber D r a c k e n d o r f nahe vber den o b e r n S c h l o ß e . Darum soll ein jeglicher Pfarherr der genanden Pfarre vns vnd vnsere Eltern, den Gott genade, alle Jar ein Begengnus halten mit Vigieren vnd Seelmeßen. Darzu sol vns der vogenande Ehr Cunradt vnd ein jeglicher Pfarherr, der nach ime kompt, reichen alle Jar zu Zinse ein Hun vff Sancti Michaelistagk. Dabey ist gewest Herr Heinrich Chimer, Dechand zu Roda vnd Pfarherr zu Schle-

144

---

1) A d r . B e i e r führt den Inhalt dieser Urkunde in seinem Geogr. Jen. (275) an.

2) Unterbodnitz in Amte Kahle.

ben, Ilse seine Mutter, Ditzel sein Bruder, Ehr Nicolaus Karche, Pfarherr zu Bockedrau. Geben am nechsten Donnerstag vor Esto mihi.

Stadtraths zu Lobeda Copialb. 2.

244. (S. 42.) 1430. 23. Jan. Sigmund, Herzog zu Sachsen, leihet Margarethe, des Nicol Pusters zu Drackendorf gesessen Ehefrau die Weingärten, der Hauer und der Meinhart genannt, das Vorwerkg halb zu Drackendorff, das Holz zur Schlißbergk, alles in der Pflege zur Leuchtenburgk gelegen, mit Wissen und Willen Conradt, Hanß und Hanß Borgelau und Albon Puster, sein Vetter, zu rechten Leibgeding. Jene am Montag nach S. Vincentii Tag.

Stadtraths zu Lobeda Copialb. 5.

245. (S. 41.) 1430. 31. Jan. (1454). Hans von Bergauw, Herr zu Lobdeburg, leihet dem Hanß vnd Apitz vom Hayne givattern, den erbarn Sitz vnd Wonung zu Rentendorff [1]).

Amts Kahla Copialb. 230^b.

246. (S. 42.) 1431. 9. Mai. Der edele Herre, Hans von Bergow, Heere zu Lodeburg, Rudolff Marschall von Jscherstete, Orte von Werczeburg, gesessin zu Lobede, Zeugen, als vor gehegter Dingbank zu Jene dem Augustin von Bottelstete 118 Gulden gesichert werden.

Archiv des Stadtraths zu Jena.

247. (S. 41. 42.) 1433. 1. Dec. Friedrich und Sigmund, Gebrüder, v. G. G. Herzoge zu Sachsen, leihen den gestrengen Cunrat, Andres, Hanse, Nicker, Jost, Borgwlde, Hansen, Albon und Caspar, Gebrüdern und Vettern, genannt die Puster, alle die nachgeschriebene Gesesse, Dörfer, Zinsen und Güter, mit Namen das Gesesse und Dorf Rabiß, die zwei Gesesse und das gute Dorf zu Drackendorf, das Schloß Lobdeburgk, das Gesesse und Dorf Jlmenitzs [2]), ein Gesesse zu Grebern [3]), ein Gesesse zu Bodenschitz [4]), ein Gesesse zu Ruttersdorf [5]) und alles, das sie haben zu Obersdorff [6]), zu Albersstorff [7]) und zu Zulditz [8]), mit allen Gerichten über Hals und Hand. Gegeben zu Jene.

Stadtraths zu Lobeda Copialb. 6. — Hortleder: hdschr. Nachl. Bd. 9.

248. (S. 41.) 1434. 8. Sept. Hanß von Leye, gesessen zu Gröitschen [9]), Hartman vnd Cuncze, genant die Summerlaten, Gebrüder [10]), und

---

1) Unterrenthendorf im Amte Roda, oder Oberrenthendorf im Amte Neustadt a/O.

2) Jlmnitz im Amte Roda.

3) Gröben das.

4) Podelsatz das.

5) Ruttersdorf im Amte Roda.

6) Oberndorf im Amte Eisenberg.

7) Albersdorf im Amte Roda.   8) Zöllnitz das.

9) In einer spätern Urkunde vom J. 1337 heißt es: Hanß von Leyhen, an der Glisse zu Graitzschen gesessen.

10) Gesessen zu Dornburg, in ders. Urk.

Curd von Lichtenhayn, gesessen zu Glyne, bekennen, daß sie der Penczen Sommerlatin, Priorin der Pfarrkirchen St. Michaelis zu Jehin, drey gute Rinische Gulden jährlicher Zinse an ihren besessenen Mannen zu Nerckewicz vnd zum Rödichen ¹), und an ihren Gütern daselbst und zu Lutzendorf ²) für 60 Rinische Gulden überlassen haben. Vnd wir Hans von Bergaw, Herr zu Lobdeburg, Lehnherr der genanten Güter und Zinsen, bekennen, daß dieser Kauf und Verkauf mit unserm Wissen, Willen und Verfolgung geschehen ist ³). (a. a. 1356. Nr. 218.)

Amts Jena Copialbuch der Mich. Kl. Br. 824.

249. (S. 41.) 1436. 1. Mai. Hanß von Borgau, Herr zu Lobdeburgk, bekennt, daß er das Weidich an der Saal gelegen, das jetzt Cunrad Schmidt, Burger zu Lobede besitzt, demselben geliehen habe mit Gunst des gestrengen Andres Puster, wonhaftig zu Lobede, und Hans Pusters, gesessen zu Drackendorf, und trit die Lehne an die ebengenanten Puster für immer ab.

Stadtraths zu Lobeda Copialb. 8ᵇ.

250. (S. 41.) 1436. 13. Jul. Hans von Borgau, Herr zu Lobdeburgk, bekennt, daß er der erbarn Frau Margarete Nickel Pusters, gesessen zu Drachendorff, ehlichen Wirtin geliehen habe zu einem rechten Leibgedinge zum ersten, was er zur Jlmenitzs hat an Zinsen und Gütern, an einem Weingarten Funcke, was er Acker hat an dem Berge zu Sulze und den Acker in der Sandgruben, den Acker an dem Deichberge, den Muselbach gegen dem Hanflande und den Acker dabei, den Acker zu Seldisdorf ⁴), den Rottelstein, das Holz in der Rotthau, „auch was wir haben zu leihen von den Linden zu dem Dörflein bis auf den Margstein, der do steht auf den Acker gegen dem Gerichte;" und haben ihr zum Vormunde gegeben Hans Pustern den Jungsten.

Stadtraths zu Lobeda Copialb. 7ᵇ.

251. (S. 41.) 1446. 20. März. Hans von Bergow, Herre zcu Lodeburg, leiht Jlsen einen Weingarten zu Amerbach, der Deynsteter genannt. Am Sonnt. Oculi.

Geh. St.-Arch. zu Weimar (F. 28. Nr. 162.).

252. (S. 43.) 1447. 26. Sept. Jn der s. g. Richtung am Montage vor Michaelis zu Erfurt wird wegen der brüderlichen Einigung von den erwählten Schiedsrichtern, den Fürsten von Brandenburg und Hessen, bestimmt:

146

---

1) Rödigen im Amte Jena.

2) Lutzendorf, jetzt Vierzehnheiligen auf der Höhe zwischen Jena und Apolda, im Amte Camburg.

3) Das Siegel mit einem geflügelten Fisch und der Umschrift: Sigillum Hansens von Bergaw. † ist abgebildet in Struve's hist.-polit. Archiv 348. Titelblatt Nr. 2.

4) Wüst. Selzdorf, gegen Mittag v. der Lobdeb.

Schmid Lobdeburg.

Artikel 6. Umb den Herrn von Bergaw mit dem Schlosse Lobdeburgk sprechen wir, daß derselbe Herr von Bergaw mit solchem
Schlosse und desselben Schlosses Zubehörung vnd auch die erbare
Mannschaft, die von Alter her zu Bergow gehört hat, unserm Schwager
und Oheim, Herzogen Friedrich, bei Bergaw bleiben solle [1]).

Hortleder: handschr. Nachlaß. Bd. 9.

253. (S. 43.) 1448. 23. Nov. Landzeugniß der fünf Ältesten, „etli-
cher Gebrechen halben, Burgow beruhrende, also was jeglicher der
funf eldesten aussprechen, das zu Burgow gehört und gefolget habe,
das soll noch dabei bleiben. Dazu unser gnädiger Herr, Herzog Friedrich, den Herrn von Burgowe, Hansen von Wirczburg, Andreß
Puster, Heinczen Schencken und Hansen Goylen von seiner Seiten
gegeben und geschickt, mit denselben funfen wir uns besprochen haben, und mit ihnen nicht mögen eins werden, als haben wir ausgespro-
chen, was uns in Wahrheit kundlich und wissentlich ist ꝛc.

„Deß ist ein Zeugniß, daß zu Trackendorf ein Hof der Puster ihren
Seit des Hungerbachs gelegen gegen Luchtenbergk, und der ander Hof
hie diesseit des Hungerbachs gen Burgow gehört. Und gehet der Unterschied bei der Pflege als den Hungerbach hinab bis in die Sale. Und von
Trackendorf auf, über die Wölmisse zu den drei Eichen und führt gen
großen Lobichaw zu. Und großen Lobichaw ganz, mit Flur und Feldern,
gehört gen Luchtenberg.“

Amts Jena Copialb. der Mich. Kl. Br. 945. — Schmid: kirchb. Schlösser.
Urk. Nr. 146.

147   254. (S. 44.) 1465. 21. Jan. Ernst, Kurfürst und Albrecht, Brüder,
Herzoge zu Sachsen, bekennen, daß sie ihrem Getreuen, Nickel Puster,
und seinen Erben diese Güter, von ihnen zu Lehn rührend, mit Namen
Lobdeburgk, das Schloß, den obern Sedelhof zu Drackendorf und
das Kirchlein daselbst, zwei Theile des Dorfes Jlmitz, mit Gerichten
obersten und niedersten, dazu die Zinse, Weingarten und Geld auf den
Gütern zu Rodenstein, Burgau, Amerbach, Lobeda, Bucha und zu Nen-
gersdorf [2]), zu rechten Lehn reichen. Gegeben zu Leiptzigk am Montage
nach Petri und Christi unsers Herrn Geburt 1465 Jahr.

Stadtraths zu Lobeda Copialb. 15b.

255. (S. 44.) 1468. 8. Juni. Nicolaus Puster, Kumbthur des deutschen Hauses zu Altenburg, überläßt das ihm auf Lebenszeit verpfändete Schloß Lobdeburg nebst Zubehör, mit Vorbehalt der Weinberge
Amerbach, Seltzdorf, Rotewein und der Weingarten bei Drackendorf,

---

1) Geheime Rath Voigt in Weimar führt in seiner Deduction wegen Gren-
zirrung zwischen Lobeda und Drackendorf (1780) diese Bestimmung S. 156 an.
Andr. Beier irrt aber, wenn er (Geogr. Jen. 272) behauptet, daß dem Herzog
Wilhelm die Unterlobdeburg zuerkannt worden sei.

2) Nensdorf im Amte Jena.

gegen 50 rhein. Gülden, die er nach seinem Tode dem Kloster Pegau beschieden hat, dem Kurfürsten Ernst und Herzoge Albrecht zu Sachsen [1]).

Geh. St.-Arch. zu Weimar Nr. 121. — Hortleder: hdschr. Nachl. Bd. 9.

256. (S. 44.) 1472. 6. Jan. Wir v. G. G. Ernst, des heil. röm. Reichs Erzmarschalk, Churf., und Albrecht, Gebrüder, Herzoge zu Sachsen ꝛc. bekennen, daß wir unsern Schenken und lieben Getreuen, Hansen von Grefendorf, das Schloß Lobdeburgk und den Hof Drackendorf mit dem halben Dorfe und Jlmenitz das halbe Dorf, von uns zu Lehen rührend, 113 Acker Artlandes und 19 Acker insonderheit zu Hepgdorf [2]), 60 Acker Artlandes, 16 Acker Weinwachs, die wüste sind, 2 Acker Wiesewachs, Jt. 6 Acker wüste auf der Wölnitz, zum Hofe Drackendorf gehörend, Jt. 15 Acker zum Schloß Lobdeburgk gehörig und 35 Acker Holz zu der Lodeburgk gehorende, mit Gerichten obristen und niedersten auf dem Schlosse, auf dem Hofe in beiden halben Dörfern und im Felde zu Drackendorf und Jlmitz und allen andern Gerechtigkeiten, inmaßen die Hans Puster vor Zeiten inne gehabt und nun an uns von ihm ledig kommen und gefallen sind, zu rechten Lehn gereicht haben. Wir haben auch von besondern unsern Gnaden Caspar und Clausen von Grefendorf, seine Brüder mit den obgeschriebenen Gütern belehnet, ob Hanß von Grefendorf mit Tode abgehn sollte. Zeugen: Hugo von Schlenitz, Obermarschalk, Caspar von Seebergk, Ritter. Gegeben zu Meißen 1472 am Montage der h. 3 König tag.

Stadtrathe zu Lobeda Copialb. 18.

257. (S. 45.) 1481. Hans von Grefendorf, zu Knau wohnhaft, verkauft an Adam und John Puster zu Drackendorf das Mittelschloß Lobdeburg und den Mittelhof zu Drackendorf mit allen Zugehörungen, wie Hans von Grefendorf von seinen gnädigen Herrn damit begnadet worden ist.

Stadtraths zu Lobeda Copialb. 63^b.

258. (S. 45.) 1515. 11. Sept. Wir Johannes, Herzog zu Sachsen ꝛc., bekennen vor Friedrich, Herz. z. Sachsen, Churfürsten, unsern Bruder. Nachdem sich etliche Jrrung und Gebrechen fast lange Zeit zwischen dem Ampt Burgaw und den Pustern zue Trackendorff, der Gerichte halben, begeben, auch fast Tage darüber gehalten worden, aber bishero wenig Frucht getragen, derhalben wir unsern lieben Getreuen Herman von Weißenbach zum Altenberga, Friedrich von Lonnerstedt zu Lobede, Sebastian Wölnern und Johansen Schwaben, beiden Schößern zu Jhena und Leuchtenburgk, hiervon Befehl gethan, dieselben zu berichten.

148

---

1) Adr. Beier: (Geogr. Jen. 273) führt diese Urkunde an.
2) Hetzdorf im Amte Eisenberg.

Darauf Adam Puster, als vor sich und in voller Vormundschaft Nicol und Hanß Pusters, seinen vnmundigen Vettern allhier zu Weymar bey uns Anregung gethan, solcher Gebrechen Endschaft zu vorhelffen.

Demnach haben wir unsern Amptman zu Arnshaug, Rath und lieben Getreuen Caspar von Quingenbergk dieser Sachen zum Comißarien verordnet und Befehl gethan, daß die obengenannten auf Erfordern des Amptmans zu Arnshaug, neben ihm zu Lobede an den Enden der Gebrechen zu erscheinen und die Gerichte zwischen dem Ampt B u r g a w und den Pustern, inmaßen wir die vormals vormahlet, eigentlich zu vorsteinen und vorrainen, und die Sachen also zu vertragen.

Demnach sind sie am Montage nach Jacobi Apostoli in Lobede erschienen, und nachdem die Verhandlung nach Weymar berichtet worden war, hat sich abermals Caspar von Quingenbergk mit den obengenanten auf heute gegen Lobede betaget und nachdem die Gebrechen zwischen Adam Pustern und dem Rath zu Lobede in der Güte endlich verglichen und entschieden worden, und die fürstlichen Brüder Johannes und Friedrich über ihrem Weinberg, im Trackendorfer Flur gelegen, der „M u n c h" genat, die Obergerichte sich vorbehalten haben, ist die Versteinung der Gerichte auf fürstlichen Befehl vollzogen und die Steine, wie hernach folgt, aufgerichtet und gesetzt worden:

Der e r s t e in der Gruben zwischen Adam Puster und Ticzel Köcher, und weiset auf das kurze Creutz, das Leuchtenburgisch und Burgawische Gerichte scheidet.

Der a n d e r e auf den Rasenwege, der von Rota auf Seligsdorf gehet, zwischen Adam Puster und Hans Väterlein.

Der d r i t t e auf den Seligsdorfer Wege, zwischen Adam Pustern Wise vnd der Gemeine.

Der v i e r t e auf den Seligsdorfer Wege, bei dem Creutz.

Der f ü n f t e auf der Treibe vber den Weingarten, genant der H a r t e w e g.

Der s e c h s t e vber dem Weingarten, der Stulperer genant.

Der s i e b e n t e vnter dem Schloß.

Der a c h t e auf der Leiten vber dem Niclaß.

Der n e u n t e ufn Baumgarten unter dem Schlosse.

Der z e h n d e ufm Kaczenberge vber Hollers Heyner x.

Zu Urkund ist dieser Receß in gleichem Laut gezwiefacht und jedem Theil mit unserm hieran hangenden Jnsiegel gegeben. Geschehen zu Weymar, am Dinstag nach unser lieben Frauen Tag. 1515 [1]).

Amts Jena Copialbuch der Mich. Kl. Br. 1202 (mangelhaft). — Stadtraths zu Lobeda Copialb. 31[b].

---

1) Diese Grenzberichtigung befand sich ehemals auf Pergament in der Urschrift im Stadtrathsarchive zu Lobeda, ist aber vermuthlich im J. 1640 mit verbrannt.

259. (S. 45.) 1516. 30. Jan. Wir Johannes, Herzog zu Sachsen, bekennen fürs unsern Bruder, Friedrich, Herz. zu Sachsen, Churfürsten,
daß wir vnsem lieben getreuem A d a m P u s t e r n d a s o b e r e und d a s
m i t t e l z u b r o c h e n S c h l o ß L o b d e b u r g k mit den Hain vnd Holtz
daran gelegen, sampt den Leiden Ackergebeude vf dem Berge, den
Hölczern vf der Wölniczs, auch die Wustunge vnd Leitten zu F r o t s c h
[1]) als die Helffte, den andern Hoff zu Drackendorff mit dem Furwerge
an Acker, Wiesen, Weingarten, Baumgarten, Hölczern vff der Wölnicz,
eine Scheferey, das Kirchlehen die Helffte, eine Kelter, sechs besessene
Menner. Das halbe Dorf Jlmeniczs mit einem Weingarten, 7 besessene
Menner. Das halbe Dorf Rabiß mit dem Sitze, Forwergk, Acker, Wiesen, Hölczern, Weingarten, Teiche, Teichsteden, Baumgarten, Fischereyen, Kelter vnd Scheferey, alles die Helffte; im Dorfe Zöldicz [2]) 5
besessene Menner, vnd vff allen den obgeschribenen Schloße, Forwer-
gen, Dörfern, die Gerichte oberst vnd niderst vber Halß vnd Handt,
auch darauf Schaf- und Vihetrifft — und alle Gerechtigkeit, als die von
seinem Vater seligen herbracht vnd in bruderlicher Teilunge an ihn
ererbet zu Olckewiczs, Jegersdorf, zum Lindich, zu ober vnd vnder
Bodenicz, zu Andersdorf, Lobschiczs, Wersdorf, einen freien Hoff in
der Stadt Jena in der Lauengasse, zu Lobeda 6 besessene Menner, eine
Badstuben mit ihrem freien Wassergange, zum Rotenstein, zu Winczer-
le, Ammerbach, zu ober- vnd vnderbuche, zu Nengesdorf, zu Rotta, ein ___150___
Holcz, genand der Schleißberg Rittergut, ein Holcz vnd Wiesen, genand
das Rödell, eine Wiesen in der Landweidt, eine Holczmargk zu Brens-
niczs Rittergut, zu Sulcza mit Erbgerichten die Helffte, inmaßen ihn
solches bey Leben seines prudern John seligen in ihren gehaltenen Teilunge zugestanden zu rechten Manlehn gereicht.

Wir haben auch aus besondern Gnaden semtlich mit ihn belehnet
Hansen, seinen vnmündigen Vettern, gedacht John seligen Sohn, also
were es, das bestimpter Adam Puster Todes abgehen wurde, vnd rechte
Leibslehnserben hinder ihm nicht lassen wurde, alsdan solche Guter an
Hansen, seinen vnmündigen Vetter vorbenant, kommen vnd fallen.
Zeugen, Heinrich von Ende, Ritter, Friedrich Thünau, vnser Haupt-
mann zu Weymar. Geben zu Weymar, am Mittwoch nach sanct Paulus
Bekehrung 1516.

H o r t l e d e r s handschriftl. Nachlaß Bd. 9. — Stadtraths zu Lobeda Copialb. 37.

260. (S. 45.) 1516 30. Jan. Wir Johans, Herzog zu Sachsen x., bekennen vor vnsern Bruder Friderich, Herz. zu Sachsen, Churfürsten, das
wir unsern lieben Getreuen H a n s e n P u s t e r , Jhan Pustern seel. Sohn,

---

1) Wüstung Frotsch b. Rabis (F r e n t s c h : Staatshandb. v. Altenb. 1838. S.
122.)

2) Zöllnitz itn Amte Roda.

das mittel vnd daruber inbrochen das Schloß Lobdeburgk, mit
dem Hain vnd Holcz daran gelegen, sampt den leiden Ackern gebeude
vf dem Berge, der Gehölczer aus der Welnicz, auch die Wustunge vnd
Leiden zu Frotsch als die Helffte, das Dorf Drackendorf mit dem
Ackerhof vnd Forwerge an Acker, Weingarten, Baumgarten, Hölczern
auf der Wölnicz, eine Scheferey, das Kirchlehen die Helffte, einer Kelter, das Dorf Jlmnicz die Helffte mit etzlichen Weingarten, den zehnten
Eimer Most von einem Weingarten, genandt der Henscheler.

Das halbe Dorfs Rabiß mit den Sitze, Forwerge, Ackern, Wiesen,
Hölczern, Weingarten, Teichen, Teichsteden, Baumgarten, Fischereyen,
Keltern, Scheffereyen, alles die Helffte.

Die Wustunge Herßdorff frey Rittergut; im Dorf Zöldiczs 18½ besessene Menner vnd auf alle den obgeschribenen Furwergen, Dorffern,
Gerichten obersten vnd nidersten vber Halß vnd Handt, vnd aller Gerechtigkeit, als das von unsern Vatter sel. herbracht aus brüderlicher
Theilunge vnd erkaufft das Dorf großen Bockedra, das Dorf Rauesdorf
mit den Furwerge, eine Wustunge, mit Acker Holcz, genant die Lucka,
eine Wustung mit Acker vnd Holcz genant das Rödel, Alles gen großen
Bockedra gehörende; zum Rottenstein zwei Menner, einem Holzmarkt,
mehr den tausent Acker, gelegen in der Heide, genandt der rote Hof, 3
freye Weingarten bey dem Rotenstein gelegen an dem Rosenberge, einer
genant der Statell, der andere die große Grube vnd der dritte die kleine
Gruben mit allen Gerechtigkeiten, in aller Maße die Brüder Christof vnd
Friedrich von Malticz sel. das in Lehn hetbracht vnd von vnser Vater
vnd Vettern an vns erkauft, zu ober vnd vnder Bodenicz 5 besessene
Menner, zu Olkeniczs 2½ besessene Mann, zu Jegersdorf 2 besessene
Menner vnd an den 4 Dörfern die Helffte, zu Wölnicz, zu Lobeda 6
besessene Menner ein Weingarten Rittergut, der Gundermann genandt,
zu Zeschwicz, zu Borgau, Ammerbach, Nengsdorff, Bucha mit zwei
wusten Hufen Landes zu nieder Buche, zu Leutra, zum Rottenstein, mit
einem freien Sedelhof in der Stadt Jena in der Lawengassen, ein Fisch-
wasser zu Kala vnd ein Freihaus halb darzu, die andere Helffte ist dem
von Brandtstein zustendigk, eine Wiese in der Sunu, eine Wiese vndern
Rottenberge zu Borgau gelegen frey Rittergut, ein Holczmarkt zu Bot-
schkaw Rittergut, ein Holczmarkt zue Schnaumann vnd Wiesen, Rittergut, ein Holczmarkt vnd zwey Hufen Artlandes zu Wersdorf Rittergut,
ein Freygut, drey Hufen Landes zu Sulcza, ein Holczmarkt zu Bevtels-
dorff, 3 Holczmarkt in der Koltau vnd Bockerauthall die Helffte mit
einer Deichstadt, Trifften vnd erbgerichten, inmaßen als John Puster
sein Vater sel. von vnsern Bruder vnd vns gehabt vnd auf ihn erblich
gefallet zu rechten Manlehn gereichet vnd reichen also, das gemelter
Hanß Puster vnd seine rechte Leibeslehnserben diese Güter besitzen
sollen. Und nachdem bestimpter Hans Puster vnsern Bruder vnd vns
noch zur Zeit kein Lehenpflicht gethan, solcher sich so balde er seine

menliche jar erreicht, zu seinem leibe vnd vns fugen vnd solche Pflicht, wie sich geburet, thun.

Wir haben auch semptlich mit ihm belehnt unsern Getreuen Adam Pustern, seinen Vettern also, were es, das Hans Pusters Todes abgeben wurde vnd rechte Leibslehenserben hinder ihm nit laßen wurde, so sollen solche obgeschribene Guter an Adam Pustern und seine Leibslehnserben kommen vnd fallen.

Dieselben Zeugen. Gegeben zu Weymar, am Mitwoch nach Conversionis sti Pauli 1516.

Hortleders handschriftl. Nachlaß Bd. 9. — Stadtraths zu Lobeda Copialb. 34b.

Register.

146

Jena, Brückenhof, 135. 136.
Jessenitz, Heidenr. v. — 126. Heinr. v. — 129.

K.

Kaczenberg, Bg., 141.
Kagan, 64. Theod. u. Volkmar v. — 64.
Kaiser Lother, 53. — Friedr. I. 56. 57. — Heinrich VI. 58. 59. — Friedr. II. 65. 66. 67. — Karl IV. 128.
Kale, 35. 88. 91. 96. 118. 119. 143. Reinhold, Priest. z. — 86. Ramuold, Pleb. z. — 91. Arnold, Pleb. z. — 92. Reinhold, Pleb. z. — 96. Poppo, Pleb. z. — 101.
Kamburg, 63. Luf v. — 55. Heinr. v. — 54. 66.
Kapellendorf, Kl. 65. 80. 89. 91. 116. Hedwig, Aebtissin v. — 91. Herm., Probst z. — 131.
Karlsdorf, 96. Joh., Pf. z. — 129.
Kaufung, Dietr. v. — 131.
Kirchberg b. Jena, 6. 32. Theod. v. — 54. 71. 74. Otto v. — 91. Otto, Alb. u. Hartm. v. — 113. Alb. b. 124. Dietr. v. — 124.
Kirchberg bei Sondersh., 79.
Kirchbobock, Bobeck, 114.
Kloswiz, Friedr. v. — 90. Theod. v. — 104. 112. Heinr. v. — 109. 112.
Kloswizer, Weinb., 112.
Knau, 140.
Koburg, 68.
Kochewiz, Canzler, 128.
König, Otto I. u. III. 53. — Conrad III. 57. — Philipp, 61. — Heinrich, 70. 72.
Kolmen, Golm, 88.
Koltau, Holz, 143.
Konditz, Joh. v. — 110. 114. Conr., Pf. z. — 125. 126.
Konice, Herm. v. — 94.
Kosbode, Kospeda, 103. 118. 122. 125. Herm. v. — 104. Berth. v. — 118.
Koswicz, Heinr. v. — 107. Heinr. u. Dietr. v. — 107.
Kottewiz, 61. Otto v. — 116. 117. 118.

Kotzow, Concze v. — 125.
Kranichfeld, 79. Herm. v. — 116.
Kronwiz, Kl., 102. 104. 111. 133.
Kroputz, Heinr., 87. 91. 98.
Kulmiz, Kolmen, 66.

L.

Laasdorf, D., 120. 129.
Lammeshöbt, Weinb., 112.
Lancwizzi, Gau, 6.
Landsberg, Markgr. Dietr. v. — 57. 82. 83. 84. 88. 89. — Conr. v. — 63. — Friedr. v. — 89. 93.
Lapide, Heinr. de — 63.
Lauterburg, Schl., 22.
Leimgrube, Weinb., 136.
Leisten, Meinhard v. — 89. Herm. v. — 114. Joh. u. Heinr. v. — 121. Joh., Priest. z. — 121.
Len, novalia, 58. mans. 76.
Lengefelt, Rud. v. 133. Hartung v. — 135.
Lengenvelt, Lengenfeld, 63.
Lepitz, 57.
Leuchtenburg s. Luchtenberg.
Leutra, 133. 143.
Leye, Hans v. — 137.
Libenstede, Heinr. v. — 71.
Libental, Schl., 81.
Lichtenhain, Theod. v. — 68. 80. 82. 86. Heinr. v. — 92. 96. 98. 101. 103. 104. 110. 115. 117. 119. 120. Joh. v. — 101. 103. 104. 105. 117. 120. Wyperm. v. — 115. Dietr. v. — 118. Lipmann v. — 115. Ulrich v. — 120. 121. 130. Curd v. — z. Glyne 138. Pfarrei z. — 136.
Lindich, Lindig, 142.
Lipzk, Leipzig, 84. 106. 139. Thom.-Kl. z. — 64. 65.
Lisenik, Dietr. v. — 57. Heinr. v. — 58. Sifrid v. — 65. Herm. v. — 108.
Lißlow, Leislau, 135.
Lizzene, Lissen, 82.
Lobdeburg, Lage, 3. Name, 4. Entstehung, 4. Wappen, 7. Münzen, 7. Herrsch., 122. Mittelschloß, 44. 140. Raubschloß, 28. 110. Hartmann aus Franken, 9. Hartman v. — 12.

Lobdeburg, Otto v. — 13. Burkard v.
— 13. Conrad v. — 20. 27. 30.
Gottfr. v. — 129.
Lobdenburg, Ladenburg, am Neckar,
6.
Lobdengau am Neckar, 6.
Lobede, 4. 88. 99. 100. 102. 124. 137.
141. 142. Adelbert v. — 11. 54. 58.
Hugo, Pf. z. — 64. 65. Otto, Priest.
z. — 77. Heinr., Pf. z. — 85. 88.
Eberhard, Capell. z. — 88. Conr. Pf.
z. — 116. 118. Badstube z. — 142.
Lobegastiz, Lobgeschecz, Löbstedt,
100. 110. 113. Reinboto v. — 89.
Lobenicz, Löbnitz, 75. 105. 106.
Theod., v. — 127.
Loberschitz, Löberschütz, 74. Otto v.
— 74. 75. Wolf. v. — 114. Theod.,
Pf. z. — 80.
Lobichowe, Löbichau, 73. 124. Gro-
ßen- — 91. 139. Ober- — 124. Peter
v. — 87. Conr. v. — 97. 99.
Lobium, 37. 88.
Lobschicz, Löbschütz, 142.
Lome, Lohme, 116.
Lomzik, D., 84.
Londerstetten, Friedr. v. — 47. 140.
Loscen, Luschen, Wüst., 76. 86.
Lostowe, Lastau, 66.
Lucenrode, Lützerode, 71.
Lucka, Holz, 143.
Luchtenberg, 4. 16. 75. 104. 111. 119.
131. 139. Hartman I. v. Lobdeb.- —
19. Herman I. 19. Hartman II. 29.
Herman II. 29. Herman III. 35.
Albert I. 35. Albert II. 35. Johannes,
35.
Ludenhagen, Leutenhain, 71.
Lumingen, Marq. v. — 63. Sifr. v. —
63.
Lusenice, Kl. Lausnitz, 61. 66. 74. 75.
79. 105. Hildebr., Probst z. — 59.
71. Heinr. — z. — 74. 80. 81.
Richard — z. — 85. Conr. — z. —
94.
Luter, Ober- —, Oberlauter, D., 92.
Lutzendorf, heiligen, D., 138.
Lutzman, Conr., Voigt, 42.

M.

Madela, 19. Herm., Pf. z. — 78. Heinr.
v. — 80. Herm. v. — 87. Gottfr. v.
— 98. 99. Alb. v. — 104.
Magdeburg, Erzbisch. Bernh. z. —
108.
Magedon, D., 60.
Mainz, Erzbisch. Gerh. v. — 94.
Maltitz, Christo. u. Friedr. v. —143.
Marienstein, Kl. Lausn., 59.
Marienthal, vallis Mariae, 77.
Meinhart, Weinb., 137.
Meiningen, 14. 22.
Meißen, 140. Burggr. Meinher v. — 64.
65. Markgr. Otto v. — 55. 56. —
Dietr. v. — 61. 62. 63. 64. 65. 66. —
Alb. v. — 63. — Heinr. v. — 70. 74.
75. 76. 78. 80. 81. 83. — Friedr. v. —
33. 35. 97. 98. 99. 117. Walther,
Probst z. — 107.
Meldingen, Beringer v. — 19. Rud. v.
— 66. 124. Lud. v. — 71.
Mennewitz, 96. 129.
Merbeche, Morbach, 60.
Merrettich, Theod. — 87. 92. Conr. —
92. Otto — 121. — v. Lobde 126.
Conze —132. 134.
Merseburg, 70.
Merthindorf, Friedr. v. — 73.
Meydere, Meeder, 63.
Mildenstein, Schl., 70.
Mildenvort, Probst Conr. z. — 134.
Milen, Ebir v. — 80. 98. 99.
Minkwitz, Erasm. v. — 47.
Mirica, Wüst. Mirgau, 61.
Mitelhusen, allg. Landger., 18. 74.
Morawitz, Lud. v. — 123
Mühlhausen, 120.
Munch, Weinb., 141.
Munchenrade, Münchenrode, 120.
Muselbach, 138.

N.

Naumburg s. Nuenburg.
Nebere, Nebra, 79.
Neczkow, Concz v. — 126.
Nengesdorf, Nensdorf, 139. 142. 143.
Nerkewitz, 125. 138.
Niclaßberg, 141.

151

Berichtigungen.

Seite	17	Zeile	23	wohnen statt wohnten.
—	22	—	3	Nach Nr. ist 29 einzuschalten.
—	32	—	2	— Nr. 222 ist 228[b] einzuschalten.
—	—	—	28	— — 86 — 88 — —
—	35	—	6	— — 163 — 170 — —
—	37	—	3	sagen statt sahen.
—	41	—	6	Nach Hartman Nr. 128 einzuschalten.
—	—	—	8	Nr. 140 statt 141.
—	44	—	15	— 218 — 212.
—	48	—	16	Nach Lobdeburg (Nr. 254) einzuschalten.
—	65	—	25	de statt et.
—	72	—	2	Nach herbipolens. ist eccles. einzuschalten.
—	76	—	34	Albertus statt Alhertus.
—	—	—	44	Löberschütz gehört jetzt zum Amte Thalbürgel.
—	81	—	40	Nr. 98 statt 97.

(die Berichtigungen sind bereits eingearbeitet)